슬픔을 긍정하기까지
시인이 들려주는 우리 시 이야기

슬픔을 긍정하기까지

초판 1쇄 발행 | 2012년 8월 30일

지은이 | 김점용
발행인 | 이대식

편집주간 | 김세권
책임편집 | 최하나
책임마케팅 | 윤여민
디자인 | 모리스

주소 | 서울시 종로구 평창길 329(우편번호 110-848)
문의전화 | 편집(02)394-1037 · 마케팅(02)394-1047
팩스 | 편집(0505)115-1037 · 마케팅(02)394-1029
홈페이지 | www.saeumbook.co.kr
전자우편 | saeum98@hanmail.net

발행처 | 새움출판사
출판등록 | 1998년 8월 28일(제10-1633호)

ⓒ 김점용, 2012
ISBN 978-89-93964-43-1 03810

이 책은 저작권법에 따라 보호받는 저작물이므로 무단전재와 무단복제를 금지하며,
이 책 내용의 전부 또는 일부를 이용하려면 반드시 저작권자와 새움출판사의
서면동의를 받아야 합니다.

• 잘못된 책은 바꾸어 드립니다.
• 책값은 뒤표지에 있습니다.

슬픔을 긍정하기까지
시인이 들려주는 우리 시 이야기

김점용 지음

새움

차 례

프롤로그;
사라진 예술가, 남은 절벽   9

1;
외설적 아버지의 명령, "즐겨라!"

이 숨찬 경쟁의 피로, 어떻게 푸나   19

내 안의 슬픔을 긍정하기까지   30

외설적 아버지의 명령, "즐겨라!"   40

도시의 속도를 비추는 지하철 정거장의 시   54

과학보다 더 뛰어날 미래의 시   73

자본의 질량에 얹혀 질주하는 '미래파'의 운명   90

인지과학, 영성靈性, 현대시   106

2;
여러분의 '그것'은 안녕하신가요?

한 플라톤주의자의 비극   119
- 김소월, 「먼 後日」

"갈매나무라는 나무"는 어디에 있습니까?   123
- 백석, 「南新義州柳洞朴時逢方」

우리들 마음에 도둑이 들었다   131
- 성찬경, 「다이아몬드의 별」

여러분의 '그것'은 안녕하신가요?   145
- 안도현, 「가련한 그것」

자멸파의 정념   153
- 이영광, 「동해 2」

다만 그냥 놀자는 것뿐인데   162
- 이수명, 「시작법詩作法」

인생은 사무치는 모순   174
- 서상영, 「꽃범벅」

쓸쓸한 자기애의 늪   184
- 하정임, 「즐거운 골목」

3;
나쁜 남자 VS '나쁜 소년'

뻐끔뻐끔 항문으로 말하는 사람들   197
- 황병승, 『여장남자 시코쿠』

투구 안에 흐르는 눈물   210
- 한명희, 『내 몸 위로 용암이 흘러갔다』

그림자와 벌이는 위험한 연애   230
- 김소연, 『빛들의 피곤이 밤을 끌어당긴다』

먹어야 산다는 치욕   241
- 김기택, 『껌』

나쁜 남자 VS '나쁜 소년'   246
- 허연, 『나쁜 소년이 서 있다』

얼마나 오래도록 마음을 타고 놀았으면   250
- 장정자, 『뒤비지 뒤비지』

욕망의 연금술   256
- 최명선, 『기억, 그 따뜻하고 쓰린』

내 쪽으로 죽음을 끌어당기는 이유   271
- 김초혜, 『고요에 기대어』

어느 날 그는 어머니 묘지에 앉아 있을 거다   276
- 황지우, 『어느 날 나는 흐린 酒店에 앉아 있을 거다』

4;
밥과 어머니 또는 보살핌의 윤리

영원한 어린이의 눈, 마이너리티의 슬픔   291
- 김상미의 시

정처 없는 이 발길   299
- 정병근의 시

저 푸른 초원 위에, 섬뜩한 숭고   308
- 김선태의 시

밥과 어머니 또는 보살핌의 윤리   316
- 상희구의 시

기다림의 힘, 견딤의 아름다움   324
- 윤은경의 시

응시와 죄의식   331
- 이창희의 시

참고문헌   336

프롤로그;
사라진 예술가, 남은 절벽

1.

지금은 사라진, 홍대 앞 카페 '예술가'에서 한 시인이 그랬다. 시의 시대는 갔다고. 시가 할 수 있는 일이 이젠 거의 없어졌다고. 나는 과학과 예술의 기능 운운하며 그렇지 않다고 응수했으나 그것은 별로 세련된 것이 아니었다. 거기에는 스스로도 어쩔 수 없는 어떤 촌스러움과 억지스러움, 그리고 모종의 안간힘이 들어 있었다. 새로운 밀레니엄이 코앞에 있었고, 그 요란함의 뒷전에서 문학은 후일담의 쓸쓸한 공전空轉을 마무리하는 중이었다.

2.

10여 년이 지났다. 시인의 말대로 시의 시대는 갔다. 그 시인도 사라졌다. 그럼에도 불구하고 나는 두 권의 시집을 펴냈고, 한 권의 평론집을 새로이 묶는다. 시집을 낼 때와는 또 다른 두근거림으로 술렁인다. 그것이 어떤 의미인지는 묻지 않기로 한다. 무슨 목적이 있어서는 아닐 것이다. 내 식대로 살다 보니 그리 되었을 것이다. 맹목의 힘이 있다면, 그것을 따르는 것이 지름길이라고 믿는다.

그렇다고 해도, 시와 비평 사이에서 고민이 없었을 리 없다. 시인이 시에 대해 말한다는 것은 늘 조심스럽다. 시인으로서 시적 경험과 비평가로서 중계 작업이 상당 부분 따로 논다는 것을 잘 알고 있기 때문이다. 더욱이 비평은 그 본질에서 작품의 가치를 문제삼는 까닭에 한층 더 엄밀하고 정치한 글쓰기가 요구된다는 점에서 예의 조심스러움은 때로 두려움으로까지 울울하게 번진다. 특히 운기생동의 시적 감흥을 불러일으키는 좋은 작품을 앞에 두고 비평적 잣대를 들이대야 할 때면, 그 모든 말들의 어리석음과 부질없음에 전신의 힘이 쭉 빠지고 만다. 아마도 비평가의 자질보다 시인의 기질이 승한 까닭일 것이다. 바라건대, 여기 글들도 비평가의 엄정한 안목보다 시인의 번뜩이는 눈으로 읽혔으면 한다.

3.

가끔 이런 생각을 한다. 문학을 하지 않았다면 무엇을 하며 살았을까? 구체적인 모습이 얼른 그려지지 않지만 아마도 목수가 되어 있지 않았을까. 자주 손을 다치면서도 사람들이 대목大木이라 부르는 이웃 친척을 따라가서는, 놀고 있는 연장을 꺼내 나무에 먹줄을 퉁기고 대패질을 하며 대나무못을 박았던 유년 시절이 향긋한 송진 냄새처럼 잊히지 않는다. 그곳은 배를 만드는 마을의 바닷가이기도 했고, 집을 짓는 이웃 동네 흙마당이기도 했다. "집 세 채를 지으면 인생을 안다"는 말도 초등학생이던 그 무렵에 들었다. 어린 내가 인생을 안다는 게 뭔지 알 까닭이 없었지만, 그것은 막연하게나마 바람이 왜 부는지, 어째서 구름은 끝없이 흘러가며 나팔꽃은 아침에만 피는지, 왜 우리가 기와집에서 초가집으로 내쫓기다시피 이사를 가야 하는지를 아는 것과 비슷한 무엇이라고 여겼다.

흔히들 시詩를 파자해 말言의 집寺이라고 한다. 그러니까 시인은 말의 집을 짓는 목수와 같다. 왜 집을 짓는가. 무엇인가를 살게 하기 위해서이다. 집 밖으로 밀려난 어떤 것을 집 안으로 불러들이기 위해서이다. 그럴듯하게 표현하면 "상징계에 등록한다"고 말한다. 이미 집이 있다면 지을 필요가 없다. 저마다의 시가 새로운 것은 그 때문이다. 집짓기에 필요한 재료가 새로울 수도 있고, 집의 모양이나 방향, 기능 따위가 새로울 수도 있다. 집이 새로우면 그곳에서의 삶도 새로워진다. 그것은 집 안을 흐르는 기운이 새로워지는 데서 연유한다. 아니다. 이는 거꾸로 이해해야 옳다. 사실 시인은 그 새로운 기운을 포착하고 그것을 살아 있게 하기 위해서 집을 짓는다. 그 기운에 맞춰 집을 짓다 보니 새로운 집이 생기는 것이다. 승무를 추는 여승의 고깔과 민머리의 실상을 제대로 담아내기 위해서는 "나빌레라"와 "파르라니"가 꼭 필요했던 것처럼 말이다. 적당한 타협이 있었다면 이와 같은 새로운 재료는 나오지 않았을 터이다.

그러니까 기존의 사전에 없는 단어의 사용, 문법에 어긋나는 언어의 구사는 시인으로서는 불가피한 선택이다. 그것이 이 세계의 실재에 더 부합하기에 그러하다. 일반적으로 시적 언어가 낯설고 어렵게 다가오는 이유도, 이와 같이 새로운 것을 다치지 않고 고스란히 받아들이기 위한 시인의 전략과 시적 언어의 속성 때문이다. 이러한 인식에 기대면 러시아 형식주의자들이 말하는 '낯설게하기'의 목적이 순수한 지각행위 그 자체에 있다는 지적은 잘못된 것이다. 진화생물학에 바탕을 둔 인지언어학은 언어의 변별적 자질이 기호 간의 자의적이고 임의적인 관계에서 비롯된다는 소쉬르 언어학에 동의하지 않는다. 오히려 퍼스 기호학처럼 의미를 발생시키는 언어의 주관적 환경Umwelt을 고려해야 한다고 주장한다. 쉽게 말해, 화용론에서 다루는 것처럼 같은 말이라도 언어적 상황에 따라 의미 자질이 달라진다는 것이다.

왜 이런 토를 다는가 하면, 얼핏 말장난처럼 보이는 시적 언어도 단순한 언어유희가 아니라는 점을 강조하기 위해서이다. 거기에는 그럴 수밖에 없는 어떤 필연성이 있다. 그렇다. 좀 더 직설하면, 시인은 무언가를 표현하기 위해서 기존의 말을 비틀고 없는 말을 만들어낸다. 그렇다면 도대체 그것이 무엇일까? 나는 잘 모르겠다. 새로운 시적 언어가 표현된다는 것 자체만으로도 충분히 의미가 있다. 시인의 언어는, 기존의 언어 체계가 불완전하다는 것을 알려줄 뿐 아니라, 기존의 언어 체계에 얹힌 우리의 세계 인식 역시 엉터리일지도 모른다는 것을 적극적으로 환기시키기 때문이다. 언어는 모든 문화의 DNA이며, 시는 그런 언어 DNA의 염기서열 구조를 끊임없이 갱신시킨다고 나는 믿고 있다.

하지만 비평가의 입장에 서면 이러한 시적 파괴, 다시 말해 부정성의 효과만으로는 무언가 부족하다. 물론 시는 인간의 주관성을 가장 강하게 옹호하는 장르이다. 이 세계의 진리가 객관적 실재에 있는 것이 아니라 각자의 주관적 관점에 따라 달라질 수 있다고 생각하며, 그것을 토대로 인간 주체의 자유를 주창한다. 체제 바깥을 꿈꿀 수 있는 자유, 불가능성에 매달려 스스로를 소진할 자유, 바다가 "청무우 밭"인 줄 알고 뛰어들 자유, 그러니까 자멸의 자유 내지 죽음 충동이 모두 옹호된다. 그러나 이러한 입장은 기실, 이제는 진부해져버린 낭만적 아웃사이더나 엘리트주의에 가깝다. 평범한 사람들이 그 자유를 실현하기에는 기회비용이 너무 크다. 바야흐로 대중의 시대 아닌가. 최소 저항의 원리를 따르는 진화적 선택압으로 작용하기도 어려울 것이다.

시를 읽으면서 그러한 부정성의 효과 못지않게 주목한 것이 시적 파문이 가 닿는 외적이고 객관적인 부분이었다. 시적 언어를 통해 이 세계의 무엇이 넘치고 부족한가에 주목한 것이다. 융의 예술론을 빌자면 상호 보완의 이치였고, 헤겔의 논리학을 따르면 예외자를 통한 보편자의 확인이었다. 자연히 시 작품에서 묻어나오는 기미나 징후, 증환을 읽고 그것을 사회적 지평 속에 배치하는 데 주력해야 했다. 시적 언어의 외부 효과는 내면 풍경과 달리 어느 정도는 정량 측정이 가능하다. 가령 죽음 충동의 주체 내부는 괄호 안처럼 뿌옇다 하더라도 그럴 수밖에 없는 정황 증거는 웬만큼 수집할 수 있다. 요컨대, 시인이 표현하고자 하는 것이 무엇인지는 정확히 잘 모르지만, 그러한 표현의 외적 효과는 어느 정도 추수할 수 있다는 뜻이다. 그것은 다시, 시가 무엇을 파괴하고 균열시키는가가 아니라 시가 무엇을 할 수 있느냐에 접근하는 방법이었다. 그렇지만 그러한 시적 주체의 과학화가 얼마나 성취를 이루었는지는 자신하지 못한다. 다만 그 과정에 무연히 서 있다고 말할 수 있을 뿐이다.

4.

2004년부터 문예지에 발표한 글들을 묶었다. 해서, 시간적 편차가 있을 수 있다. 모두 4부로 구성해 보았다. 본격적인 평문과 개별 작품 읽기, 시집 서평, 신작시 리뷰를 차례대로 엮었다. 더러 제목과 내용을 수정한 부분도 있어 따로 게재지를 밝히지는 않았다.

이 책의 제목은 내가 지은 것이 아니다. 새움출판사의 대표 이대식 선생님과 최하나 편집자가 적극 권장했고, 내가 기꺼이 동의했다. 잘된 것 같다. 이 세계의 모든 이해에 이름 짓기가 놓여 있다(시는 그것의 최전선에 있다). 이 책의 출판뿐 아니라 좋은 이름을 붙여준 새움출판사 식구들께 깊은 고마움을 드린다. 평창동의 맑은 공기와 새로운 슬픔이 돋아나던 '절벽'의 막걸리에게도.

2012년 땡여름에
김점용

1;
외설적 아버지의 명령, "즐겨라!"

이 숨찬 경쟁의 피로, 어떻게 푸나

늙은 것일까? 요란함을 등 뒤에 두고, 그 너머를 바라보는 시들이 눈에 들어온다. 지금은 봄인데, 여기저기 땅 위에 피어나는 신생의 것들에게 눈을 주어야 할 터인데, 어째서 저 너머의 것들만 자꾸 눈에 걸리는 것인가. 피곤한 탓인지도 모르겠다. 이 세상 곳곳에서 작동하는 보이지 않는 경쟁 시스템과, 자본주의의 자가발전이 내뿜는 거친 입김, 그 입김을 타고 넘쳐나는 말과 이미지, 현란한 콘텐츠들이 너와 나의 피로를 누적시킨다. 어디 고요한 데, 몸과 마음 붐비지 않는 비승비속의 절집 같은 곳은 없을까?

　― 저어, 방을 한 칸 얻었으면 하는데요.
　일주일에 두어 번 와서 일할 공간이 필요해서요.
　나는 조심스럽게 한옥 쪽을 가리켰고
　아주머니는 빙그레 웃으며 이렇게 대답했다.
　― 글씨, 아그들도 다 서울로 나가불고
　우리는 별채서 지낸께로 안채가 비기는 해라우.
　그라제마는 우리 이씨 집안의 내력이 짓든 데라서

1: 외설적 아버지의 명령, "즐겨라!" 19

맴으로는 지금도 쓰고 있단 말이요.
이 말을 듣는 순간 정갈한 마루와
마루 위에 앉아 계신 저녁햇살이 눈에 들어왔다.
세놓으라는 말도 못하고 돌아섰지만
그 부부는 알고 있을까,
빈방을 마음으로는 늘 쓰고 있다는 말 속에
내가 이미 세들어 살기 시작했다는 것을.

- 나희덕, 「방을 얻다」 부분

   운이 좋다 하겠다. 마음 부릴 데를 찾았으니 몸은 저절로 가벼워졌을 것이다. 이런 시에 설명을 보태면 추해진다. 그럼에도 불구하고 조금만 더 나가보자. 시골에 빈집이 늘어나기 시작한 건 오래전의 일이다. 하지만 이 시를 읽고 나면 그 수많은 빈집들이 "저녁햇살" 같은 사람들의 훈김으로 되살아나면서 스스로의 "내력"을 이어가고 있는 듯하다. 사회학자나 경제학자의 분석과 처방과는 분명 다르고, 고전적인 문명 비판은 더욱 아니다. 늘어나는 빈집에 대한 안타까움과 농촌 현실에 대한 염려를 전혀 다른 방식으로 보상해주고 있는 것이다.

   생멸의 이치란 어디에나 있는 법, 안타까워하고 염려한다고 해서 세상의 이치를 완전히 되돌리거나 바꿀 수는 없다. 그것을 넘어서는 것은 위와 같은 시적 발견과 인식을 통해 가능하다. 과학과 합리, 이성의 신화 뒷면에 우울하게 깔린 근대화의 피로, 혹은 기술과 문명의 피로는 그렇게 해서 풀리고 달래진다. 이로써 과학적 언어의 대타항으로서 시적 언어가 지닌 지위와 기능이 한층 선명하게 드러난 셈이다.

과학적 언어에 바탕을 둔 기술과 문명의 발전은, 얼핏 '진보' 또는 '진화'라는 말에서 연상되듯이 미래적 가치를 담고 있는 것처럼 보임으로써 그 피로를 상쇄시키려 든다. 그러나 그것은 위장된 개념의 옷일 뿐 속사정은 전혀 그렇지 않다. 옛날 식으로 말하자면 이는, 열심히 노력하면 누구나 다 잘살 수 있다는 자본주의의 행복서사에 다름 아닌데, 실상은 그 때문에 경쟁은 심화되고 피로는 가중된다. 또한 경쟁의 대열에 편입하지 못한 사람이나 경쟁에서 밀려난 지역은 더 짙은 그늘로 무겁게 추락하고 가라앉는다.

> 새카맣게 하늘 덮는 되새 무리 보러 울진 갔다 순전히 서로 몸 부딪치지 않고 무리지어 나는 그들을 보기 위해서였다 그들은 어떻게 틈을 아는가 순전히 그걸 보기 위해서였다 눈 깔린 들판에 기절한 되새 한 마리 떨어져 있지 않았다 나만 벼락 맞았다 금갔다 이 몸 겨울 들판에 넘어져 누워버렸다 틈을 만들지 못했다
>
> – 정진규, 「되새떼」 전문

슬픈 그림이다. 사람 사이의 경쟁을 피해 되새떼의 비행법을 관찰하러 갔던 시인은 눈 내린 들판에 낙오자로 누워버렸다. "새카맣게 하늘을 덮"은 되새 떼들이 "서로 몸 부딪치지 않고 무리지어

나는" 모습에 그만 "벼락 맞아" 기절해버린 것이다. 새들은 서로의 날갯짓으로 바람을 만들고, 바람의 "틈을 만들"어 한 마리도 떨어지지 않고 다 함께 날아가는데, 만물의 영장이라는 인간은 그 좁은 '틈' 하나 "만들지 못해" 떨어지고 말았다. 그는 눈밭에 쓰러져 누워 우리가 꼭 이렇게 살아야 하나, 아프게 되묻고 있는 것 같다. 거기엔 인간 종에 대한 회의도 스며 있다. '사오정', '삼팔선', '이태백' 따위, 시정의 풍문이 아니더라도 생물학을 바탕에 깐 신자유주의의 무한경쟁이 얼마나 많은 사람들을 추락시키고 있는지, 몸과 마음에 금이 간 사람들은 익히 알 것이다.

> 산비탈 밭 아래 슬레이트 지붕 아래
> 벗어놓은 장화 쓰러져 누워 있고
> 저 해 기울면 어둠은 기어들어
> 안 보이는 골짜기물 엄마 엄마 부르듯 흐를 것인데
>
> 함양 산청 가는 길에 참이슬이라고 실은 트럭
> 아니 한 삼만 병은 실었나 보다
>
> 엄마 가지 마 가지 마 울며 따라오는 애 뿌리치고
> 버스에 올라탄 그녀를 위해 고구마를 위해
> 개를 위해 돼지를 위해 앞서거니 뒤서거니

비틀거리지도 않고 헛소리도 않고
15톤 트럭 끈질기게 따라붙는다

처마 아래 거미줄 내리게 버려두고
함부로 횟술 마실 울면서 장구 칠 그들 제껴두고

참이슬이라고 소주병들 다리를 건넌다
굽이를 돌더니 갑자기 사라진다
어느 골짜기에 삼만 병 다 퍼부으려고

- 최정례, 「참이슬 삼만 병」 부분

산골 아낙네의 가출과 그를 둘러싼 슬픔을 "참이슬 삼만 병"이 달래주러 간다. 시골 아낙은 고구마를 캐서 팔고 개나 돼지를 키우면서 폭폭한 살림을 꾸려 갔을 터인데, 더는 견디기 힘들었던지 대처의 식당이나 파출부쯤으로 일하러 나가는 모양이다. 울며 매달리는 아이까지 뿌리치며 떠나야 하는 '그녀'의 속사정을 자세히 알 수는 없지만, 경쟁의 대열에 끼여 싸우지도 못하고 뒤에 남은 사람들이 걱정이다. 아이는 저녁이 되어도 "안 보이는" 어머니를 "엄마 엄마 부르"면서 어둡게 자라야 할 것이고, 남편은 "함부로 횟술 마시"거나 "울면서 장구" 치는 술주정뱅이로 늙어가야 할 형편이다.

하지만 이 시의 환기력은 그러한 신파를 넘어 조금 다른 데 있는 것 같다. 산골 마을의 안쓰러운 풍경도 풍경이지만, 아침 이슬을 깨면서 시작되는 "어느 골짜기에" 진짜 이슬을 가장한 '참이슬'이 삼만 병이나 쏟아져 들어온다는 기묘한 대비가 그것이다. 고구마 푸른 잎에 내린 이슬은 '참이슬'이 아니다. 주정 원료로 팔려나간 고구마가 술 공장을 거쳐 소주로 둔갑해 되돌아온 것이 '참이슬'이다. 실제의 이슬 자리에 가짜의 '참이슬'이 대체되는 놀라운 시적 환치가 이 시를 새롭게 읽도록 만든다. '횟술' 역시 알고 보면 '참이슬'일 것이며, 그러한 참이슬을 삼만 병이나 퍼부어야 하는 또 다른 "어느 골짜기"의 사정도 별반 다를 바 없겠으나, '참이슬'은 실상 '참 이슬'이 아니고 '가짜 이슬'인 까닭에 그들의 위무 방식 역시 가짜일 거라는 막연한 유추가 보다 심각한 문제로 부각되고 있다.

  시인이 의도했든 하지 않았든 간에 이러한 시적 통찰은 우리를 한없이 무겁게 한다. 과도한 경쟁에서 비롯된 피로와 스트레스를 푸는 방식 역시 어쩌면 가짜일지도 모른다는 생각이 그것이다. 엔터테인먼트 산업이 번창하고 있지만, 자본의 코드화가 보여주듯이 그곳에도 엄연한 자본의 논리가 스며 있으며, 보이지 않는 경쟁 시스템 또한 저절로 작동되고 있다. 재미로, 즐기려고 시작한 컴퓨터 게임이 살인으로까지 번져간 까닭도 그 때문이다.

  그리하여 문명의 피로를 넘어가는 시적 비전 중의 하나는 시 쓰기의 놀이화다. 시인들은 이제 언어 게임 그 자체를 즐김으로써 기존의 문법과 의미의 그물망을 유유히 빠져나가 자유롭게 유영

한다. 요약하면, 현실원칙을 쾌락원칙으로 바꿔놓기.

> 어느 날 읍내의 한 인력공사에서 그녀가 배달되었다 식구들을 빙 둘러앉힌 뒤 그녀는 자신을 식모라고 소개했다 첫날 그녀는 내 속옷을 벗겨 바닥을 박박 문지르고 한 시간마다 어김없이 외출하는 뻐꾸기시계의 뻐꾸기를 잡아 된장찌개를 끓였다 (…중략…) 그녀는 다음날 어항 속의 금붕어를 모조리 잡아 아가미 젓을 담갔고 넷째 날에는 마당에서 고운 모래를 한 삽 가득 퍼와 아랫목에 묵혀두었다 엿새만 지나면 먹기 좋게 잘 삭을 거야 그녀가 다섯째 날 콘센트와 코드로 스튜를 만들어내자 우리 식구는 더 이상 그녀의 요리 솜씨를 의심하지 않게 되었다 그녀는 현명하게도 110V와 220V의 중간 맛을 낼 줄 알았던 것이다.
>
> — 오은, 「최후의 만찬」 부분

기본적인 서사 골격은 익숙한데 개별적인 에피소드는 낯설다. 거칠 것 없는 '식모'의 행동은, 우선 재미있다. 유쾌 상쾌 통쾌다. '식모'란 곧 상상력의 원천이자 시마詩魔가 아니겠는가. 수많은 요리를 열거하고 있음에도 먹을 수 있는 요리는 단 하나도 없다. 그래서 마지막 구절은 "나는 굶어 죽었다"이다. 기표 위로 끊임없이 미끄러지던 기의는 "굶어 죽었다"에서 멈춰 섰다. 자살 놀이로 현실의 단층을 베어버렸다. 스스로 먹이 경쟁을 끝내버린 것. 그러기에 이 시의 제목도 무겁게 의미심장하다.

그러나 이에 대한 가치 평가는 유보해두어야겠다. 놀이 자체가 비즈니스인 마당에 시를 가지고 놀지 말란 법은 없다. 놀이는 소비인 동시에 생산이 되었다. 이는 현재 우리 시단의 범박한 풍경이다. 아니 주류라고 해도 무방할 것이다. 원조를 대라면 이상쯤 될까. 이들의 공통점은 언어에 대한 자의식의 발현이다. 언어가 이데아의 세계를 재현할 수 없다는 인식은 이미 미만해져 있다. 더 나아가 이데아 자체가 대체 어디 있느냐, 그건 단지 허구의 산물이라는 인식도 팽배해져 있다. 그러나 신은 죽었지만 자신이 죽었다는 사실을 신은 모른다고 했던 지젝의 역설처럼, 언어 바깥에 아무것도 없다는 인식이 지닌 맹목에 대해서는 충분히 논의되지 못하고 있는 게 현실이다.

물론 여기서 자세한 논의를 펼 수는 없다. 문명사의 관점, 진화 심리학, 인지과학의 틀에서 이들의 작업이 새롭게 조명될 수 있을 것이나 현재로선 그다지 생산적인 결과가 나올 것 같지 않다. 놀이가 갖는 쾌락 원칙의 반복은 있되, 그것이 현실 원칙 속에 포섭되지 않는 까닭에 일정한 의미 체계로 엮기도 불편하거니와, 이들의 영법 혹은 놀이 규칙 또한 지극히 개인적이어서 병리적 심층 지반을 공유하고 있는 것도 아닌 듯하다. 이들의 언어 게임은 자궁의 언어인 '코라chora'에 닿아 있다는 혐의가 없진 않은데, 그렇다고 "그래서, 그게 뭔데?"라고 야속하게 물을 수는 없다. 거기에선 인과의 질문 자체가 성립하지 않는다. 파편이 좀 더 튀면 어느 부위인지 모자이크 만들기가 가능할지도 모르겠다. 다만 이와 관련해 한 가지 덧붙이고 싶은 것은 그러한 해방의 몸짓이 오히려 자본의 코드화를 가속화시킬 수 있다는 우려이다.

문명의 피로, 경쟁의 피로를 넘어서는 방식은 또 있다. 옛날이야기로 되돌아가는 것이다. 그런 면에서 이시영 시인의 시들은 기존의 경쟁 시스템이나 조직 체계에서 저만치 벗어나 있는 사람들을 등장시킴으로써 우리의 피곤기를 상쾌하게 씻어준다. 거기엔 우리에게 친숙한 문인들도 자주 등장하지만 그렇지 않은 사람들도 있다.

라디오를 꼭 라지오라고 고쳐 부르는 우리의 친애하는 구비문학가 B 선생이 웃자고 한 얘기 중에 그런 것도 있었다. 강원도 농촌 개척단 시절 낮이고 심심하고 장에 간 친구들은 오지 않는데 그의 눈앞에서 닭 한 마리가 쏘옥 알고 낳고 사라지는 것이 아닌가. "어 닭이 알을 낳네? 그러면 거기로……" 하고 생각이 미친 그가 닭 한 마리를 잡아 후닥닥 일을 치르고 나자 놀란 닭이 정신없이 마당을 가로질러 울타리에 머리를 처박고는 꼬꼬댁거리며 한참을 나오지 않았다. 그런데 이 얘기의 절정은 바로 그 다음 대목. "아 그런데 이 닭이 말이야. 그 다음에 나를 전혀 못 알아본단 말씀이야. 내가 언제 너하고 그랬더냐는 멀뚱한 표정으로 발끝의 모이만 콕콕 쪼며 지나가는 거라. 무지하게 섭섭터라고. 앞뜰의 염소는 고삐에 매여서도 매애거리며 꼭 알은체를 하는데 말이야……"

- 이시영, 「라지오」 전문

제목에서 이미 'B 선생'의 고집이 어느 정도인지 알 수 있다. "라디오를 꼭 라지오라고 고쳐 부"를 정도이니 충분히 짐작이 간다. 자기만의 세계에 빠져 있으므로 애초에 영역 싸움이 일어나질 않는다. 경쟁 상대가 아닌 것. 구비문학가인 그의 구수하고 익살스런 이야기는 마치 어머니나 할머니의 옛날이야기 같아서 사람과 동물, 자연과 인간이 서로 경계를 긋기 이전의 상태로 우리를 되돌려 보낸다. 모두가 혼융돼 있으므로 경쟁도 없다. 「만월」에서 초승달로 언어의 살을 계속 깎아오던 시인은, 갑자기 말이 그리워진 것일까? 아니 사람이? 그것도 아니라면, 좀 능글맞지만 때론 모자라 보이기도 하는, 그때 그 시절의 넉넉한 여백이 그리웠는지도 모르겠다. 이를 퇴행이라 부를 수 있을까, 포월로 이해하면 어떨까?

사회생물학에 따르면 이종 간 경쟁보다 동종 간 경쟁이 훨씬 치열하다. 그것이 종의 진화를 가져온다. 그러나 먼먼 미래의 일을 지금 당장의 목표치로 들이댈 수는 없다. 오늘 하루를 건너가는 것도 얼마나 숨차고 벅찬가. 명백한 사실은 모두가 승자일 수 없다는 것이다. 적어도 현재의 경쟁 시스템으로는 그렇다. 과학적 언어가 힘과 경쟁의 원리를 지탱하고 있다면, 시적 언어는 관계와 협력의 원리를 뒷받침한다. 직선적 언어의 팽팽한 긴장과 피로는 곡선의 언어를 만나 스르르 풀리고 부드러워진다. 인간을 자꾸 생물학적 차원으로 끌어내리려는 이때, 시가 할 수 있는 일은 아직도 많다. 지금까지 보았듯이 우리 시는 그런 일을 능히 담당해왔다. 다만 장엄하게 폼 잡지 않으면 된다.

내 안의 슬픔을 긍정하기까지

개인적인 얘기를 먼저 좀 해야겠다. 오래도록 나는 내 가족과 집안, 고향을 부정해왔다. "아버지도 어머니도 내가 잠시 빌린 거 아닐까"(졸시, 「슬픈 뿌리」)라는 생각은 그 뿌리가 제법 깊은 것이어서 대학 4학년 때까지 그 누구에게도 나의 가족사에 대해 말하지 않았다. 아니 못했다. 사람은 늘 어딘지 모르게 두려운 대상이었고, 대신 자연은 아무것도 몰라서 따뜻했다.

그런 내가 나를 둘러싼 초라하고 복잡한 '배경'을 어설프게나마 인정하고 받아들이게 된 것은, 한동안 나름대로 관심을 쏟았던 정신분석학과 진화생물학 덕분이었다. 그것은 결국 나의 뿌리(유전자)에 대한 이해였다. 하지만 일종의 심리적 방어기제인 부정否定을 통해 오래도록 내 뿌리에 저항함으로써 제대로 된 성장은 불가능했을지 몰라도 꿈과 환상, 이미지는 얻을 수 있었으며, 그것이 곧 시가 되었다.

모르긴 해도 대부분의 시인, 작가들도 비슷한 사정 아닐까 싶다. 물론 부정의 정도와 영역의 차이는 있겠지만, 자기의 운명을 저주하거나 존재조건을 부정해보지 않고 이 세계의 틈이나 구멍,

혹은 숨은 질서나 그림자를 발견하기란 쉽지 않을 것이기 때문이다. 흔히 문학의 정신을 주어진 현실에 대한 도저한 부정성에서 찾는 것도 같은 맥락일 것이다.

그러나 조금만 더 따져보면, 자기의 운명을 비롯해 이 세계에 대한 부정 정신은 비단 문학 예술뿐 아니라 사회나 과학기술 발전의 기본적인 동력이자 원리임을 알 수 있다. 현재의 사회적 조건이나 제도, 기존의 윤리와 질서에 대한 부정 없이 삶의 조건을 개선시킬 수 없을 것이며, 현재의 기술 수준에 만족하고 앉아서는 새로운 기술을 기대할 수 없을 터이다. 변증논리를 들이댈 것도 없이 이 세계에 대한 인간의 인식 구조나 모델 역시 그렇기는 마찬가지이다. 그러니까 부정이란 개인과 사회, 기술문명이 발전 또는 진보한다는 직선적 세계관 또는 남성석 관점에서 바라본 보편적 태도이자 방법이지 문학 예술만의 고유한 특성은 아닌 셈이다. 헤겔 식으로 말하자면 부정을 통한 반성 그 자체가 이미 운동인 것이다.

그런데 문학은 부정을 통해 환상이나 이미지를 만들어냄으로써 현실을 추문으로 만들고 더 나아가 새로운 그림을 보여주기도 하지만, 그와 반대로 자기의 운명이나 존재조건을 기꺼이 인정하고 껴안음으로써 힘없이 처진 어깨를 다독이고 쓰라린 고통의 상처를 위무하기도 한다.

어느 날 저녁 동네 골목길을 지나다가 자즈러질 듯 우는 갓난애

의 울음소리를 들으며
　아, 누군가 새로 왔구나
　그리고 저것이 이제 나와 같은 별을 탔구나 하는 즐거움

　상당히 이름이 나 있는 시인의 시를 읽다가 야, 이 정도면……
어쩌고 하는 이 희떠움

　티브이 속에서 줄줄이 끌려가는 우리나라 국회의원들을 향해
　노골적으로 꼴좋다 꼴좋다 외치는 즐거움

　아무 생각 없이 생을 두루말이 휴지처럼 풀어 쓰다가
　남 모르게 우주의 창고를 열어보는 이 든든함

　　　　　　　　　　　　　　- 이상국, 「오길 잘했다」 부분

　따뜻한 긍정과 유머의 시인답게 시인의 넉넉한 세계 인식은 독자들의 조급하고 불규칙적인 숨결을 편하게 골라준다. 그의 또 다른 시구처럼 "세상은 큰 잔치집 같아도/어느 곳에선가/늘 울고 싶은 사람들이 있"(「국수가 먹고 싶다」)게 마련 아닌가. 그들과 함께 따뜻한 국수 한 사발을 먹고 싶음은 자연스런 인지상정이요 측은지심일 것이다. 마찬가지로 좋은 시를 만났을 때 같은 시인으로서 느끼게 되는 미묘한 열등감이라든가 질투심, 빈둥거리며 시간을 함부로 써버린 후회 같은 것도 이 시에서는 다 이해되고 용서

된다. "우주의 창고"에 '생'이 억만겁으로 쌓여 있는데 대체 뭔 걱정이랴. 지나치게 조바심 내며 아웅다웅, 빽빽하게 살지 말자는 것이다. 더 나아가, 오히려 그런 경쟁적 태도, 다시 말해 발전과 진보에 대한 맹목적 추종이야말로 세상을 더 척박하게 만든다는 이치를 우회적으로 역설하고 있는 듯하다.

물론 노파심도 있겠다. 「오길 잘했다」는 제목이 의미하는 것처럼 현세에 대한 이 같은 긍정이 자칫 현실과의 손쉬운 타협이나 추수로 떨어지는 것 아니냐, 부당한 사회 환경에 눈감는 것 아니냐 등등. 타당한 지적이긴 하지만 사회 전체의 이익에는 변함이 없을 성싶다. 이러한 긍정은, 요컨대 부당한 일이 벌어졌을 때 가해자를 응징하는 쪽보다 피해자를 보살피는 입장에 서는 것이며, 현란한 이미지로 욕망의 대상과 욕망의 놀이터를 늘리기보다는 우리가 지닌 욕망의 총량 자체를 줄임으로써 현재의 존재조건이 지닌 자족성을 높이자는 뜻이기에 그러하다. 더욱이 끌려가는 국회의원들을 보고 "꼴좋다 꼴좋다 외치는" 것은 그와 같은 긍정이 무조건적인 용인이 아니라는 것을 의미한다.

기실 이러한 긍정의 지혜는 쉽게 얻어지는 것이 아닐 터이다. 방법적 부정을 다시 한 번 부정해야만 마음의 보폭을 넓혀 더 큰 긍정에 이를 수 있는 것처럼, 인간사에 대한 깊은 통찰이나 개인적 고통에 대한 오랜 학습 없이는 쉽사리 얻을 수 없는 것이다.

이 좁은 마당으로는 다 받아낼 수 없는 봄이 내려앉고 있건만

대문 옆에 놓인 커다란 페인트 통은 가득 물을 담고 있다 일부러 모른 척했던 통이다 한겨울 아침이면 얼어 있다가 어떤 날은 멀거 니 녹았다가 또 어떤 날은 다시 얼어버리고 만 통 안의 물이다 지 난 가을 칠을 했으나 무엇이 불만인지 벗겨지고 일어나는 페인트 가 담겨 있던 통이다 물은 증발되어서도 멀리 가지 못하는 공기인 척하다가 다시 비나 눈의 입자로 날아와 넘치도록 몸을 채우고 몸 을 넓혔을 그리하여 여즉 물이 가득한 통이다 통을 비울까 하여 들어보지만 가뿐히 들리지 않는 통이다 어색하게나마 달과 별을 담았던 통이라 다 비워버린다 해도 우물쭈물 통은 언제인가처럼 물을 담고 있을 것이다 당신이 아예 뒤집어 놓지 않으면 슬픔의 질 통이 마를까봐 이 지경으로 담고 담는 거라면서 내 깊은 불출不出 의 골병을 아는 체하려 들 것이다 일부러 모른 척해야 할 통이다

– 이병률, 「통桶」 전문

살다 보면 "일부러 모른 척해야 할" 일들이 있다. 이성복의 시처 럼 "저쪽에서 내가 좋아하지 않는 사람이 오고 있"(「그 순간은 참 길 었다」)다면 '일부러' 돌아서 다른 길로 가더라도 피하는 게 낫다. '그냥' 모른 체하고 가다가 혹시라도 상대편에서 먼저 "아는 체하 려 들"면 괜히 죄 지은 듯 여간 민망하지가 않을 것이다. 경우에 따라 감당 못할 낭패를 볼 수도 있다. 어이없게도, 대문간에서 "가 득 물을 담고 있"는 통도 그 중의 하나이다. 여기서 '통'이란 화자 의 내면이다. 슬픔으로 울울한 마음이다. "불출의 골병을" 앓고 있

어서 봄이 와도 봄 같지 않은……. 오래전에 비우고 싶었으나 끝내 비우지 못했던…….

물이 대기 속으로 증발했다가 다시 눈비로 내리는 것처럼 시인의 슬픔은 우주를 순환한다. 그만큼 깊고 근원적이어서 "가뿐히 들리지 않는"다. 이처럼 깊은 정신적 외상은 함부로 건드리거나 아는 체해서는 안 된다. 섣불리 그랬다간 더 안쪽으로 숨어버릴지 모르고 증상을 더욱 심하게 왜곡시킬 공산도 크다. "가뿐히 들리지 않는" 통 속의 물을 버리려다 삐끗, 허리를 다칠 수도 있다. 그래서 시인은 "일부러 모른 척" 그냥 내버려둔다.

그러나 일부러 모른 척한다고는 해도 사실은 이미 다 알고 있으리라. "일부러 모른 척해야"만 하는 그 마음의 바닥이 얼마나 깊이 "골병" 들어 있는지. 그럼에도 불구하고 자기 안의 슬픔이 저절로 비워지고 채워지며 삭아가는 것을 가만히 지켜볼 수 있는 이 범상치 않은 내공은, 자기 안의 슬픔에 대한 깊은 긍정이 있어야 가능한 묘법이다. 마음의 일이란 게 사람 뜻대로 안 되는 것임을 그는 일찌감치 인정하고 있었던 것이다. 그래야 비로소 제 슬픔을 다스릴 수 있는 까닭이다.

이렇게 슬픔을 긍정하기까지, 그것이 어떻게든 늘 짊어지고 가야 할 "질통" 같은 자기의 운명임을 인정하기까지, 비가 오고 눈이 내리고 꽃이 피고 바람이 불고 달이 뜨고 별이 지고 또 비가 왔을 것이다. 긍정의 대상이 어찌 슬픔뿐이겠는가. 거창하게는 이 세계의 근원적 부조리(양가성, 반대의 일치)에서부터 강물이 덧없이 흘러가는 것, 사랑하고 헤어지는 것, 사람이 나고 늙고 병들어 죽는 것에 이르기까지…….

> 가는 소리 들리니 왔던 게 틀림없지
> 밤비뿐이랴
> 젊음도 사랑도 기회도
> 오는 줄은 몰랐다가 갈 때 겨우 알아차리는
> 어느새 가는 소리가 더 듣긴다
> 왔던 것은 가고야 말지
> 시절도 밤비도 사람도 .
>
> — 유안진, 「비 가는 소리」 부분

"비 가는 소리"가 들릴 턱이 없다. 아마도 시인이 듣고 있는 소리는, 비 '오는' 소리의 여음일 것이다. 많은 것들이 밀물처럼 왔다가 스르르 빠져나가는 소리. "젊음도 사랑도 기회도", "시절도 밤비도 사람도". 비 오는 소리가 비 가는 소리로 들리고, "어느새 가는 소리가 더 듣기"는 까닭은 그만큼 나이 들어 세월의 흐름에 민감해졌다는 뜻 아닐까. 좀 더 멀리는, 생이 얼마 남지 않았다는 것, 한 번 "왔던 것은 가고야" 만다는 어김없는 생멸의 이치를 순순히 인정하고 받아들이겠다는 뜻 아닌가. 그 아래에, 어쩔 수 없이 깔리는 잔잔한 회한은 "일부러 모른 척"하기로 하자. 우리도 이미 한 수 배웠으므로.

이처럼 긍정은 자아가 현실을 완전히 벗어날 수 없다는 뼈아픈 인정에서 시작된다. 스스로 그러함, 즉 저절로 그렇게 되어 감을 깨닫고 거기에 자기 몸과 마음을 내맡기는 것, '오는' 색色을 버리고 '가는' 음音을 듣는 원숙의 경지는 그러한 인정이 있었기에 가능했을 것이다.

또다시 비가 내린다.

> 그칠 줄 모르고 내리는 빗소리
> 참으로 많은 생을 불러 세우는구나
> 제 생을 밀어내다 축 늘어져서는
> 그만 소리하지 않는
> 저 마른 독의 쭐이며 꽃들이 나를
> 숲이고 들이고 추적추적 세워 놓고 있구나
> 어둠마저 퉁퉁 불어터지도록 세울 것처럼
> 빗소리 걸어가고 걸어오는 밤
> 밤비는 계속해서 내리고
> 내 문 앞까지 머물러서는
> 빗소리를 세워두는구나
> 비야, 나도 네 빗소리에 들어
> 내 마른 삶을 고백하는 소리라고 하면 어떨까 몰라
> 푸른 멍이 드는 낙숫물 소리로나
> 내 생을 연주한다고 하면 어떨까 몰라

> 빗소리에 가만 귀를 세워두고
> 잠에 들지 못하는 생들이 안부를 묻는 밤
> 비야, 혼자인 비야
> 너와 나 이렇게 마주하여
> 생을 단련 받는 소리라고 노래하면 되지 않겠나
> 그칠 줄 모르는 빗소리 마냥 들어주면 되지 않겠나
>
> — 최창균, 「비 듣는 밤」 전문

 이런 시를 읽고 있으면 아무 말도 하고 싶지 않다. 아무 소리 않고 "마냥 들어주"고만 싶다. 수목원 산 밑에 혼자 살 때 저녁에 달이 뜨면 달 손님, 창에 소나무 그림자가 비치면 그림자 손님, 후두둑 비가 오면 비 손님, 고양이가 울면 고양이 손님이었다. 야속한 것은 잠들었을 때 온다는 기척도 없이 몰래 내린 눈이었다. 그런 곳이면 누구나 비슷하리라. 그런 곳 아니라도 혼자 잠드는 밤이면 누구나 그러리라. 혼자 잠들지 않아도 그러리라. 내리는 빗소리를 "문 앞까지" 울창하게 "세워두"어야 하는 처지라면, 그 사정 안 봐도 뻔하다. 한번 야무지게 "생을 단련 받는" 모습, 아니 "소리". 어떤 시인은 "외로우니까 사람이다"라고 노래했건만, 대체 이 한없는 긍정은 어디서 연유했을까?

 엄밀하게 말하면 타협일지도 모르겠다. 욕망의 파도가 넘실대는 이승에 와서 운 좋게 한 벌 얻어 입은 누더기 몸, 어떻게든 살아남기 위해 또 다른 자기와 벌이는 협상의 전략. 척박한 땅에 싹을 틔운 식물은 서둘러 자라 재빨리 꽃을 피우고 씨앗을 퍼트린 다음 사라진다. 박토에서 자란 봉숭아가 그랬다. 그것이 그의 운명이었다. 척박한 땅을 거부했다면, 혹은 다른 식물들처럼 충분히 자란 다음 꽃을 피우려고 했다면, 그는 자기 유전자를 물려주지 못했을 것이다. 이처럼 긍정은 자기의 존재조건을 인정하고 기꺼이 받아들임으로써 새로운 출발을 가능케 한다. 새로운 도약, 새로운 위반을 저지르기 위한 지반 다지기라고 볼 수도 있다.

다른 한편으로, 넉넉한 긍정은 부정해야 할 대상마저 껴안아 버림으로써 초월의 지평으로 나아가기 위한 예비 작업이 될 수도 있다. 도를 닦는 것이다. 그럴 수 있으면 그래도 좋다. 모든 영역이 서로 스며드는 이때 굳이 편 가르기 할 이유가 없다. 그곳에 더 크고 가치 있는 무엇이 있다면 그 길을 가는 게 사회 전체석으로 이익일 것이다.

아무리 부정해도 벗어날 수 없을 때, 차라리 그것을 순순히 인정하고 받아들이는 게 개인적 고통을 넘어설 수 있는 유일한 길이다. 그것이 긍정의 힘이다. 슬픔도 힘이 된다고 했다. 그러나, 그렇게 슬픔을 긍정하기까지 우리는 창밖에 얼마나 많은 생을 불러 세워야 하는 것일까.

외설적 아버지의 명령, "즐겨라!"

　지하철 안에서 곤란한 것이 시선 처리다. 그래서 책을 보든가 아니면 눈을 감고 명상을 한다. 그날은 명상을 하고 있었다. 바로 앞에 선 두 여학생들의 얘기가 자연스럽게 들렸다. 액션 페인팅으로 유명한 화가 잭슨 폴록에 대해 찬사를 쏟아내는 중이었다.
　"와, 그림 한 장이 그 정도라니 정말 대단하지 않아?" 미술을 전공하는 학생들인 모양이었다. 반갑기도 하고 궁금하기도 해서 창피함과 결례를 무릅쓰고 대화에 불쑥 끼어들었다.
　"저, 실례지만 폴록의 작품이 정말로 좋은가요?"
　"네." 둘 다 동시에 답했다.
　"문외한이라 궁금해서 그러는데 왜 좋은가요?" 하고 되물었다.
　"……." 서로 얼굴만 쳐다볼 뿐 대답이 없다. 질문을 바꾸었다.
　"폴록의 그림이 어떤 면에서 가치가 있죠?"
　"그거야 미술에서 아무도 시도하지 않은 것을 처음 시도했기 때문이죠." 한 학생의 대답이었다. 나는 좀 더 구체적으로 묻지 않을 수 없었다.
　"잘은 모르지만 미술에서 처음 시도된 것들은 워낙에 많지 않습니까? 구성이든 오브제든 스킬이든 새로운 것들은 무수히 많을 텐데 왜 하필 잭슨 폴록의 행위가 그토록 유명해졌는지 잘 모르겠네요. 그게 정말로 어떤 의미나 가치가 있다고 생각하시는지요?"

"솔직히 저도 잘 모르겠어요. 그건 아마 평론가들이 그렇게 만들지 않았을까요?"

나는 알 듯 모를 듯 고개를 끄덕였고, 그들은 내릴 때가 되었다며 가방을 챙겨 들었다.

학생의 대답은 현대 미학이 봉착한 문제의 한 지점을 정확히 짚어낸 듯했다. 시를 논하는 자리에 잭슨 폴록을 끌어들인 이유가 여기에 있다. 익히 알다시피 잭슨 폴록은, 깡통에 구멍을 뚫어 바닥에 놓인 캔버스 위에 페인트를 뿌리거나 흘려서 작품을 만들었다. 그것은 당시까지 아무도 시도하지 않았던 새로운 기법이었다. 그의 행위는 그림을 그린다기보다 일종의 퍼포먼스에 가까웠지만 수많은 미술평론가들이 그의 작품에 열광했다. 2006년 말 그의 그림은 1억 4,000만 달러라는 사상 최고가에 낙찰됨으로써 그의 유명세를 재확인시켰으며, 그가 지하철 안에서 두 여학생의 화제에 오른 것도 바로 그 소더비 경매 뉴스 때문이었다.

하지만 그에 대한 비판적 시각이 없는 것은 아니다. 학생의 말대로 잭슨 폴록은 몇몇 평론가에 의해 유명해졌다. 그를 키운 사람은 미국의 평론가 알프레드 바와 해럴드 로젠버그로 알려져 있다. 그 둘은 폴록의 작품을 "추상표현주의"와 "액션 페인팅"이라

각각 칭하면서 추켜세웠다. 도무지 알 수 없는 그림의 내용보다 그림을 그리는 행위 자체에 주목함으로써 양차 대전 후 유럽 미술에 주눅 든 미국 미술의 활로를 찾으려 했던 것이다. 그들은 폴록을 유럽의 피카소나 세잔느의 영향 아래 두는가 하면, 칸딘스키의 비대상 회화와 연관 짓기도 했다. 유럽 전통을 이어받되 그것을 넘어섰다는 인상을 주기 위한 전략이었다. 게다가 또 다른 평론가들은 원색의 페인트로 장난치는 것과 다름없는 그의 기법에 대해 초현실주의의 자동기술법과 우연성의 미학을 거론하며 찬사를 아끼지 않았다. 그들의 전략은 주효해서 잭슨 폴록의 주가는 천정부지로 치솟았고, 뉴욕은 파리를 제치고 현대 미술의 새로운 중심 시장으로 도약했다.

그러나 폴록의 작업 장면을 정밀 촬영해 분석한 결과 우연에 의한 자동기술은 없는 것으로 판명되었다. 물감을 뿌리고 손가락으로 깡통을 톡톡 치는 행위에 일정한 절도가 있었기 때문이다. 그 후 결국 폴록 자신이 나바호 인디언 부족의 모래 그림과 네바다 사막에서 본 나무등걸을 재현한 것이 자신의 액션 페인팅의 실체라고 고백함으로써 그에 대해 찬사를 늘어놓던 평론가들을 무색하게 만들었다. 이 때문에 그의 신화는 깨졌다고 말하기도 하지만, 폴록이 44세라는 비교적 젊은 나이에 자동차 사고로 사망하자 그의 신화는 더욱 공고해졌다. 예술가가 요절하면 천재가 되는 이치와 같이.

폴록의 신화가 가능했던 이유는 비교적 간명하다. 그것은 작품

평가에 대한 절대적 기준이 없기 때문이었다. 작품에 대한 가치 평가는 시대나 상황에 따라 얼마든지 조작될 수 있고 재편 가능하다. 푸코는 이를 '진리 게임'이라고 불렀다. 우리가 통상 절대적이라고 믿는 진리는 미시담론의 권력 구조나 위계질서에 따라 만들어진다는 통찰이다. 푸코는 이를 비판적으로 보았지만 현대 사회는 어차피 그럴 수밖에 없다고 여긴다. 들뢰즈의 논리를 빌면 모든 것이 차이를 가졌고, 차이를 가진 만큼 나름의 의미를 지니는 까닭이다. 그래서 존재하는 모든 것이 옳다. 포스터모더니즘이 지향하고 퍼트린 것도 바로 이와 같은 전언이었다. 모든 진리에 대한 의심, 모든 권위에 대한 해체, 모든 기원에 대한 부정이 신자유주의의 글로벌화 바람을 타고 횡행하면서 미학에서도 절대적 기준이 사라진 것이다. 자연히 비평적 규준도 없어졌다. 그래서 어떤 비평가들은 개인적 취향을 미학의 잣대로 들이대는 극단으로 나아가기도 한다.

최근 우리 시단의 사정도 이러한 시각에 깊이 침윤돼 있는 듯하다. 극히 개인적인 이미지와 언어를 구사하면서 뭔가 있는 것 같은 포즈를 취한다. 그러나 잘 살펴보면 아무것도 없다.[1] 대부분 기존의 것들을 가볍게 비튼 것이거나 종잡을 수 없는 환상을 범벅해 놓은 것에 불과하다. 그런 작품을 대할 때마다 나의 머릿속에는 온갖 상념들이 스쳐 지나가지만 별다른 대책이 없다. 존재하

---

[1] 이숭원, 「환상 혹은 관념, 그 너머의 진실」, 『시작』, 2006년 겨울호 참조.

는 모든 것이 옳은 까닭이다. 자연스럽게 좋은 시, 나쁜 시의 구별도 없다. 그저 '개인적 취향'에 따라 마음에 드는 시, 마음에 안 드는 시가 있을 뿐이다. 근년 들어 소위 '미래파' 시를 둘러싼 일련의 논의는 이러한 문제를 더욱 무겁게 만든다.

형편이 이렇다 보니 스스로에게 자꾸 되묻게 된다. 이것이 과연 바람직한 지향일까? 해체론자의 말대로 모든 것이 허용되고 존재하는 모든 것이 옳다면 현실은 어떻게 개선될 수 있는 것일까? 아니 개선될 필요가 전혀 없는 것 아닐까? 만일 그렇다면 예술 자체가 필요 없는 것 아닐까? 예술이란 근본적으로 기존의 상징체계나 언어체계를 위반하면서 틈을 내고 균열을 일으키는 것인데 존재하는 모든 것이 옳다면 굳이 그럴 필요가 없지 않은가 말이다.

해체주의가 애초에 지향했던 것은 서구의 지성사에서 로고스 중심주의가 지닌 한계를 드러내기 위함이었다. 그러나 이를 예술에 단순 적용하면 어떤 대상을 해체하는 힘 자체를 또다시 해체해야 한다는 모순 동력에 의해 스스로 해체의 틀 안에 갇히게 된다. 문학뿐 아니라 현대의 미술, 건축, 사진 등에서 지배적인 예술 양식으로 자리 잡은 해체주의는 지금 이와 같은 자기모순에 빠져, 자신들의 작품이 어떤 측면에서 기존의 인식 체계를 교란시키고 있는지 제대로 납득시키지 못하고 있다.

사실 모든 것이 옳고, 모든 것을 허용하는 사회는 약자의 입장에서 보면 매우 바람직하고 이상적인 사회임에 분명하다. 그러나 모든 것이 옳다는 것은 모든 것이 옳지 않다는 것을 의미한다. 실제로 모든 것이 허용되는 사회란 있을 수 없다. 그것은 이론이며 환상일 뿐이다. 세상의 이치란 늘 관계적인 것이어서 어느 하나가 실현되면 다른 것은 억압되게 마련이다. 영화에 자주 등장하는 장면 하나를 보자. 사회적 약자가 권력의 힘을 피해 도망칠 때면 으레 선량한 제삼자의 희생이 뒤따른다. 노점상(이동상인)의 과일 박스가 쏟아지면서 추격자가 넘어지면, 관객은 박수를 치며 즐거워하지만 어느 누구도 노점상의 생계를 묻지 않는다. 모든 것을 허용하는 사회는 무정부주의와 조금도 다를 바 없다. 무정부주의는 전체주의와 짝패이다. 이 둘은 서로 반대처럼 보이지만 사실은 같은 것이다.

지젝은 모든 것이 허용되는 시대는 상징계, 즉 아버지의 거세를 거부한 상상계적 퇴행의 시대라고 했다. 앞서 언급한 것처럼 도무지 알 수 없는 시적 언술들이 난무하는 것도 상상계적 퇴행으로 읽을 수 있을 것이다. 그 시어들은 여간해서 상징계의 질서 속으로 진입하지 않으려 한다. 독자들이 아무리 머리를 쥐어짜며 읽어도 의미를 알 수 없는 것은 그 때문이다. 시인들은 독자에게 의미를 캐내려 들지 말고 그냥 즐기고 느끼라고 주문하지만 즐길 만한 무엇, 느낄 만한 무엇조차 없다면 어쩔 것인가. 물론 거기에는 뛰어난 작품인데도 불구하고 감상자가 작품의 우수성을 포착해내지 못하는 '감상자의 약점'이 개입해 있을 수도 있다. 다시 말해 감성이 부족하거나 감성적 코드가 다른 데서 기인할 수 있을 것이다. 하지만 나뿐 아니라 '문학의 이해'를 수강하는 이십대 초반의 젊은 대학생들 거의 전부가 무슨 말인지 모를뿐더러 재미도 없다고 하는 것을 보면, 거기에는 감상자의 약점이라고 치부하기엔 여러 모로 불편한 것들이 들어 있는 듯하다.

한편, 모든 것이 허용되는 시대는 기준이 사라진 시대이다. 기준이 없는 시대는 '아버지의 이름'이 작동을 멈추었거나 거부되는 시대이다. 영화 '데미지'에서처럼 아버지가 아들의 연인과 몸을 섞는 시대이다. 아버지가 하나의 상징체계('아버지의 이름')로서 법이나 도덕의 기준이 되어야 하는데 그것을 넘어서버린다. 지젝은 그런 시대를 '외설적 아버지의 시대'라 부른다. 따지지 말고 즐기라는 주문도 초자아를 넘어선 외설적 아버지의 발동이다. 시인들 역시 그와 같은 외설적 아버지의 시대를 살고 있으며, 그 사이에서 갈등하는 존재들이다.

보편적으로 여행에서 돌아온 네가
자작나무로 만든 책갈피를 꺼내며 러시아 광활한 숲을 이야기할 때
손님들은 망가뜨리지 않고 나무의 색깔을 고르고 냄새를 맡았다
자고 갈 사람이라는 처음이 아닌 출현을 훔쳐보며
난 책을 읽고 있었다
바닷물에 젖은 적이 있고 실용성이라고는 전혀 없는
아빠는 재작년에 장가가셨다

(…중략…)

방문객들은 정치한 이바지를 나눠 먹고 축배를 제안했을 것이다
넌 그들이 돌아갈 때까지 나를 책이 있는 방에 가두어놓았다
그러곤 깜빡 잊어버린 지갑을 찾았다는 듯 감격적으로
나를 꺼내 끌어안았다 일러바치지 않을게
최대한 여리게 보이려고 나는 조금 웃었다

- 김이듬, 「이바지」 부분

    이 작품에는 외설적 아버지가 드러나지 않는다. 대신 외설적 어머니가 그 자리를 차지하고 있다. "너"로 지칭되는 어머니는 "나의 식구, 동료, 말벗, 엄마라는 역겨운 이름"으로 진술되고 있을 뿐 아니라, 남의 눈에 띄지 않게 어린 화자를 책방에 가두어놓고 손님들과 여흥을 즐기는 외설적 주체로 나타난다. 일반적으로 아버지가 없을 경우 어머니가 법이 되어 그 역할을 수행해야 하는데 그렇지 못하고 어머니 스스로 법을 위반한다. 그래서 외설적 어머니이다. 그럼에도 불구하고 화자인 "나"는 어머니를 징벌하지 않는다. (누군가에게) "일러바치지 않"는 것이다. 오히려 책방에 감금된 채 가만히 책을 읽음으로써 어머니의 외설에 "이바지"한다. 물론 어머니는 동료이자 말벗이며 보살피는 주체(엄마)로 화자에게 이바지한다. 어린 화자는 그 이바지 때문에 "조금 웃"어 보임으로써 어머니의 죄를 똑같이 공유한다. 그것이 어린 화자가 살아남기 위해 취하는 슬픈 생존 전략이다.

그런데 이 시는 그와 같은 슬픔을 넘어서는 모종의 재미를 준다. 그것은 어머니보다 상위의 어떤 법이 엄연히 존재하고 있다는 사실에 있다. "일러바치지 않을게"라는 진술은 어머니를 넘어서는 어떤 존재를 상정하지 않고는 나올 수 없다. 그 존재가 누구인지는 뚜렷이 드러나지 않았으나 이 시에서는 제목에 숨어 있다는 인상이 짙다. 왜냐하면 "이바지"는 곧 '아버지'의 라랑그lalangue[2]로 기능할 수 있기 때문이다. 어린 화자가 일러바칠 대상이 그 누구든 간에 그는 아버지와 같이 금제를 가하는 존재인 것은 분명하다. 그렇게 볼 때 모호하게 처리된 부분인 "방문객들은 정치한 이바지를 나눠 먹고"라는 구절은 새로운 의미 자질을 띠게 되면서 이 작품이 지닌 의미의 결핍을 보충한다. 즉, 화자는 어머니와 죄를 공유함으로써 쾌락도 동시에 갖게 되지만 그것을 완전히 자기 것으로 만들지는 못한다. 어머니와의 상호 이바지, 아니 '아버지'를 늘 의식해야 하기 때문이다. 그 아버지의 눈(사람들의 시선)이 있는 한 "나"는 밖에 드러나서는 안 되는 존재이다. 이때의 아버지는 외설적 아버지가 결코 아니다. 어디까지나 법이나 질서, 관습, 도덕 등으로 작용하는 '아버지의 이름'이다.

라랑그는 상징계의 한 부분으로서 창조적 오독을 가능케 한다. 시인이 의식했을 수도 있고 그렇지 않았을 수도 있다. 다음의 시

---

[2] 이는 일종의 말장난이며 정신병적 언어로서 기존의 언어체계가 불완전함을 말해주는 중요한 지표이다. 기존의 언어체계가 불완전하기 때문에 말장난인 라랑그를 통해 그 결여를 보상받는다.

는 이와 같은 라랑그 효과를 적극적으로 시에 끌어들인 경우다.

> 난 수수께끼
> 난 비 만한 집
> 이 포장지 속에 무엇이 있을까?
> 열 달 동안 키울 오렌지나무?
> 열 달 동안 헤맬 지도?
>
> (…중략…)
>
> 난 잠 자리를 찾는 잠자리
> 난 몸 푸는 앵두꽃
> 고양이 잇몸 같은 오븐
> 우선 이 방부터 치워야겠어요
> 구멍은 모두 메우고
>
> — 김현서, 「난 비 만한 집」 부분

"비 만한 집"은 빗방울 크기만 한 집을 의미하면서 동시에 뚱뚱한 집을 의미한다. 여기서 "집"은 여성의 자궁을 말한다. 그러니까 임신 이전의 자궁은 문법대로 읽어서 빗방울 크기에 불과하지만 임신을 하게 되어 출산이 가까워지면 '비만해진 집'이 된다. 이와 같은 언어유희(라랑그)는 "비 만한 집"과 '비만한 집'을 동시에 내포

하는 언어 경제의 장점도 있지만 "잠 자리를 찾는 잠자리"(같은 시)처럼 주체의 외설을 아슬아슬하게 비껴가기 위한 시적 장치로도 충분히 기능할 수 있다. 다소 거칠게 말하자면 "핏방울들이 자줏빛 어린 꽃을 피운다"로 표상된 월경이, 거세된 아버지의 시대에 어울리는 표현이라면, "잠 자리를 찾는 잠자리"라는 성적 욕망의 라랑그는 거세된 아버지와 외설적 아버지 사이에서 갈등하는 윤리적 주체의 표현으로 이해될 수 있다. 그 갈등이 어디로 기울었는지는 마지막 구절이 말해준다. "구멍은 모두 메우고". 아버지의 이름은 의외로 단단하다.

김종미의 「썩을,」도 비슷한 처지의 상황을 보여준다. 가령 "23층을 깔고 앉은 24층은 은밀히 체위를 바꾼다/23층은 24층을 밀어내고 싶지만 24층은 너무 무겁다"라는 구절에서 그 사정을 엿볼 수 있다. 문제가 된 것은 위층의 소음이지만 그것을 대놓고 나무랄 수가 없다. 다만 혼자서 위층 남자의 욕을 흉내 내 "썩을, 24층!" 하고 내뱉을 뿐인데, 못내 그게 걸렸는지(자기 검열) "그것은 욕이라 했다"라고 단서를 붙인다. 그것은 욕을 하고도 욕을 하지 않은 것과 같은 효과를 갖는다. 김현서가 일말의 노파심을 버리지 못하고 "구멍은 모두 메우고"라며 자기 검열의 지퍼를 채운 것과 같은 형상이다. 이 모두가 아버지의 이름과 외설적 아버지 사이에서 갈등하는 윤리적 주체로서 죄와 쾌락을 동시에 챙기려는 미적 장치들이다.

아버지가 없거나, 그 자리를 깨끗이 도려낸 사람들은 윤리적 갈등을 거의 겪지 않는다. 내재된 도덕이 없기 때문이다. 반성적 능력이 전혀 없는 정치인들을 비롯하여 대개 양심의 가책이나 죄책감이 없는 사람들이 겉으로 보기에 잘사는 것처럼 보이는 이유도, 그들은 이와 같은 윤리적 갈등으로 자신의 에너지를 쓸데없이 낭비하지 않기 때문이다. 그들은 그 에너지를 자신의 지위나 부를 공고히 하는 데 십분 사용함으로써 스스로 외설적 아버지가 된다.

들뢰즈-가타리가 주장하듯 자본주의의 분열증적 아이들은 정신적 외상의 중핵이 없다. 다시 말해 상징계를 구성하는 라캉적 실재가 없는 것이다. 나의 느낌에 일부 젊은 시인들은 스스로를 그렇게 규정하고 있으며, 따라서 아버지의 눈을 의식할 필요가 없다고 공공연히 주장한다. 나름대로 일리가 있다. 그들은 신의 죽음을, 아버지의 부재를, 무차별성을, 모든 것이 허용된다를 적극적으로 옹호하고 그것을 즐긴다. 앞서 말했듯이 즐기라는 주문은 법을 넘어선 초자아의 명령이다. 곧 외설적 아버지의 명령이다. 이는 그들 스스로 외설적 아버지가 되었다는 것을 의미한다. 모든 것이 허용되는, 기준이 없는 상태에서 그들은 스스로 자유롭다고 느낀다.

하지만 그들은 상상적 주체가 될 위험성이 높다. 실제로 자유롭지 않으면서 상상 속에서 그렇다고 여기는 것이다. 가상현실처럼 상상 = 현실의 세계를 산다. 최근 우리 시에 현실에 발 딛지 않은 환상적 이미지가 그토록 많이 유입되는 이유가 바로 여기에 있다. 지젝이 상상계로의 퇴행이라 부른 것도 이 맥락이다. 라캉과 지젝에 따르면 자본주의 체제가 잉여가치에 의해 굴러가듯이 그들은 잉여 쾌락을 소비함으로써 자신의 존재를 확인한다. 잉여 쾌락의 실체는 사실 아무것도 없음nothing이다. 뭔가 있는 것처럼 보이지만 찬찬히 들여다보면 아무것도 발견되지 않는다. 잭슨 폴록의 그림이 정말로 그만한 가치가 있는 것일까? 평론가들의 지적대로라면 그의 그림은 그의 몸짓이 지나간 흔적에 지나지 않는다. 그것이 사상 최고가에 팔린 것은 자본의 논리 때문이지 예술의 논리 때문이 결코 아니다. 나는 최근 발표되고 있는 많은 시들도 이런 혐의에서 크게 벗어날 수 없다고 판단한다.

기준이 사라진 시대, 모든 것이 허용된다고 착각하는 외설적 아버지의 시대에 우리가 깊이 고려해야 할 것은 내적 윤리일 것이다. 위반의 천재들인 시인들에게 시의 윤리를 생각해보자는 말은 다소 뜬금없이 들릴 수도 있다. 이와 관련해 지젝의 말을 직접 옮겨본다.

> 순수한 윤리적 행위란 법적인 기준의 경계를 넘는다. 단순한 범죄 행위와 대조되는 이 경계 넘기는 단순히 법적 규범을 어기는 것이 아니라 법적 규범을 다시 정의하는 것이다. (…중략…) 그것은 새로운 형태의 '선'을 낳는다.[3]

---

[3] S. Žižek, *Did Somebody Say Totalitarianism? Five Interventions in th (Mis)Use of a Notion*, N. Y.: Verso, 2001, 170쪽.

인간은 태어날 때부터 윤리 감각을 갖는다는 진화윤리학을 따르지 않더라도 시인은 본질적으로 윤리적이라고 믿는다(도덕적이라는 얘기가 절대 아니다). 그러나 어떤 기준이 있어서 그것을 넘어서는 것과, 모든 기준이 사라져서 모든 것이 허용되는 시대에 최소한의 기준을 마련하자는 윤리적 요청은 분명 다른 문제일 것이다. 또한 미학의 최종 종착지도 윤리학이 아니던가. 독자들은 점점 줄어들고 시는 죽었다고 하는 이 시대에 시를 쓴다는 것이 무엇을 의미하는지 곰곰 생각해봐야겠다.

도시의 속도를 비추는 지하철 정거장의 시

1. 시가 흐르는 도시들이 늘어난다

서울 지하철역에 새로운 풍경이 펼쳐졌다. 지하철 스크린도어에 흰 글씨로 프린트된 시 작품들이다. 스크린도어가 설치된 역이라면 거의 어디서나 볼 수 있다. 이는 전 세계를 통틀어 좀체 볼 수 없는 독특한 풍경이다. 사람들은 이제 지하철을 기다리는 잠시 동안이나마 한두 편의 시를, 혹은 몇몇 구절의 시를 자연스럽게 읽게 되었다. 더러는 마음의 고개를 끄덕이며 깊은 공감을 표하기도 한다. 어쩌면 오래도록 잊고 있었던, 한때 풋풋했던 문청 시절을 문득 떠올릴지도 모른다.

사실 서울만 그런 것은 아니다. 규모는 훨씬 못 미치지만 부산 지하철이나 광주 지하철에도 벽면에 액자 형태로 시가 게시돼 있다. 이웃 일본에서도 비슷한 풍경을 볼 수 있다. 동경 시내의 여러 노선 중 동경메트로선 일부 전동차 천장에는 '계절풍 문학관'이란 제목을 달고 공모를 거친 시민들의 시가 광고판 형태로 매달려 있다. 대전광역시도 곧 동참할 예정이다.

시가 다시 돌아온 것일까. 현기증 나는 속도와 현란한 디지털 문화에 밀려났던 시가 다시 사람들 곁으로 슬며시 돌아와서, 속도의 피로, 문명의 피로, 경쟁의 피로에 지치고 힘든 사람들을 조용히 껴안아주며 위무해주고 있는 것일까. 적어도 겉으로는 그렇게 보인다. 시인들은 뿌듯해하고 시민들은 대체로 반가워하는 눈치다.

그러나 사람들의 품으로 시를 돌아오게 한 것은 시인들이 아니었다. 시를 애호하는 독자들도 아니었다. 그것은 순전히 행정관료의 도시 디자인 구상, 지하철 회사의 스토리텔링 전략에 의해 제작되고 배치되었다. 어떻게 해서 이런 일이 벌어졌을까?

지하철역에 수천 편의 시가 게시된 것은 우리에게 여러 가지 생각 거리를 안겨준다. 우선, 지하철 스크린도어의 시는 시를 담는 그릇의 변화, 그러니까 시적 미디어가 다변화되고 있다는 명백한 물증이 아닌가. 또한 서울시의 경우처럼 도시 디자인과 도시 마케팅 전략의 하나로 시가 선택되었다는 것은, 우리 시인들이 그동안 시를 지나치게 협소하게 바라보았거나 시가 지닌 문학사회학적 변화를 도외시하고 있었다는 혐의를 씌우기에 충분하다. 그리고 동경메트로처럼 지하철 스토리텔링의 소재로 시가 등장한 것은, 시가 장소성placeness을 전제로 이야기를 담을 수 있다는 측면에서 문화경제의 효과적인 툴이 될 수 있다는 것을 보여준 구체적인 사례이기도 하다. 하지만 '지하철 시'는 무엇보다 새롭고 다양한 미디어 환경에서도 사람들의 내면 어딘가에는 지울 수 없는 시적인 정신 공간이 엄연히 존재하고 있다는 것을 강하게 환기시킨다는 점에서 문학적 성찰의 대상이 되기에 충분하다. 그뿐 아니라 이를 통해 지하철 시가 도시 마케팅이나 스토리텔링 전략으로서 과연 어느 정도 효과를 거두고 있는지도 점검해볼 필요가 있다.

지면이 제한된 만큼 여기서 '지하철 시'가 제기하는 여러 문제들을 모두 짚어볼 수는 없다. 시적 언어를 둘러싼 미디어의 변화라든가 도시 디자인 또는 도시 마케팅의 시적 접근, 문화경제적 툴로서 시적 내러티브의 생산과 소비, 지속적인 시 정신의 현대적 요청 등은 그것들대로 각각 섬세하고 긴 설명을 필요로 한다. 따라서 이 글에서는 도시 마케팅과 지하철 스토리텔링 전략으로서 지하철 시가 등장하게 된 배경과 그 효과를 서울의 지하철을 중심으로 살펴보려고 한다.

2. 도시 마케팅과 스토리텔링 전략으로서의 '지하철 시'

서울의 지하철 스크린도어에 시가 등장한 것은 2009년 초였다. 이른바 "시가 흐르는 서울!", 일종의 고품격 프로젝트인 이 사업은 그해 말쯤에 이르러 코레일 운영 구간을 제외하고 서울의 지하철 전역으로 확대되었다. 서울시에 따르면 시민들 반응이 좋아 한때는 게시된 시가 2,000편 가까이 육박하기도 했으나 공공 게시물로는 부적합한 작품 일부를 철거하고 2012년 3월 말 현재는 모두 292군데 역사의 4,628개 스크린도어에 1,606편의 시가 전시되고 있다고 한다.

왜 하필 시였을까? 서울시는 '디자인 서울'의 구상, 세계적인 글로벌시티[4]인 서울 마케팅을 위해 왜 시를 선택했으며, 그들의 자평대로 어떻게 해서 성공을 거둘 수 있었을까? 이 질문이 이 글의 일차적인 관심사다.

국가 간 경쟁이 도시들의 경쟁으로 이동한 것은 근대 네이션 nation 체제의 붕괴에서 비롯되었다. 민족이 일종의 '상상의 공동체'라는 인식과 더불어 '일국민 일국가의 환상'이 무너지면서 근대 국민국가가 터잡았던 이념적 지형도 위태로워졌다. 물론 여기에는 사회경제적 변화가 주된 요인으로 작용했다. 크게 두 가지 변화를 꼽을 수 있다. 거대 담론의 붕괴 이후 신자유주의가 전면화하면서 세계의 금융자본이 국가 단위에서 세계의 주요 도시 단위로 이동하기 시작했다. 이른바 자본의 글로벌화로서 지구적인 자본 이동을 통해 전체 파이를 늘리는 방식이다. 그리고 이를 가능케 했던 것이 인터넷 등 세계적인 통신망을 이용한 정보 네트워크의 구축이었다.

이렇게 자본의 글로벌화와 지식의 정보화는 세계의 경쟁 구도를 국가 단위에서 도시 단위로 바꾸어놓았다. 공간적 차이가 부의 창출과 직결되는 까닭이다. 국경은 별 의미가 없어졌다. 평창 동계올림픽의 끈질긴 유치 과정이 증명하고 있듯이 세계의 주요 도시들이 올림픽이나 월드컵은 물론 크고 작은 국제 대회를 유치

---

[4] 사스키아 사센의 용어. 사센에 따르면 서울시는 2007년 기준으로 세계 9위의 글로벌시티에 랭크돼 있다.

하기 위해, 국가 지원을 등에 업고 다각적인 노력을 기울이는 것도 위와 같은 도시 간 경쟁 구도가 팽팽하게 그 위력을 발휘하기 때문이다. 크고 작은 도시에서 온갖 축제들이 벌어지는 것도 같은 이유에서다.

그러니까 서울의 지하철역에 수많은 시 작품이 게시된 것은, 크게 보아 이러한 맥락 위에서 기획되고 배치된 구체적인 현상 중의 하나이다. 도시의 브랜드 가치를 높여 국내외 자본은 물론 수많은 비지터visitor[5]를 유인하기 위한 문화적 전략으로 채택된 것이 지하철 시인 셈이다. 자본의 공간화는 구체적인 도시 공간을 대상으로 삼지만, 자본의 코드화는 인간의 문화적 층위에 속속들이 스며든다. "It's different!" 국내의 한 통신사 카피처럼 미묘한 문화적 차이를 자극함으로써 인간의 욕망을 추동질하는 것이 자본의 코드화가 지닌 기본적인 속성이다. 그뿐 아니라 도시의 풍부한 문화 인프라가 실제적인 경영 활동을 지원하고 새로운 문화 시장을 창출하는 데 기여하는 까닭에, 도시는 새로운 경쟁의 주체로서 그 도시의 문화 자원을 최대한 활용하여 문화도시를 지향하고 그러한 도시 이미지를 대내외에 알리려 한다. 그것이 유형 무형의 도시 자산을 키우기 때문이다.

이런 배경에서 지하철 시는 도시 디자인의 한 측면이고, 따라서 도시 마케팅 전략의 하나로 채택된 것이 분명하다. 서울을 방

---

[5] '비지터(visitor)'란 일반 관광객을 비롯해 방문객, 초청객, 단기 체류자 등을 두루 아우르는 개념으로서, 순화된 우리말이 없어 외국어 그대로 종종 쓰인다.

문했던 한 일본인 교수는 지하철 스크린도어에 적힌 것이 한국시냐고 내게 물은 적이 있는데, 자신은 그 내용이 무엇인지 전혀 모르지만 그와 같은 도시문화가 한국을 인상적인 나라로 만드는 것 같다며 부러워했다. 일본인 교수의 인상처럼, 지하철 시는 서울이라는 도시의 이미지를 업그레이드시킨다. 세계적인 거대도시 서울을 문화도시로 자리매김하는 데 매우 효과적으로 기능할 수 있다는 말이다. 실제로 서울 지하철 시에는 외국의 작품들도 일부 포함되어 있다. 주요 각국의 대사관 근처 지하철역이나 특정 국가 외국인들이 자주 모이는 역에는 그 나라의 명시가 해당국의 언어로 게시되어 있다.

이와 같은 문화도시 이미지는 서울의 비지터를 대상으로 한 도시 마케팅뿐 아니라 서울 시민의 문화적 자부심을 고취시키는 동시에, '디자인 서울' 프로젝트와 맞물려 서울 시민들의 심성을 시적으로 디자인한다는 시너지 효과까지 창출할 수 있다. 얼핏 보면 단순한 것 같지만, 이면에는 이처럼 고도의 도시 마케팅 전략이 숨어 있는 것이다.

3. 지하철 시가 이야기를 만들고 소비하는 방식

그렇다면 이에 대한 시적 관심은 자연스럽게 다음으로 넘어간다. 가장 먼저, 시가 어떤 속성을 지녔기에 서울의 도시 마케팅의 툴로 채택될 수 있었는가이다. 다음은 실제로 그것이 어떻게, 얼마만큼의 효과를 거두고 있는가이다. 마지막으로, 가장 반反자본적인 시가 자본의 전면화, 자본의 코드화에 맞물려 들어가는 현재의 문화적 위상을 어떻게 바라보고 대처해야 하는가에 대한 점검일 것이다.

지하철 시가 도시 마케팅 전략이라든가 스토리텔링의 소재로 선택된 이유는 간단하다. 한마디로 말해 시가 이야기를 창발하기 때문이다. 하지만 이는 상식적으로 언뜻 이해되지 않는다. 잘 알다시피 장르의 특성상 시는 이야기와 일정한 거리가 있다. 전통적인 의미에서 시는 한순간의 서정적 감정이나 시적 정황을 언어로 응축하여 형상화한 것이기 때문에 이야기가 스며들기 힘들다. 물론 우리의 현대시에는 김동환의 『국경의 밤』이나 신동엽의 『금강』, 김지하의 『오적』 등 장편 서사시의 계보가 분명히 있다. 그러나 서울의 지하철 시에는 공간의 제약 때문에 이런 시들이 결코 채택될 수 없다. 게시된 작품들은 한결같이 짧은 시들이다. 그런 까닭에 시 자체만으로 이야기를 품기에는 그 한계가 비교적 뚜렷하다.

그렇다면 시가 어떻게 스토리텔링 기능을 수행하게 될까. 이야기는 시 밖에서 만들어진다. 시 작품을 둘러싸고 이야기가 조금씩 생기기 시작하는 것이다. 앞에서 언급했던 동경메트로의 지하철 시는 일반 시민들의 응모를 받아 게시하는데 응모와 선정, 발표, 시상, 게시, 읽기 등 일련의 과정이 동경메트로의 지하철 시에 관한 이야기를 만드는 것이다. 지하철 시에 응모한 많은 사람들은 그 시를 읽을 것이다. 지하철 시를 읽기 위해 굳이 돌아가는 수고를 마다하지 않는 사람도 있을 것이다. 뽑힌 사람은 스스로를 대견스러워하고 주변 사람들에게 자랑하면서 꼭 한번 읽어보도록 유도할 확률이 높다. 선정되지 못한 사람들은 안타까워하기도 하고 부러워하기도 하면서 재도전을 다짐할지도 모른다. 이것이 지하철을 이용하는 사람들이 이야기를 만들어가는 과정이다. 이러한 과정은 서울의 지하철 시에도 똑같이 적용될 수 있다.

응모자에게만 이야기가 생기는 것이 아니다. 그 시를 읽고 공감하는 일반 독자들도 나름대로 자신의 이야기를 만들어낸다. 옛 추억에 잠기기도 한다. 지하철역 내부나 전철 안은 많은 사람들이 함께 사용하는 공적 공간이다. 하지만 거기서 우리는 책을 읽거나 스마트폰으로 음악을 듣고, 혹은 넷북으로 영화를 보면서 공동의 공적 공간을 자신의 사적 공간으로 스위치한다. 마찬가지로 자기와 아무 상관이 없는 시를 읽은 일반 시민늘은 거기에 자신의 감정과 기억, 추억과 상상력을 적극적으로 개입시킴으로써 자기 나름의 이야기를 발전시켜 나간다.

죽, 이라는 말 속엔
아픈 사람 하나 들어 있다

참 따뜻한 말

죽, 이라는 말 속엔
아픈 사람보다 더 아픈

1: 외설적 아버지의 명령, "즐겨라!"

죽 만드는 또 한 사람 들어 있다

— 문창갑, 「죽」(서울메트로 3호선 연신내역)

가령 누군가가 아침 출근길에 이 시를 읽었다고 치자. 이 시 자체만으로 구체적인 이야기는 전혀 없다. 하지만 그는 자신이 아파 누웠을 때 사랑하는 어머니가 혹은 아내가 새하얀 죽을 끓여 내오던 장면을 떠올리며 예기치 못한 상념에 젖을지도 모른다. 그러면서 어머니 혹은 아내와 보냈던 지난날을 추억하며 이 시에다 자신의 이야기를 덧입힐 것이다. 다음날에는 돌아가신 어머니의 안부를 궁금해하며 자신의 불효를 책망하고, 그 다음날에는 언젠가 아픈 자식을 위해 죽을 끓여주었던 과거의 한때를 기억해내면서 자신과 어머니(아내)를 오버랩시킬 수도 있으리라. 이런 식으로 그는 자신의 이야기를 계속 이어갈 수 있다. 그렇게 되면 "죽"은 그냥 죽이 아니게 되며, 연신내역은 보통의 균일한 공간space이 아니라 돌아가신 어머니나 고생하는 아내의 애잔한 이야기가 묻어 있는 특수한 장소place가 된다. 단순한 물리적 공간이 아니라 특정한 의미와 가치를 지닌 구체적인 장소가 되는 것이다.

그뿐이겠는가. 그의 이야기는 연신내역에만 머물지 않을 것이다. 퇴근길의 명동역, 3호선으로 갈아타는 충무로역에서도 같은 방식으로 자신의 이야기를 피워낼 수 있다. 시가 독자의 상상력을 요구하는 것은 바로 이렇게 단어와 단어, 행과 행, 연과 연 사이의 빈틈과 여백, 깊은 침묵을 자신의 이야기로 채워야만 전체의 맥락을 오롯이 파악할 수 있기 때문이다. 그런 면에서 시는 많은 사람들이 각자의 이야기를 그 여백에 채워 넣을 수 있는 매우 유효한 스토리텔링 툴이 된다.

 좀 더 쉽게 이해하기 위해 이런 문장을 한번 떠올려보자. "그녀가 떠났다." 어떤 느낌이 드는가? 한데 다음 문장은 이렇다. "난 자유다!" 그리고 이어지는 문장은 "3일 뒤에 온다고 했다." 이런 식으로 의미는 끝없이 지연된다. 여기에 의미를 고정시킬 수 있는 것은 내러티브다. 자신의 구체적인 이야기인 것이다. 거듭 말하지만, 시는 그 자체로 내러티브를 갖지 않는다. 독자가 자신의 경험과 유추, 상상을 적극적으로 개입시켜 이야기를 만들어내야만 의미는 완결된다. 당연히 그 의미는 이야기를 만들어낸 독자의 몫이다. 시인 중심의 작품work에서 독자 중심의 텍스트text로 의미의 이동이 일어나는 것은 여기서도 예외가 아니다.

 그러므로 어떤 시가 게시된 지하철역은 단순한 공적 공간이 아니라 자신의 이야기가 지속되고 있는 사적 공간으로 전회한다. 자신의 안방처럼 사적 공간은 누구에게나 소중할 수밖에 없다. 그런 면에서 수많은 시가 전시되어 있고, 거기에 저마다 다른 이야기가 새롭게 전개되고 있는 서울의 지하철역은 수많은 사적 공간의 거대한 집합으로 볼 수도 있다. 만약 이것이 사실이라면 서울은 세계에서 가장 뛰어난 문화도시, 수많은 이야기가 날마다 피어나는 가장 창조적인 도시, 정신적으로 가장 풍부하고 다이내믹한 도시가 될 수 있다.

4. "저것도 시냐? 나도 쓰겠다"

하지만 이와 같은 즐거운 상상이 현실화되려면 일정한 조건이 필요하다. 지하철 공간에 게시된 시 작품들이 시민들의 기억과 상상력을 자극할 수 있어야 한다. 시민들의 공감 능력도 필수적이다. 후자는 오랜 시 교육과 관련된 것이므로 당장 개선할 수 없지만, 앞엣것은 공들인 만큼 성과를 거둘 수 있는 문제이다. 지하철 시가 시민들의 정서를 자극하지 못한다면 개선책을 마련해야 한다.

시민들의 구체적인 반응이 궁금했다. 지금까지 이에 대한 조사 결과가 없어 내가 직접 나서야 했다. 서울시 지하철역 곳곳에서 무작위적으로 스무 명의 시민들을 만났다. 본격적인 설문을 실시하기 위한 예비 설문이었으므로 ◆지하철 시에 대한 느낌부터 물었다. 단 한 명을 제외하고 좋다는 반응이었다. ◆왜 좋은지 물었다. ◇시를 읽으면 기분이 좋다 ◇마음의 평화를 준다 ◇일부러 찾아보지 않아도 정서적인 것을 접할 수 있어서 좋다 ◇요란한 광고물보다는 낫다 ◇바쁜 현대인들에게 생각할 시간을 준다 ◇다양한 작품을 읽을 수 있어서 좋다 ◇아는 시를 보면 반갑다 등으로 대답했다. 더욱 놀라운 사실은 지하철 시를 거의 읽지 않는다고 대답한 사람들도 긍정적으로 답했다는 사실이다. ◇시가 있는 공간 자체에 있다는 것만으로도 뭔가 푸근하고 뿌듯한 느낌을 준다, 는 것이다. 이는 지하철 시가 있는 문화 공간을 기호적으로 소비함으로써 문화적 만족감을 얻는 것으로 이해되었다. ◆시를 읽고 구체적으로 생각나는 것이 있느냐 ◆시를 잘 이해하느냐는 질문에는 대부분 웃음으로 일관하거나 잘 모르겠다는 식으로 대답했으나 ◆지하철 시가 서울 시민으로서 문화적 자부심을 갖도록 하느냐는 질문에는 전부가 긍정적으로 답했다.

곤란해진 쪽은 오히려 내 쪽이었다. 시민들의 자발성이 아니라 관치행정의 하나이므로 지하철 시에 대해 부정적이라는 단 한 명을 제외하고는 모두가 긍정적인 반응을 보였고, 스토리텔링과 관련하여 정작 궁금해하는 구체적인 부분에서는 모두가 입을 다물었기 때문이다. 문제점을 도출하여 비판적 성찰을 가하려면 다른 방법이 필요했다.

시민들을 대상으로 한 기초 설문 결과와 평소에 느낀 문제점을 토대로 설문 대상자를 시인으로 바꾸어 본격적인 설문에 들어갔다. 그러자 적나라한 문제들이 드러났다. 이 설문에는 오프라인(67명)과 온라인(39명)을 합쳐 모두 106명의 시인들이 응답해주었다.[6] 여기에는 비수도권 거주 시인 12명이 포함돼 있다.

---

[6] 설문에 응해준 시인들과 온라인 설문을 도와준 문정영 시인께 고마움을 전한다.

1. 지하철 시를 읽은 적이 있는가?

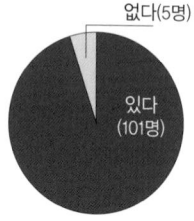

2. 읽은 시 중에서 지금 당장 생각나는 시가 있는가?

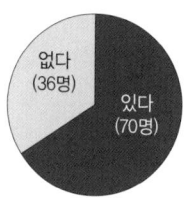

3. 지하철 시를 게시한 서울시 문화행정에 대한 평가는?

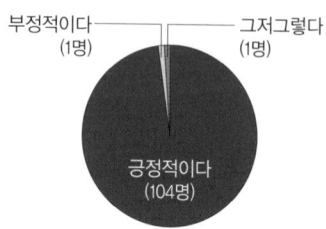

4. 지하철 시의 가장 큰 문제점은 무엇인가?

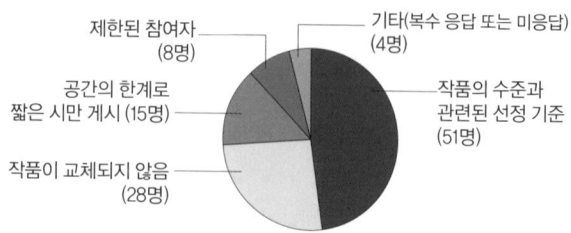

예상했던 대로 지하철 시에 대한 시인들의 관심은 매우 높았다. 읽어본 적이 없다고 대답한 시인들 5명 중 비수도권 거주자가 3명인 점을 감안하면 지하철 시를 읽었다는 비율은 더 올라간다. 일반 시민들의 경우 지하철 시를 본 적은 있으나 직접 읽어보지는 않았다는 사람들이 생각보다 많았다(20명 중 6명). 기억나는 시와 역이 있느냐는 질문에 시인들은 시 작품을 더 많이 기억한 반면, 일반 시민들은 역명을 더 많이 기억했다. 이 점은 지하철 시가 장소성과 연관이 높다는 것을 말해준다.

그러나 이 설문이 겨냥한 것은 지하철 시가 지닌 문제점이었다. 그래프에서 보는 것처럼 지하철 시를 게시한 의도는 좋지만 문제가 있다는 반응이었다. 절반에 가까운 시인들이 작품의 수준이 가장 큰 문제라고 응답했다. 서울 지하철 시는 애초에 한국시인협회에 등록된 시인 주소록을 토대로 개별 시인에게 연락하여 회신받은 작품을 게시하였으나, 자신의 시를 게시하고 싶다는 시민들과 미처 참여하지 못한 시인들의 요청이 많아, 2011년에는 공개 모집을 통해 시인은 물론 일반 시민들의 작품들도 함께 받아 일정한 심사 과정을 거친 후 추가로 게시하였다고 한다.

그럼에도 불구하고 시인들은 지하철 시 작품의 수준에 대해 불만이 많았다. 이는 ◆'지하철 시를 활성화하기 위한 구체적인 방안이 무엇이냐'는 별도의 서술형 항목에서 적나라하게 드러났다. ◇엉터리 시가 너무 많다. 선정에 신중을 기하자. ◇"저것도 시냐? 나도 쓰겠다"는 사람도 있더라. 시인으로서 창피했다. ◇이 정도 수준이라면 아예 하지를 말자. 시를 폄하시킨다. ◇서울시 의도는 충분히 알겠는데 이런 방식은 아니다.

이와 상반된 소수의 의견도 있었다. ◇대중을 상대하므로 이해하기 쉬운 시를 게시해야 한다. ◇시인들만 알 수 있는 어려운 시를 게시하면 오히려 사람들이 시에서 멀어진다. 일반인들에게 다가갈 수 있는 시를 전시하자.

절충적인 의견도 나왔다. ◇쉽고 감동적인 시를 더 많이 싣자.

아마도 해답은 여기에 있을 것이다. 작품성이냐 대중성이냐를 놓고 따질 때 이상적인 것은 둘 다를 취하는 것이다. 하지만 지하철 시는 공간의 한계가 있기 때문에 '짧으면서도 쉽고 감동적인 작품'이어야 한다는 까다로운 조건 속에 놓여 있다. 이를 충족시킬 방법은 없을까. 있다. 한 시인은 ◇부분 발췌를 하더라도 좋은 시만 싣자, 는 의견을 제시했다. 많은 사람들로부터 호평을 받고 있는 '광화문 글판'이 적절한 벤치마킹 대상이 될 수 있다. 2011년 겨울편을 보자.

이 글판은 원래 3연으로 된 다음 시의 1연을 발췌하여 다듬은

것이다.

> 푸른 바다에 고래가 없으면
> 푸른 바다가 아니지
> 마음속에 푸른 바다의
> 고래 한 마리 키우지 않으면
> 청년이 아니지
>
> — 정호승, 「고래를 위하여」 부분

위 둘을 비교하면 발췌한 글판이 더 윗길이다. 물론 개인적인 느낌이다. 기준은 시적 언어의 경제성과 함축성이다. 시적 은유의 결합 정도, 의미의 울림 파장도 더 뛰어나다. 다방면의 선정위원들이 머리를 맞대고 고심한 결과일 것이다.

지하철 시에도 쉽고 좋은 작품들이 있다. 하지만 그 편수가 전체 시편에 비해 턱없이 부족하다는 것이 문제다. 쉽게 말해 대중성은 있으되 문학성이 떨어지는 작품이 너무 많다는 것이다. 작품의 순환 교체를 포함하여, 운영의 묘가 요구된다 하겠다. 한 가지 덧붙인다면, 굳이 비용이 많이 들어가는 스크린 인쇄를 고집할 이유가 없다. 예를 들어 함민복의 「눈물은 왜 짠가」처럼 길지만 감동적인 시가 필요하다면 일률적인 형식을 벗어나 다른 게시 방법도 고려해야 한다.

대중성과 문학성이 늘 행복하게 결합하는 것은 아니다. 개성과 취향에 의존하는 문화의 속성을 무시할 수는 없다. 극단적으로 문화 다양성을 운운하며 '취향의 제국주의'를 내세울 수도 있다. 하지만 공적 공간에는 그만큼의 공리와 윤리가 필요한 법이다. 동시에 사회 전체의 문화적 진화도 고민해야 한다. 이와 관련해 프랑스의 초등학교 시 교육 담당자의 말을 들려주고 싶다.

> 몇몇 텍스트들은 일부러 '어려운' 것을 고른 것이며, 따라서 모든 어린이들에게 접근 가능한 것은 아니다. 글을 읽을 줄 안다는 것은 또한 자신의 한계를 아는 것이다.

시 자체로 쉽게 의미가 완결되는 시는 다양한 이야기를 발생시키지 않는다. 완전히 이해되지 않는 여분의 무엇이 우리를 낯설고 다른 곳으로 데려간다. 과잉으로 넘쳐도 문제지만 과잉이 없어도 밋밋한 것, 그것이 시이고 예술이다. 문화행정을 펼치는 데는 그만큼 섬세한 줄타기가 필요하다.

5. 질주의 시대, 질주를 횡단하는 방식

인터넷과 휴대폰의 속도 전쟁에서 드러나듯 우리는 질주의 시대를 살고 있다. 지하철 시는 그 질주가 잠시 멈춘 곳에 질주를 비추는 거울처럼 놓여 있는 셈이다. 잿빛 정거장의 푸른 사유. 그러고 보면 참으로 아이로니컬하다. 도시의 경쟁, 지하철 회사의 경쟁에 가장 반대편에 놓인 시가 그 수단으로 이용되고 있으니……

서울의 지하철 시를 여러 도시에서 모방하듯이 경쟁은 더욱 다양화되고 다질화한다. 멈춤 자체도 경쟁이 된 것이다. 이왕이면 좀 더 아름답고 좀 더 세련되며 좀 더 문화적인 멈춤을 위해 지하철 시는 거기 걸려 있다. 고약하게 말하자면 문화도시의 광고이고 문화공간의 상징인 셈.

여기에다 설문 과정에서 드러난 또 하나의 사실, 그러니까 시를 직접 읽지 않아도 시가 있는 공간 자체를 소비하는 시민들의 행태를 어떻게 이해해야 할까. 그것이 가능한 것은 시가 지닌 문화의 지위에 얹힌 바 크지만, 이미 클리셰가 된 그 행태는 시가 이 세계를 갱신시키는 본래의 기능을 상실하고 문화화된 자본으로 코드화됐다는 증거가 아닌가.

사실 지하철 시가 세기하는 이 모든 문제들은 시 자체에 있다기보다 시 바깥과의 결합에서 비롯된 것들이다. 특히 시가 소비되는 방식에 대한 문제이므로, 서두에서 언급한 것처럼 문학사회학적 접근이 요구되는 대목이다. 바야흐로 대중의 시대가 아닌가.

그럼에도 불구하고 시가 이 세계와 맺는 근본적인 방식을 생각하면 조금도 걱정할 일이 못 된다. 잘 알다시피 시는 모든 사물, 모든 대상을 이 세속의 상징계로 환원하지 않고 그 자신의 것으로 오롯이 되돌려주지 않는가. 그것이 시가 지금까지 이 세계와 싸워온 가장 기본적인 방식이었다. 그러니까 퇴근길에 마주친 시 한 편이 정신없이 달려온 하루를 반성시키듯이, 질주의 정거장마다 놓인 시는 왜 달리는지도 모르고 달리는 질주의 본색, 경쟁의 본색을 거울처럼 비춰줄 것이다. 반성시킬 것이다. 그러기 위해서라도 시는 그 자리에 꼭 있어야 한다. 그 자리에 남아서 속도는 속도에게로, 자본은 자본에게로 되돌려주어야 한다. 그것들의 맨얼굴을 똑똑히 보여주어야 한다. 그것이 시와 도시가 공진화할 수 있는 가장 기본적인 방식인 까닭이다.

과학보다 더 뛰어날 미래의 시

> 딱딱한 것은 모두 녹아 사라지고,
> 거룩한 것은 모두 더럽혀지며,
> 마침내 인간은 냉정을 되찾고 자신의 실제 생활 조건,
> 자신과 인류의 관계에 직면하지 않을 수 없게 된다.
> - 『공산당선언』 중에서

1. 우리 시의 문제점

마르크스와 엥겔스가 쓴 『공산당선언』은 150여 년이 지난 오늘날에도 여전히 유효한 부분이 많다. 이 선언은 산업화가 야기하고 자본주의화가 은폐하고 있는 수많은 문제들을 날카롭게 적시하고 있다. 위 인용구처럼 견고한 것, 거룩한 것, 신성한 것들은 모두 사라지거나 더럽혀진다는 것도 그중 하나이다.

오늘날 우리 시가 보여주는 모습도 여기에서 크게 벗어나지 않는다. 부박한 현실 세태에 맞서 시의 위의를 지키겠다는 많은 시인들의 노력에도 불구하고 최근 우리 시단의 모습은 결코 그렇지 못하다는 게 나의 판단이다. 특히 새 세기에 들어 그러한 경향은

한층 심화되었다. 현 시단의 문제는 대략 세 가지로 정리할 수 있을 듯하다.

우선 거론할 수 있는 것이 사회적 상상력의 부재다. 이는 우리 사회의 민주화 진행과 관련이 깊다. 인간의 표현 욕구는 억압의 양에 비례한다. 사회 전체적으로 억압의 양이 클수록 표현욕도 커진다. 자신의 사상과 감정을 은유적으로 표현하기에 시만큼 손쉬운 매체도 없다. 유신과 군부독재 치하의 70-80년대는 시의 시대가 될 수밖에 없었다. 그러던 것이 우리 사회 전반에 걸쳐 민주화가 진행되면서, 다시 말해 억압의 양이 줄어들면서 언론이 제 기능을 발휘하기 시작하자 시를 포함해 문학의 사회적 영향력은 급속히 위축되었다. 이는 신문의 문화면을 보면 그 사정이 확연해진다. 그나마 생태시, 여성시에 대한 관심이 부쩍 일더니 최근 들어서는 그것마저도 시들해졌다. 감성적으로 민감한 시인들은 그 생리상 이미 사회적 담론으로 떠오른 것들을 잘 건드리려고 하지 않는다. 참신성이 떨어지고 재미가 없기 때문이다. 여기에는 또 우리나라의 산업구조가 고도 산업사회의 안정기로 이행하고 있다는 사실과, 인터넷의 발달 및 다양한 미디어의 출현이 주요한 원인으로 작용하고 있을 것이다.

둘째는 시 비평의 수행 불능성이다. 겉으로는 사회가 다원화된 만큼 다양한 가치들이 넘실대면서 비평적 잣대가 다양해졌다고 하지만 속을 들여다보면 그것이 제대로 작동되지 않고 있음을 알 수 있다. 그러니 다소 과격하게 표현해서 미학적 기준이나 비평적 규준이 아예 없다고 해야 맞을지도 모른다. 비평이 가치를 문제 삼는 것임은 자명하다. 그런데 최근의 시 비평을 보면 반성적 시선이나 보편적 가치보다는 개인적 취향을 우선시하는 경향이 뚜렷이 감지된다. 여기에는 두 가지 문제가 개입하고 있는 듯하다. 하나는 근대적 주체와 도구적 이성에 대한 철학적 반성이 상당 부분 진척되었다는 점이고, 다른 하나는 기존 평단과의 단절이다. 전자의 경우 주체의 위기와 이성에 대한 불신에서, 후자의 경우는 80년대에 문단에서 활발한 활동을 펼쳤던 중진 평론가들의 대부분이 침묵하고 있다는 데 기인한다(이는 신자유주의, 경쟁 원리의 전면화로 인한 대학 강단의 논문 업적주의나 성과주의와도 밀접하게 연동되어 있다). 그 결과 작품에서 부분적으로 포착된 징후를 보편적 가치의 담론으로 끌어올리지 못하고 산발적인 논의나 따라 읽기에 그치고 만다. 결국 근본적인 의미에서 시 비평은 수행 불능 상태라고 봐야 할 것이다. 이처럼 비평과 창작이 길항 관계를 갖지 못할 때 창작자의 긴장은 떨어지고 독자들은 난감해질 수밖에 없다. 그러니 소통 불능의 시, 난해하기'만' 한 시가 난무한다. 이미지가 이미지를 복제하고 가벼운 재치와 기교가 넘친다. 시인 스스로는 재미있을지 몰라도 독자들의 표정은 우울하기만 하다.

셋째, 시단이 지닌 상징 자본의 구조적 취약성이다. 현재 시의 생산과 유통, 소비는 시장을 형성하거나 시장 경제의 도움을 전혀 받지 못하고 있다. 상품으로서의 경쟁력이 없다는 얘기다. 그러다 보니 영세성을 면할 수 없고, 따라서 문단 시스템은 거의 동아리 수준으로 전락하고 말았다고 해도 크게 틀리지 않는다. 그러니 상징 권력이 제대로 행사될 리 없다. 지금까지 세 권의 시집을 낸 한 시인은 그동안 지인을 통하지 않고 원고 청탁을 받아본 적이 단 한 번도 없다고 내게 실토했다. 비평적 규준이 제각각인 마당에 작품의 우열을 가리기도 힘들게 되었다. 신기한 것은, 그럼에도 불구하고 시 잡지는 계속 늘어나고 있으며 그것을 통해 끊임없이 시인들이 배출되고 있다는 사실이다. 사회적 영향력도 없고 돈도 안 되지만 시의 부피가 늘어난다는 것은 일단은 고무적으로 받아들일 수 있다. 그러나 양적 팽창이 질적 향상을 반드시 담보하는 것은 아니며, 그 부작용 또한 가볍게 보아 넘길 수만도 없다.

2. 다른 종류의 인식과 영성의 요청

현 시단이 갖는 주요한 문제점을 이렇게 정리해 놓고 보니 나 역시 우울하고 암담하기만 하다. 마땅한 출구가 보이지 않는 까닭이다. 한 사람의 시인으로서, 또 인문주의자로서 요즘 들어 점점 더 자주 시의 효용을 묻고 있었던 것도 이와 무관하지 않은 듯하다. 현실 사회에 대한 비판적 기능은 신문과 방송, 인터넷이 훨씬 더 잘 수행하고 있다. 정서 순화는 언제 어디서나 들을 수 있는 음악으로도 충분하다. 게다가 서정적인 애니메이션이나 영화도 얼마든지 있다. 풍자나 재치, 아이러니 등을 통한 감수성의 훈련? 그것은 광고나 카툰, 플래시, UCC 등이 더 효과적이고 뛰어난 미디어이다. 시보다 훨씬 더 재미있고 감동적이며 기발한 것들이 부지기수다. 때에 따라서는 시인들의 감수성이 더 고리타분할 수도 있다. 엘리엇이 시인의 주요한 임무로 일컬었던 모국어의 보존과 확장에 대해서도 네티즌의 언어 감각은 물론 언론의 조어력과 영향력을 여간해서 따라잡기 힘들다. 게다가 글로벌 차원으로 시간과 공간이 압축되는 마당에 모국어 수호는 말을 꺼내기조차 불편한 부분도 있다. 어쩌면 표현 욕구를 해소할 수 있는 가장 손쉬운 매체로서 여전히 시가 씌어지고 읽히고 있다는 사실 그 자체에서 위안을 받아야 할지도 모른다. 어떤 관성(문화적 DNA)에 의해서 말이다. 물론 앞에서 거론한 모든 문화 현상들의 기간산업으로서 시가 기능하고 있다는 일말의 믿음은 있다. 하지만 그것만으로는 뭔가 허전한 구석이 있다. 진정 출구는 없는 것일까? 쓸쓸하게 자멸파의 길을 가야 하는 것일까?

바로 이 지점에서 조심스럽게 영성靈性의 문제를 제기하고자 한다. 조금 더 욕심을 부려, 영성을 통해 우리 시의 새로운 활로를 제시해보고자 한다.

영성에 대한 뚜렷한 개념 정립은 현재로선 없다.[7] 일찍이 이 문제에 관심을 보였던 김지하는 영성에 대해 다음과 같이 말하고 있다.

---

[7] 이에 대한 자세한 내용은 다음 두 책을 참고할 것. 하워드 가드너(문용린 역), 『다중지능 – 인간 지능의 새로운 이해』, 김영사, 2001: 도나 조하·이안 마셜(조혜정 역), 『SQ: 영성지능』, 룩스, 2001. 필자는 이를 시와 연관시켜 잠깐 살펴본 적이 있다. 졸고, 「시와 영성」, 현대시, 2004년 5월호 참조.

한 사람이 개인 내면에 영성을 가지고 있다고 했을 때에 그 영성에 독특한 개성적인 지향과 양상은 분명 있는 것이나, 그 내적인 활동의 우주적이고 전 심층 의식계적인 깊이와 넓이와 높이는 가히 무궁한 것입니다. 따라서 전체 사회에 대한 인식 속에서 개체의 위치를 보는 전일적 사고 능력으로서의 개인적 영성은 바로 그것 자체가 모든 개별 인간들 사이의 정신적인 상호 주관적 의사소통 교호 수단을 가진 교호 기능으로서의 영성 그것이며 나아가 물질과 생명계 삼라만상 전체 안에 숨은 채로 생동하는 그 영성입니다.[8] (고딕표기: 원문대로)

그러니까 인간적 의미의 영성을 한마디로 요약하면, 전체 속에서 개인의 위치를 파악하고 서로 교감할 줄 아는 전일적 사고 능력이다.

한편, 구미의 인지과학자들은 이를 영성 지능과 관련시켜 이해하고 있는데, 영성 지능은 의미와 가치를 추구하는 인간의 창조적 능력과 연관된 것이라고 한다. 더 구체적으로는 이 세계의 궁극적인 문제들에 관한 것으로, 삶의 의미와 죽음의 문제, 신체적 심리적 세계의 극한적 운명, 다른 사람을 사랑하거나 예술 작품에 심취하는 것과 같은 심오한 경험들의 실존적 양태와 관련해 자기 자신의 위치를 파악하는 능력으로 정의된다.

---

[8] 김지하, 『생명과 자치』, 솔, 1996, 220쪽.

위 두 가지 정의에서 보듯이, 영성의 개념은 분석적인 개념 정의에 익숙한 우리에게는 매우 평퍼짐하게 다가온다. 명료하게 잘라서 개념화할 수 없는 까닭이다. 그래서 영성의 의미는 신성神性이나 종교적 상상력, 초월적 지평 등과 혼용되며, 또 자주 그렇게 이해되곤 한다.

용어 자체가 갖는 문제점도 있다. 영성이 동양의 전통 개념인 영靈(머리), 혼魂(가슴), 백魄(배)의 어떤 부분에 닿아 있는지 뚜렷하지 않고, 서구의 정신과학에서 쓰이는 영혼soul, 정신sprit, 마음mind 등과의 구분에서도 그 위치가 모호하다. 얼핏 보아 맨 앞쪽의 항목들이라 여기기 쉽겠으나 깊이 들여다보면 꼭 그렇지만도 않다.

이에 대한 과학적 접근이 없는 것은 아니다. 인지신경과학 분야와 분자생물학에서 나름대로 연구를 거듭하는 중이다. 하지만 영성이 지닌 특성 때문에 구체적이고 확실한 과학적 성과를 내놓지는 못하고 있다. 과학이란 반복이나 재현을 통해 검증이 가능해야 하는데(반증 가능성), 영성은 그와 같은 현대과학의 검증 기제나 방식 너머에 있는 특정한 능력과 관련되어 있기 때문이다. 그렇다고 이 분야의 연구 성과가 전혀 없는 것은 아니다. 인간 마음의 시뮬레이션에서 그것이 언어 유전자와 밀접히 연관되어 있다는 점, 그리고 대뇌피질의 진화와 관련되어 있다는 점에는 연구자들 대부분이 동의하고 있다. 실제로 인간의 뇌를 자기공명장치로 촬영한 결과 신神 영역이라는 'God-spot'이 발견되었다는 보고도 있다.

개인적인 단견이긴 하지만, 영성은 나누고 쪼개는 서구 근대과학의 분석적인 이성으로서는 정확히 이해되기 힘든 개념이다. 이는 주체가 객체를 대상화해서 이해하는 방식이 아니라 동시적 참여를 통해 함께 알고 느끼는 것이다. 객관화된 대상이 따로 있는 것이 아니라 주체와 객체가 동시에 상호작용하면서 깨닫는 것이다. 즉, 주체와 객체가 한 몸이 되는 것이다.

영성이 인간을 포함하여 우주 삼라만상과 상호 교감하는 능력과 연관된 것이라고 이해할 때, 이에 대한 가장 '과학적'인 이해는 현대 물리학에서 찾아야 할 것이다. 특히 양자물리학의 놀라운 성과에 기대면 우리는 영성에 대한 새로운 실마리를 얻을 수 있다. 물질의 미시세계를 연구하는 양자물리학자들은 물질의 최소단위를 이루는 것으로 생각되는 양자Quantum가 입자 또는 파동의 성질을 띤다는 사실을 발견했다. 그런데 놀라운 것은 이를 확인하는 이중슬릿 실험에서, 관찰자가 양자를 입자라고 생각하면 입자로, 파동이라고 생각하면 파동으로 나타나는 기이한 현상이 밝혀졌다. 양자물리학자들은 이를 '관찰자 효과observer effect'라고 부른다. 즉, 관찰자의 상태나 입장에 따라 실험 대상의 그것도 달라지는 것이다. 더 놀라운 사실은 이와 같은 물질의 소립자들이 짝으로 되어 있어 그 둘이 동시에, 서로 다른 곳에서 정보를 주고받으며 하나의 기본단위를 이룬다는 점이다. 중성자나 양성자의 기본단위를 이루는 것으로 추정되는 쿼크quark의 경우 업/다운, 탑/바텀, 차밍/스트레인지 등의 짝패를 이루는데 이들은 항상 서로 붙어 있어서 결코 따로 떼어놓을 수 없다.

이와 같은 양자물리학의 발견들을 현대의 정보이론과 결합시키면 우리는 인간의 영적 능력뿐 아니라 이 세계의 모든 물질들이 어떻게 영적 능력을 가질 수 있는지를 유추해 볼 수 있다. 다 아는 대로 정보의 기본단위인 비트$_{bit}$는 이진법으로 구성된다. 0의 값은 0/0으로, 1의 값은 0/1로 이루어지는 것이다. 입자/파동의 양자 원리와 같이 관찰자가 어떤 대상에 대해 0의 값을 가진다고 생각하고 바라본다면 그것은 0/0의 구성을 취할 것이지만, 1의 값을 염두에 두고 관찰한다면 대상은 0/1의 구성을 취한다. 여기서 관찰자와 대상의 관계를 정보의 0/0, 0/1의 관계로 변환시켜 이해할 수 있는데, 0과 0, 0과 1은 지구 반대편에, 혹은 심해의 잠수함 속에 서로 떨어진 채 아무리 멀리 있어도 이들은 순식간에 정보를 주고받으며 상호작용한다.

    이것이 우리에게 의미하는 바는 참으로 심원하다. 이 세계의 모든 물질들이 끊임없이 서로 정보를 주고받는 거대한 그물망처럼 연결되어 있다는 것이다. 더불어, 물질의 기본단위는 바로 정보이며, 그 정보는 곧 다른 정보를 바꿀 수 있는 에너지라는 점이다(생각은 곧 에너지다). 따라서 우리는 의식, 무의식적으로 이 세계와 정보를 주고받으며, 그것은 곧 에너지의 흐름으로 연결된다.

    이를 입증하는 사례들은 너무도 많다. 두 피험자 집단에게 한쪽은 화학조미료 봉투를, 다른 쪽은 천연비타민 봉투를 나누어 주었다. 봉투는 밀봉돼 있으므로 피험자들은 무엇이 들었는지 모른다. 잠시 후 팔의 근력을 테스트한 결과 천연비타민을 받은 집단의 근력이 유의미한 수치로 높았다. 정신의학자 호킨스 박사의 실험 결과이다. 잔인한 실험도 있다. 러시아 과학자들은 어미 토끼를 육지에 두고 새끼 토끼들을 수천 킬로미터 떨어진 심해의 잠수정으로 데리고 가서 한 마리씩 죽였다. 그때마다 어미 토끼의 뇌파가 크게 출렁였다. 근육을 '생각'하면서 실시하는 근력 운동과 그렇지 않은 운동의 결과는 다르게 나타난다. 한 사람이 머리 부분을 생각할 때와 다리 부분을 생각할 때 그를 들어올리는 데 필요한 힘의 양도 역시 다르다. 살아 있는 생물만 그런 것이 아니다. 심지어 기계들도 주변의 정보(생각)에 다르게 반응한다는 게 밝혀졌다. 더 나아가 정보의 흐름은 우리가 인지 가능한 3차원에서만 이루어지지 않는다. 과거와 미래의 정보들도 서로 주고받는다. 이 세계는 거대한 정보체이기 때문이다. 비약이라고 생각되겠지만 사실이다. 다만 현대의 과학이 그것을 검증할 측정 도구를 마련하지 못했을 뿐이다.

  개인적인 체험을 보탤 수도 있다. 한때 나는 자주 명상에 들었던 적이 있다. 명상을 통해 새로운 체험을 했다. 소리가 보였고, 나지 않던 냄새도 맡았다. 내 몸의 감각기관들이 서로 정보를 주고받은 결과일 것이다. 나중에는 온몸이 투명해져서 내 몸 속으로 사물들이 자유자재로 드나들었다. 나는 없고 또 있었다. 나의 몸과 주변의 사물들이 서로 정보를 주고받은 것일 터이다. 좀 더 지나자 내 몸이 투명한 채로 자꾸 커져서 세상의 모든 것들과 하나가 되었다. 세상의 모든 기쁨과 슬픔, 고통이 내 것이었다. 나는 그것을 감당하기 위해 존재하는 것 같았다. 주객의 완벽한 합일이었다. 말하자면 그것은 일종의 신비체험이었다. 아마 내가 종교인이었다면 신을 느꼈다고 말했을 것이다. 그것은 분명 다른 종류의 인식과 느낌이었다. 물론 지극히 개인적인 체험이 영성의 어떤 측면이라고 말할 수 있는 근거는 없다. 하지만 감각의 통합이라든가, 전체 속에서 나의 존재를 느끼는 것은 개인적 영성이나 영성 지능과 직접 연결된다.

지금까지의 논의에서 보자면 영성은 이성, 과학, 합리, 논리 너머의 방식으로 이 세계의 정보를 서로 주고받을 수 있는 능력과 관련된 것이라고 이해할 수 있다. 그리고 정보는 에너지이므로 이 세계의 구성과 변화에 어떤 식으로든 영향을 미친다. 이는 근대 과학의 출현 이전에 우리 소상늘이 이 세계의 정령들과 소통했던 '오래된 과거'와 같은 게 아닐까. 이를 '오래된 미래'로 바꿀 수는 없을까. 특히 우리 시의 미래와 연관 지어 이를 전유할 방법이 없을까.

3. 영성을 통한 새로운 시의 모색

방법이 아주 없지는 않을 것이다. 앞에서 잠시 언급했던 김지하 외에도 한국의 현대시가 신성과 초월의 상상력을 회복해야 한다고 주장한 논자들이 있다. 대표적으로 유성호를 꼽을 수 있다. 그는 우리 시가 결하고 있는 기율 가운데 하나로 '신성한 존재'와의 소통에 근거를 둔 '초월의 상상력'을 꼽는다. 구체적으로 그는 "주체의 자율적 시각과 강렬한 근원 탐구의 의지를 동시에 추구하는 균형 감각이 이 신성 부재와 사물화의 삶의 형식을 치유하고 극복할 수 있는 기율임을 자각해야"[9] 한다고 강조한다. 이는 근원을 잃고 부동하는 우리 시대의 현실을 감안하면 매우 소중한 지적임에도 불구하고, 논자의 의도와는 관계없이 자칫 종교적인 문제로만 귀착시켜 이해하게 만듦으로써 오늘의 우리 시가 놓인 현실적인 맥락을 놓치게 할 여지가 크다. 따라서 나는, 영성의 가치를 우리 사회는 물론 현 시단의 현안들과 결부시켜 논의함으로써 현실 사회와의 긴장을 회복하는 동시에 새로운 길을 모색해보고자 한다.

현재 우리 시대가 직면한 가장 큰 문제는 신자유주의의 글로벌화, 자본주의의 코드화다. 풍요의 논리, 증식의 원리를 타고 전 지구적으로 자본주의화가 급속히 진행되면서 그 끝이 어떻게 될지 알 수 없게 되었다. 경제지상주의가 모든 가치를 압도하고 있다. 혹자는 이를 '영구 혁명permanent revolution'이라고 부른다. 그렇게 해서 더 풍요로워지고 잘살게 되면 사실은 좋은 것인데 이상하게도 마음은 전혀 그렇지 않다. 풍요로워진다기보다 더 가난해져 가는 것 같다. 전체적인 파이는 분명 더 커졌는데도 말이다. 우울하고 암담하다. 빈익빈 부익부의 경제 양극화에서 오는 상대적 박탈감

---

[9] 유성호, 『한국 시의 과잉과 결핍』, 역락, 2005, pp. 27-28. 이 밖에도 그는 「한국 현대시의 타자들」(『시작』, 2004년 봄호)에서 우리 시가 ' '신성' 추구의 종교적 상상력'에 관심을 기울일 것을 촉구한다.

이나 불안감 때문만은 아닌 듯하다. 현재의 양극화 논의는 그 자체로 허구적인 면이 있다. 이는 단지 부유층과 빈곤층의 이원화가 아니다. 20:80의 사회계층 구조가 이미 깨진 지 오래다. 경제학자들의 주장에 따르면, 이 상태로라면 얼마 지나지 않아 10:90의 상태가 아니라 1:99의 시대가 올 것이라고 진단한다. 이미 그렇게 되었지 않은가. 그러니까 절대 소수와 절대 다수의 생존 게임이 벌어지고 있는 것이다. 어쩌면 그것은 게임이 아니라 전쟁에 가까울지도 모른다.

하지만 우리 시가 더 관심을 기울여야 할 부분은 이러한 자본의 글로벌화와 코드화가 초래하는 경제 양극화에 있다기보다는, 그보다 더욱 본질적이고 중요한 부분, 즉 자본에 의한 주체의 말살에 있을 것이다. 이 세계는 시시각각 변하면서 인간성에 영향을 미친다. 우리가 인간성이라고 할 때 가장 핵심적인 것은 인간의 주체성이다. 주체성이란 그 자신의 주인됨과 자유이다. 하지만 작금의 사태는 대부분의 사람들을 자본의 노예가 되도록 만들었다.

영성이 이 세계의 궁극적인 문제들에 관계한다고 볼 때 이와 같은 자본의 세계화가 치달아 갈 종착점이 과연 어디인지 묻지 않을 수 없다. 특히 자본주의는 그 특성상 인간의 욕망을 끊임없이 자극해야만 유지될 수 있는 시스템이다. 그런데도 욕망의 문제에 관한 한 그것은 억압되어야 할 것이 아니라 적극적으로 해방되어야 한다고 모두들 입을 모은다. 마치 그것이 개인의 자유를 증명이라도 하듯이 말이다. 이는 문학 판에서도 마찬가지이다. 근대적 주체에 대한 반성적 담론이 무성함에도 불구하고 욕망에서 있어서만큼 별다른 양보가 없다. 전체의 감각, 동아리를 섬기는 문제보다 여전히 개인의 욕망을 우선시한다. 전체 속에서 개인을 바라보는 조망 능력이 부족한 때문일 것이다. 아니, 어쩌면 자본이 글로벌화하고 코드화함에 따라 전체가 아예 보이지 않기 때문일지도 모른다. 청계천 복원에서 보듯이 우리가 환경 문제에 있어서 합의를 이루고 일정한 성과를 낼 수 있었던 것은 바로 지구 환경이라는 전체의 틀이 가능했기 때문이다. 하지만 자본의 세계화에 있어서는 그러한 합의가 이뤄질 기미가 조금도 보이지 않는다. 부의 축적이든 경제 성장률이든 숫자가 올라가면 모든 것이 괜찮다는 식이다. 영적 가치는 바로 이 부분에서 어떤 준거점이 될 수 있을 것이다.

한편, 미국의 네오콘과 영국의 대처리즘이 주창한 신자유주의는 생물학에 바탕을 두고 있다. 그리고 거기서 무한 경쟁의 논리를 만들어냈다. 적자생존의 논리다. 일부 생물학자들은 꽃잎들의 개수가 이루는 피보나치 순열조차 햇볕을 잘 받으려는 꽃잎들의 경쟁이 만들어낸 조합으로 해석한다. 참신한 해석이긴 하지만, 이러한 경쟁 논리가 우리의 숨통을 꽉꽉 조인다. 산업 현장의 일등주의는 차치하고라도 정리해고, 구조조정, 비정규직 문제, 청년 실업, 재래시장 위축, 동네 구멍가게 폐점, 입시 지옥, 공교육 붕괴, 조기 교육 열풍, 기러기 아빠 등도 근본에 있어서는 비정한 경쟁 논리의 산물들이다. 이러한 현상들의 이면에는 결국엔 인간도 먹이경쟁을 하는 한 마리 벌레에 불과하다는 인식이 깔려 있다. 그러한 인식은 비정할 뿐만 아니라 음험하기도 하다. 왜냐하면 거기에는 인간을 생물학적 차원으로 끌어내림으로써 전 세계를 동물의 왕국으로 만들어가는 그들의 패권주의를 옹호하겠다는 의도가 들어 있기 때문이다. 지성은 허울일 뿐이다. 그들이 신뢰하는 것은 오직 힘이다.

여기에도 우리는 똑같은 질문을 던질 수 있다. 왜 경쟁하는가? 정말로 생존하기 위해서인가, 남들보다 더 많이 가지기 위해서인가? 혹시 무엇 때문에 경쟁하는지도 모르고 무조건 경쟁하는 건 아닌가? 인간은 정말 한 마리 벌레인가? 그렇다면 문화적 유전자는 무엇인가? 물론 경쟁을 통해 전체의 삶이 개선되었다고는 하지만 그것이 과연 진정한 의미에서의 개선인지는 의문이다. 일례로 국가별 행복지수를 보면 그것이 허구일지도 모른다는 생각을 불러일으킨다. 조사 기관마다 차이가 있으나 2009년 영국의 신경제재단(NEF)이 143개국을 대상으로 지속 가능한 성장의 평가 지표인 기대수명과 행복, 생태학적 환경을 측정해 국가별 행복지수(HPI)를 산출한 결과 코스타리카가 세계에서 가장 행복한 나라로 꼽혔다. 코스타리카는 1인당 국민소득 6,580달러에 인구는 500만 명에도 미치지 못한다. 그러나 삶의 만족도는 세계 최고였고, 기대수명도 두 번째로 높았다. 한국은 중간 정도인 68위를 기록했다. 미국은 114위로 콩고(112위), 나이지리아(115위)와 비슷했고, 프랑스와 영국 등 선진국 대부분이 하위권에 머물렀다. 상위 10위권은

코스타리카와 도미니카공화국, 자메이카, 과테말라, 콜롬비아, 쿠바, 엘살바도르, 브라질, 온두라스 등 중남미 국가들이 대부분을 차지했다.

정말 우울하고 암담한 것은 그럼에도 불구하고 실제로는 별다른 대안이 없다는 사실이다. 자본주의 체제는 지금까지 인류가 실험한 경제 모델 중에서 가장 정의롭고 효율적인 것으로 판명 났다. 현재의 가족제도와 그 이데올로기가 바뀌지 않는 한 이 체제는 계속 유지될 것이며, 경쟁 원리 또한 지속적으로 위력을 발휘할 것이다. 우리는 더욱 바빠지고 힘들어질 것이 분명하다. 그리고 그 과정에서 수많은 낙오자들이 나타날 것이다. 우리 시가 관심을 보여야 할 대상은 바로 그 낙오의 풍경들이다. 또한 자본주의가 이룩한 물적 토대 위에서 우리가 진정 풍요로운 정신을 가꾸어가고 있는지, 혹은 그 반대의 상황이 아닌지에 대해서도 면밀히 지켜보아야 한다.

4. 마음의 과학으로서의 시

앞에서 제기한 이 모든 것은 우리가 영적인 가치들에 관심을 기울일 때 포착될 수 있다. 다시 말해, 모두가 평등하다는 전체의 감각과 주객의 통합, 영육의 조화를 통해야만 우리의 시 속으로 적극 끌어들일 수 있다. 그렇지 않다면 그것은 공허한 주장이 되거나 공소한 개념에 머물고 말 것이다. 또한 영적인 것에 대한 관심은 오늘날의 시인들이 간과하고 있는 사회적 상상력의 회복으로 이어질 수 있다. 그렇게 되면 자연스레 독자의 공감도 얻을 수 있을 것이다.

   인간은 이성과 감성, 영성으로 이 세계를 이해한다. 이성의 영역인 과학이 아무리 발달했다 하지만 아직 많은 부분이 미답인 채로 남아 있다. 상대방이 나를 얼마나 믿고 사랑하는지를 과학으로 측정할 수는 없다. 게다가 상대성이론의 출현 이후, 고전 과학 자체에 대한 반성도 한결 심화되고 있다. 위대한 과학자는 시인이라는 말이 있다. 과학으로 알 수 없는 것들은 깊은 마음으로, 예민한 감성으로, 풍부한 상상력으로, 영적인 능력으로 알아갈 수밖에 없다. 그런 의미에서 시는 그 한가운데 있다고 해도 과언이 아니다. 시는 과학이 포착하지 못하는 이 세계의 어두운 영역들, 도지히 넘볼 수 없는 초월적 지평을, 그리고 우리들 마음의 섬세한 움직임들을 드러내 보여준다. 가장 가까이는 내 마음, 가장 멀리는 우주적 지평에 가 닿음으로써 이 세계를 돌보고 우리의 내면을 돌보는 것이다. 시를 '마음의 과학'이라고 부르는 까닭이 여기에 있다.

자본의 질량에 얹혀 질주하는 '미래파'의 운명

　새로운 것은 양가적 성질을 지닌다. 거기에는 경탄과 의심이 동시에 따라붙는다. 최근 우리 시단에 펼쳐지는 새로운 시의 경향도 마찬가지이다. 찬사와 옹호가 있는가 하면 비판의 목소리도 만만찮다. 나는 무엇보다 이런 시들이 젊은 대학생들에게 어떤 반응을 불러일으키는지 궁금했다. 교양 강의인 '문학의 이해'를 듣는 52명의 학생에게 '새로운 시'를 읽히고 물어보았다. 작품의 메시지를 이해하겠다고 대답한 학생은 0명이었다. 그럼에도 불구하고 재미있다고 대답한 학생은 1명이었다. 자연스럽게 이런 의문이 들었다. 왜 이렇게 시를 어렵게 쓸까? '동업자'가 읽는다면(대체 누가 이런 시를 읽느냐는 학생의 질문에 나는 그렇게 대답했다. 앞서 재미있다고 대답한 학생도 소설가 지망생이었다) 겨우 동아리 수준이 아닌가? 그러면서 문예 진흥을 위해 돈을 내놓으라고 할 수 있는가?(이런 종류의 시 창작을 위해 세금을 내겠다고 한 학생은 0명이었다) 게다가 왜 이렇게 조작적인가?(시는 기본적으로 이성이나 체계, 관념에 저항하는 장르이다. 따라서 머리에서 조작된 시는 자가당착적이다) 기껏해야 때늦고 진부한 모더니즘 아닌가. 계몽적 이성 역시 일종의 신화였음이 이미 드러났지 않은가.

 힐난조의 이러한 물음들은, 그러나 그다지 큰 소용이 없다. 어떤 면에서는 무의미하기까지 하다. 그것은 창조적 에너지의 원천을 묻는 것과 같다. 오히려 반대의 경우를 생각해봐야 한다. 독자의 완고한 무지 내지 고루한 감각을 탓해야 할지도 모른다는 얘기이다. 세상이 변했다. 그것도 아주 빠르고 광범위하게. "지금 인류는 구텐베르크 은하계 맨 끝에 있다"는 맥루한의 전언은 이미 낡았다. 문자가 아니라 이미지로도 충분히 사고할 수 있으며, 이미지는 언어 논리가 도달할 수 없는 부분까지 건드린다는 인지과학 분야의 연구가 잇따르고 있다. 왓슨과 크릭의 DNA 이중나선 구조는 대표적인 사례이다. 더 나아가 이미지의 힘은 언어 논리의 힘을 훨씬 능가한다는 사실도 밝혀졌다. '15초의 예술'이라는 광고는 웬만한 시보다 더 시적이고 감동적이며, 프랑스에서는 복잡한 논문, 지적인 담론들이 한 권의 만화로 쉽게 풀어져 출간된 지 오래전이다. 한 사회학자는 미래에는 형이상학적인 철학적 담론도 컴퓨터 게임처럼 시뮬레이션으로 즐길 수 있다고 전망한다. 그래서 지식 습득과 세계 이해의 방식, 다시 말해 인간의 인지구조 자체가 바뀌고 있다는 진단도 곧잘 나온다. 시인들의 기민한 감각이 이런 변화를 놓칠 리 없다. 시가 변하는 것은 매우 자연스런 이치이다.

 흔히들 이와 같은 변화의 원인으로 다양한 매체의 출현과 인터넷의 확산을 꼽는다. 그러나 그것만으로는 설명되지 않는, 좀 더 근본적인 문제들이 있는 것 같다. 이 글은, 최근 우리 시가 보여주고 있는 새로운 변화의 밑그림을 좀 더 폭넓고 뚜렷하게 그려보기 위해 씌어진다. 만일 그것이 가능하다면 기존의 독법과 감각으로는 도무지 이해 불가능한 근래의 시 흐름을 일정 정도 가늠해볼 수 있을 것이다.

1. 탈주의 언어가 펼치는 새로운 풍경

새로운 시의 특징으로 흔히 환상적인 이미지의 전면화, 외래어 외국어 비속어 개인어('외계어')의 적극적 사용, 엽기나 블랙유머 도입, 반성적 시선의 부재 등이 지적된다. 물론 이런 요소들이 개별 작품 모두에게서 검출되는 것은 아니지만 전체적으로 펼쳐 보아 공통분모라 불러도 큰 무리가 없다.

자물쇠 단단한 철창 안에서만 잠들 줄 아는 날 내다 팔기 위해 오늘도 아빠는 포수로 그림자를 갈아입는다 나는 도망치지만 발빠르게 헛돌아가는 외발자전거는 땅속 깊이 층층 계단으로 쌓아 내린 뼈 마디마디를 뭉그러뜨리며 또 다른 사각의 메인 스타디움 안에 발 빠진다 끝도 없이 페달을 감아대는 레이스 끝에 홈스트레치에 접어들자 관중석마다 빽빽이 들어차 있던 나들이 일제히 일어나 박수로 내 나침반을 겨냥한다 어서어서 속력을 더 내렴, 너만 도착하면 완성된 퍼즐 속에서 우리들 되살아날 수 있을 거야 숟가락 들어 한 입 떠낸 아이스크림같이 희게 휜 등뼈로 사격용 표적

하나 전광판에 부조되어 있다 포물선을 타 넘어가는 장외 홈런볼
에 올라탄 내가 엿같이 찰싹 하고 내 실루엣 위에 달라붙는 순간,
탕! 소리와 함께 아빠의 눈알이 10점 만점의 놀라운 사격 솜씨를
자랑하며 과녁 정중앙을 홉뜨고 들어온다

― 김민정, 「날으는 고슴도치 아가씨」 부분

  시집의 표제작이기도 한 이 시에는 앞에서 언급했던 새로운 시의 특징이 거의 망라되어 있다. 전통적인 서정시와는 사뭇 다르다. 그런데 우리는 여기에서 위와 같은 특징 외에 기존의 시에서는 볼 수 없었던 새로운 측면을 어렵지 않게 찾아볼 수 있다. 한편의 시가 축조되어 가는 언어의 구축술이다. 기본적으로 시가 언어 예술이라고 할 때 우리가 가장 수복해야 할 부분은 이들의 언어 운용일 것이다.

  가장 먼저 눈에 띄는 것이 이미지의 배치이다. 시적 화자의 시점이, 철창 → 아빠 → 외발자전거 → 땅속 → 계단 → 메인 스타디움 → 홈스트레치 → 관중석 → 나침반 → 등뼈 → 전광판 → 홈런볼 → 실루엣 → 눈알 → 과녁 등으로 계속 이동하면서 새로운 이미지들이 병렬적으로 숨가쁘게 제시되고 있다. 이처럼 서로 다른 개별 이미지의 연쇄적 나열은 새로운 시적 경향의 공통적인 특징이다. 게다가 그 이미지들은 기존의 시에서처럼 더 높은 차원이나 더 깊은 차원의 은유 구조를 긴밀하게 형성하지 않는다. 중심을 향해 서로 연동되거나 응집되어 있지 않다는 말이다. 일찍이

바흐친은 시의 언어를 중앙집권적, 소설의 언어를 지방분권적이라 각각 규정하면서 소설의 다성성을 말한 바 있지만, 이들의 작품에는 이 같은 구분이 통하지 않는다. 병렬적인 이미지 배치는 중앙집권적이라기보다 지방분권적이다. 그렇다고 일정한 계열축으로 묶이지도 않는다. 압축의 원리에 의한 암시성이 시적 언어의 특성이라고 할 때, 이들의 시어는 여기서도 저만치 벗어나 있는 셈이다. 오히려 산문 언어가 갖는 축적의 원리를 충실히 따르면서 숨가쁜 탈주의 언어를 구사한다.

또 이들의 시에는 다수의 등장인물이 나타나기도 한다. 김민정과 함께 미래파의 대표주자로 꼽히는 황병승의 시 「혼다의 오 세계伍世界 살인사건」에는 히데키, 리사, 카즈나리, 미호, 노리코, 사부로, 유사쿠, 혼다, 렌이라는 인물이 서로 복잡하게 얽히고설킨 관계로 등장한다. 장편소설에서나 볼 수 있었던 다성성이 이들 시에서도 심심찮게 뿜어져 나오고 있는 것이다. 이와 관련해 서사적 성격을 강하게 띠고 있다는 점도 주요한 특징으로 지적될 수 있다. 그래서 새로운 경향의 시에서는 기존의 서정시가 보여주던 순간의 응축이나 찰나적 직관은 좀처럼 찾기 힘들다. 앞의 작품에서 보았던 것처럼 끊임없는 시점 이동이 이루어지면서 하나의 사건에 또 다른 사건이, 하나의 장면에 또 다른 장면이 꼬리에 꼬리를 물고 이어진다. 서정시의 본질이 순간의 묘파라고 할 때, 새로운 시들은 여기에서도 한참 떨어져 있다.

사정이 이러한 까닭에 기존의 독법으로 새로운 경향의 시를 파악하기란 참으로 힘들다. 이들의 시를 '미래파'라 명명하고 옹호해 온 권혁웅은 몇 가지 안내 지침을 제시한다. 그 지침에 의하면, 이들 시가 지닌 감각의 운용 방식에 주목하라고 한다. 구체적으로는 유물론적인 육체, 성애의 문법, 블랙유머, 자립적인 형상들이다.[10] 그러나 이것만으로 이들 시가 개운하게 이해되지는 않는다. 특히 자립적인 개별 형상들은 주체의 심리적 대응물로 이해해야 한다는 마지막 지침은 나름대로 매우 유효한 분석틀로 보이지만, 그것은 시적 주체가 통합된 주체로 드러난다는 조건에서만 타당하다. 현대의 분열된 주체를 상정하는 순간 맥없이 무너지고 만다. 통합된 주체의 심리적 대응물은 은유 구조를 갖는 반면, 분열된 주체의 표상들은 환유로 떠돌기 때문이다.

지금까지 우리가 서정시의 본질이라고 믿어 오던 순간의 묘파도 없고 압축의 원리도 따르지 않는 이들의 시는, 어쩌면 처음부터 기존의 독법을 거부하고 있는지도 모른다. 새로운 분석틀이 요구되는 것은 이 때문이다. 우리가 익숙한 문학적 전통을 잠시 접어두고 새로운 접근을 한번 시도해보자.

---

[10] 권혁웅, 「미래형 시로의 여행을 위한 히치하이킹 안내서 2」, 『문학들』, 2006년 봄호. 같은 제목의 '안내서 1'(『현대시학』, 2006년 2월호)은 안내서라기보다 이들 시에 대한 옹호의 성격이 짙다.

2. 세대론적 문맥과 "지겨워, 지겨워"

우선, '미래파'라는 명칭에 함의되어 있는 세대론적 문맥을 보다 적극적으로 음미해보자는 것이다. 90년대 중반 삼성경제연구소에서 펴낸 향후 10년간 미래 전망 보고서에는, 교복 자율화 세대가 소비의 주축으로 등장한다는 것이 문화 분야의 핵심 사항으로 정리되어 있다. 이 보고서의 주요 기능은 미래의 트렌드를 예측해서 기업의 제품 생산 및 마케팅 전략 수립에 참조점을 제공하는 것이다. 우연의 일치인지 모르겠으나 그와 동시에 신세대('X세대') 담론이 급속히 번져나갔다. 그래서 일부 사회학자는 무성한 신세대 담론을 두고 미디어의 선정성과 자본의 상업주의가 결탁한 결과라고 비판하기도 했다. 사정이야 어찌됐든 수많은 담론 끝에 정리된 신세대의 특징은 다음과 같다. 가난<풍요, 근검<소비, 정신<육체, 이성<감각, 문자<이미지, 권위<자율, 억제<자유, 집단<개인, 정치<문화, 전통<개성……. 그런데 여기에 제시된 후자의 요소들을 새로운 시적 경향에 대입시켜 보면 거의 놀라울 정도로 흡사하다. 이들의 시에는 가난의 엄살이 없고 정신적 가치보다 육체성을 앞세우며, 감각적이고 엽기적이며 활달한 이미지를 구사한다. 표현에 거침이 없어서 비속어와 개인어 선택이 빈번하고 정치적인 어젠다보다 문화적 자극을 한층 선호한다. 이 같은 사실은 이들의 시를 시간적 구획, 즉 세대론의 관점에서 논의할 필요를 가중시킨다. 그 경우 우리에게 요구되는 것은 사회학적인 접근이 될 터이다.

근래 낯설고 새로운 경향을 보여주고 있는 일군의 시인들이 신세대인 것은 분명하다. 그들은 그들 나름의 호흡과 감각과 보폭으로 시를 제작한다. 그 결과가 어떠했는지는 이미 앞에서 살펴보았다. 그런데 우리가 짚어본 특징들은 '반성적 시선의 부재'를 제외하고는 주로 외연에 치중한 것들이다. 그렇다면 이들 세대가 지닌 내면 풍경 또는 정서적 반응은 어떠한지 궁금해진다. 사실 이들 시는 가슴에서 터져 나오는 내면의 목소리엔 큰 관심이 없고 머리에 떠오르는 환상적 이미지의 제시에 주력하고 있어 그 부분을 짚어내기란 쉽지 않다. 그럼에도 불구하고 이들 시에서 어렵지 않게 발견할 수 있는 공통적인 정서적 반응 중의 하나는 "지겨워" 혹은 "지루해"이다.

그 많은 아이들이 아이는 지겨워졌어.

― 김근, 「오래된 아이」 부분

반복이 잠을 불러올 것을 나는 경험으로 안다 나는 충분히 지루하다 停電.

― 김행숙, 「두 개의 전선」 부분

지겨운 노래는 싫습니다. 안녕, 하고 싶어집니다. 하지만 지겨운 노래를 가수는 부릅니다. 모두들 지겨운 박수를 치고, 지겨운 기침을 하고, 벗어두었던 외투를 들고 자리를 뜹니다.

- 유형진, 「이미지의 애인」(산문)

  평이하게 말해서 지루하다는 것은 무엇인가 새로운 것을 원한다는 것이다. 이들에게 정체되어 있고 반복적이며 익숙한 것들은 고리타분하다. 변하지 않으면 금방 지겨워지고 지루해진다. 이전의 시와 비교해보면 그 차이가 확연하다. 저 멀리 1920년대의 "나 보기가 역겨워"의 시적 주체와는 정반대이고, 1990년대 초반 자본주의의 오렌지 존 '압구정동'에서 고향 '하나대'의 시골 풍경을 그리워했던 바로 앞 세대의 시선과도 각이 다르다.
  이유가 무엇일까? 혹, 신세대의 소비 풍조와 깊이 연관돼 있는 것은 아닐까. 아마 그럴 것이다. 이들은 시 창작의 주체이기도 하지만 현대 소비사회의 주체이기도 하다. 그래서 늘 새로운 디자인, 새로운 기능, 새로운 기종, 새로운 버전을 요구한다. 끊임없이 변화를 원하는 것이다. 이들은 변화 자체를 몸에 익힌 세대, 변화의 감각을 온몸으로 살고 있는 세대이다. 바로 이 변화의 감각을 염두에 두면, 이들의 시가 왜 그렇게 시점 이동이 잦고 병렬적인 이미지 배치가 두드러지는지, 또 수많은 인물과 대상이 등장하고 서사적 성격이 짙은지 금방 이해된다.
  변화의 감각은 또 이들의 시를 전통적인 의미의 서정시와 구분 짓게 하는 주요한 준거점이 된다. 만물은 유전한다. 변화 자체가 새로울 것은 없다. 그러나 변화를 대하는 태도는 다르다. 변화를 적극적으로 수용하는 사람이 있는가 하면 두려워하고 못마땅해하는 사람도 있다. 전통적으로 서정시는 뒤편에 서 있다. 서정시가 추구하는 자기동일성은 변화의 시간 속에서 지금의 내(존재)가 이전의 내(존재)가 아니라는 비극적 인식에 토대를 두고 있다. 순간의 묘파나 압축의 원리가 서정시의 본질적 성격이 된 것도 그 때문이다. 하지만 앞서 말했듯이 일군의 젊은 시인들은 변화를 적극적으로 원하고 스스로 추구한다. 상처에 대한 깊은 응시나 화두를 붙들고 앉은 명상은 체질적으로 안 맞다. 자연히 서정시의 본질과 멀어질 수밖에 없다.

3. 환상, 속도가 풍경을 지운 자리

지금까지 우리는 최근 새로운 시의 일단을 해명할 수 있는 두 개의 근거를 마련한 셈인데, 하나는 이들 시를 폭넓게 조망할 수 있는 세대론적 문맥이었고, 다른 하나는 이들 세대가 육화하고 있는 변화의 감각이었다. 그것은 자본의 코드화와 맞물린 소비사회와 깊게 연동되어 있다. 그럼에도 불구하고 이와 관련해 좀 더 나아갈 필요가 있다. 이들 시의 주요한 특징인 환상성의 문제가 말끔히 해명되지 않은 채 우리의 논의를 기다리고 있기 때문이다. 이들 시는 종종 역사와 현실이 없고 개인적인 환상으로 범벅돼 있다고 비판 받곤 한다. 그런 현상은 매우 광범위하고 뚜렷하기 때문에 구체적인 예를 들 것도 없다. 하지만 미만한 현상 뒤에는 그럴 만한 이유가 있을 것이다.

이들 시가 집단적으로 보여주고 있는 환상의 문제는 두 가지 측면에서 얘기가 가능할 듯하다. 변화의 감각과 깊이 연관돼 있는 속도의 문제가 그 하나이고, 사회 전체의 어린이화가 둘째 문제이다. 글 전체의 흐름상 우선 하나만 짚고, 나머지는 나중에 다루도록 하겠다.

앞선 논의에서 신세대는 끊임없는 변화를 요구한다고 했다. 그리고 그것은 이들의 소비 풍조와 밀접히 연관돼 있다고 했다. 이들은 왜 늘 새로운 디자인, 새로운 기능, 새로운 기종, 새로운 버전을 계속해서 요구할까? 익히 알다시피 그것은 사실 신세대들이 요구하는 게 아니다. 자본의 상업주의가 이들로 하여금 그렇게 만드는 것이다. 일반적으로 제품은 성장기 → 고도기 → 쇠퇴기의 과정을 거치는데 해당 제품이 자본시장에서 계속 살아남으려면 쇠퇴기를 맞이할 무렵쯤엔 새로운 모델로 업그레이드가 되어야 한다. 자본주의의 자가발전은 이러한 과정을 거듭하면서 지속 가능하다. 핸드폰이나 컴퓨터의 사양 변화를 떠올리면 그 사정이 쉽게 이해될 것이다. 오늘날 우리 사회가 직면하고 있는 속도의 문제는 바로 이와 같은 상품회전율에서 비롯되었다고 해도 크게 틀리지 않는다. 이 속도는 자본의 질량을 얻을 때마다 더 빨라진다.

그렇다면 속도가 어째서 환상과 연관되는 것일까? 속도는 풍경을 지운다. 빠른 속도에 올라탔을 때 주변 풍경 역시 빠르게 뭉개지고 사라진다. 그래서 현실의 풍경이 들어설 여지가 별로 없다. 들어오더라도 툭, 툭, 단속적이다. 현실은 그저 스쳐 지나간다. 현실이 사라진 자리에 주체의 환상이 들어선다. 정신 에너지의 흐름이라는 측면에서 볼 때 환상은 욕망이 억압된 지점에서 발생하는데, 속도로 인해 풍경이 차단된(억압된) 자리에서 환상이 솟는 것이다. 그러므로 이들 신세대 시에 집중적으로 나타나고 있는 환상적 이미지는 속도가 지운 현실적 풍경의 대리 표상인 셈이다. 이때 환상은 속도에 의해 결여된 현실의 풍경을 대리 보충하면서 시적 언어의 향락jouissance을 유발한다. 새로운 시들이 재미있게 다가오는 점이 있다면 바로 그 향락 때문이다.

  속도는 이들의 작시법과도 관련이 깊다. 새로운 시들은 독자로 하여금 생각할 틈을 주지 않는다. 그만큼 호흡이 빠르다. 행갈이를 하지 않아 심리적 여백도 없다. 초등학생들의 외계어처럼 타자를 배제시키면서 자신들의 정체성을 확인해온 세대답게 이들은 독자들이 자신의 시를 이해하든 말든 크게 개의치 않으나, "생각이 많아져서는 안 된다"(이장욱, 「오늘도 밤」)고 충고한다. 권혁웅의 지적처럼 이들 시를 이해하는 데는 절대적으로 감각이 요청된다. 이들 시의 환상적 이미지는 오토바이 폭주족의 검은 고글, 그 안쪽에 비친 감각의 표상들이다.

4. 그러나 위험 표지들

  늘 그렇듯이 속도는 짜릿하지만 위험하다. 고속도로는 빠르지만 외롭다. 고속철 내부에는 옛날 비둘기호의 시끌벅적한 인간미가 없다. 공동체는 사라지고 낱낱의 개인만 있다. 마찬가지로 개인주의 역시 편리하지만 고독하다. 그러나 문제는 이들이 짜릿함과 위험을 즐긴다는 것이다. 빠름을 원한다는 것이다. 시끌벅적한 데서 인간미를 찾지 않는다는 것이다. 고독 자체를 개인적인 삶의 조건으로 기꺼이 받아들인다는 것이다. 그 속에서 환상을 즐긴다는 것이다. 후자의 항목들은 이미 낡은 세대들의 가치 판단일 뿐이다.

그러나 과연 그렇기만 할까? 속도가 속도를 지겨워하지는 않을까. 환상이 환상을 지루해하지는 않을까. 이들은 알고 있다. 모든 반복은 지루하다는 것을. 모든 감각적 충동은 죽음과 맞닿아 있다는 것을. 폭주를 하다가도 어느 순간 핸들을 확, 꺾고 싶을 것이다. 이들은 스스로 속도의 피로를 느끼고 있다.

마네킹이 모퉁이를 돌아간다. 텅 빈 소매가 나풀거린다. 타닥타닥 보도블록에 무릎뼈가 닿을 때마다 두 귀가 바닥으로 흘러내렸다. 지나가던 사람들이 분홍색 살점을 떼어 마네킹의 무릎뼈에 붙여 준다. 마네킹은 목을 꺾지도 않고 또 다른 모퉁이를 돌아간다. (…중략…) 넝쿨 같은 비가 마네킹을 덮쳤다. 마네킹은 얼굴에 들러붙는 나뭇잎을 뜯어내려고 손을 뻗친다. 이마에서 두 팔이 뻗어 나와 공중에 흩어진다. 마네킹은 연기처럼 찢어지는 두 팔을 보며 서른 번째 모퉁이를 돌아간다. 뼈끝에서 살이 찌는 구두와 장갑이 무거워 횡단보도 앞에 잠시 멈춘다. 문이 닫히기 전에 정육점에 가야 한다. 차도에는 질주하는 바퀴들이 핏물을 튀기고 있다. 마네킹은 목을 꺾어 뒤를 돌아본다. 사람의 앞면을 지닌 마네킹들이 걸음을 재촉한다. 타다다닥 뼈 부딪는 소리가 바닥을 질질 끌고 모퉁이를 돌아간다.

— 이민하, 「환상수족」 부분

앞서 인용한 김민정(1976년생)의 시가 야구공이 날아가는 속도라면 이민하(1967년생)의 시는 마네킹이 걸어가는 속도이다. 마네킹은 계속해서 모퉁이를 돌아간다. 모퉁이를 돌 때마다 장면은 바뀌지만, 동일한 반복은 이젠 지겹다. 손발이 잘려나간 채 핏물을 튀기며 "질주하는 바퀴들"의 속도도 두렵다. 그래서 "목을 꺾어 뒤를 돌아"보는데 뒤따라오는 "마네킹들이 걸음을 재촉한다." 정육점에 가야 하는 이유는 잃어버린 손발의 현실 감각을 되찾기 위해서일 게다. 따라서 베이컨의 그림이 보여주는 '기관 없는 신체' 이미지를 재치 있게 뒤집은 이 작품은, 이들 세대가 느끼는 속도의 압력과 피로, 속도가 주는 불안을 동시에 보여주는 것으로 읽힌다. 그리고 그런 억압과 피로, 불안이야말로 시의 언어가 포착해야 할 지점일 것이다.

하지만 이런 시는 드물다. 이들은 대체로 감각 그 자체를 즐길 뿐 그 이상의 무엇을 겨냥하지 않는다. 반성적 시선이 없다고 비판 받는 것도 그 때문이다. 대신 새로운 시에 드러나는 심리적 주조는 나르시시즘이다. 그것이 자가 성애auto-erotic로 기울 때에는 성적 표현이 두드러지고, 공격적인 자기 파괴로 전환되면 그로테스크한 엽기적 이미지로 나타난다. 나르시시즘의 두 축, 그러니까 자기도취적 나르시시즘이 주로 자족적인 환상을 만들어낸다면, 자기 파괴적 나르시시즘은 엽기적이거나 그로테스크한 이미지와 연결된다. 새로운 시들의 이미지가 환상적인 것은 이런 사정과 무관하지 않다. 크리스토퍼 라쉬에 의하면 나르시시스트 작가는 거짓 폭로(선정성, 환상, 엽기 등)가 제공하는 흥미 돋우기에 의존하면서, 독자를 납득시키기보다 매혹시키려고 한다.

내가 보기에 이러한 경향은 우리 사회 전체의 어린이화와 관련이 깊다. 자본주의는 개인의 욕망을 끊임없이 강화해야만 유지될 수 있다. 자본주의의 꽃이라는 광고는 개개인을 욕망의 주체로 만들어 합리적인 방향 설정을 못하도록 방해한다. 광고하는 제품을 소비함으로써 소비자로 하여금 자아 환상에 젖게 만든다. 여기서 자아 환상은 구체적으로 '자아 폐하imperial self'[11] 환상이다. 쉽게 말해 내가 왕이라는 뜻이다. 현대에 접어들어 크게 유행하는 환상 문화(판타지 소설, SF, 애니메이션, 만화 등)는 이와 같은 사회 전체의 어린이화와 무관하지 않다.

나르시시스트인 시인들도 사정은 비슷하다. 그들은 독자를 의식하지 않는다. 소통에는 크게 관심이 없다. 매혹시키기만 하면 된다. 문화적 유전자가 분명한 과거의 문학적 전통과도 쉽게 등을 돌린다. 이들은 "이제 시단에서 깨달은 사람들은 가라"고 거침없이 말한다. 이와 관련해 라쉬의 견해를 조금 더 들어보자.

---

[11] 프로이트는 이를 '아기 폐하(His Majesty the Baby)'라 부르기도 한다. S. 프로이트(윤희기 역), 「나르시시즘에 관한 서론」, 『무의식에 관하여』, 열린책들, 1997, 71쪽.

나르시시즘적 사회, 다시 말해 나르시시즘적 특성을 점차 눈에 띄게 조장하는 사회에서 과거에 대한 문화적 평가절하는 현실에 대한 통제력을 잃어버리고 그것을 극복하려는 시도를 포기해버린 기본적으로 이데올로기의 빈곤을 반영할 뿐만 아니라, 나르시시스트의 내면 생활의 빈곤을 나타내기도 한다.[12]

"오래된 좋은 것보다 새로운 나쁜 것이 더 낫다"는 말이 있듯이 문학은 늘 새로운 감각을 원한다. 그것을 즐기기 위해서가 아니다. 새로운 감각이 그동안 우리가 놓치고 있던 새로운 측면을 비추고 드러내기 때문이다. 그 때문에 우리의 삶은 더 풍요로워지고 우리네 삶의 조건은 조금이라도 개선된다. 하지만 그와 같은 감각의 탐닉이 어떤 위해적인 요소들을 우리 몸에 축적시키고 있는지 살펴보는 일 역시 우리 시가 함께 추구해야 할 몫이기도 하다.

---

[12] 크리스토퍼 라쉬(최경도 역), 『나르시시즘의 문화』, 문학과지성사, 1989, 15쪽.

인지과학, 영성靈性, 현대시

인지과학자들은 인간의 지능 목록에 영적靈的 지능을 추가할 것을 신중히 검토하고 있다. 흔히 영성 지수SQ: Spiritual Quotient라고 부르는 영적 지능은 의미와 가치를 추구하는 인간의 창조적 능력과 연관된 것으로 거칠게 이해되지만, 뇌신경과학의 성과에 힘입어 좀 더 과학적인 엄밀성을 부여하려는 사람들은 이를 세계 내 존재로서 인간의 실존적 위치를 파악하는 능력으로 이해하고자 한다. 명칭 역시 영적 지능이라는 포괄적인 개념 대신 '실존 지능'이라는 보다 구체화된 용어를 선택하고 있다. 인간의 다중 지능을 제창한 가드너에 따르면, 실존 지능은 이 세계의 궁극적인 문제들에 관한 것으로, 삶의 의미와 죽음의 문제, 신체적 심리적 세계의 극한적 운명, 다른 사람을 사랑하거나 예술 작품에 심취하는 것과 같은 심오한 경험들의 실존적 양태와 관련해 자기 자신의 위치를 파악하는 인간의 능력이라고 정의되는데, 이는 인간이 지닌 영적인 측면 중 가장 명확한 인지적 요소에 해당된다고 한다.[13]

---

13 하워드 가드너(문용린 역), 『다중지능: 인간 지능의 새로운 이해』, 김영사, 2001, 4-5장 참조.

이렇게 인간의 영적 측면을 이해하고 보면, 그것이 우리가 흔히 알고 있는 종교의 영역뿐 아니라, 숱한 문학 작품이 추구하는 바와도 매우 긴밀하게 닿아 있음을 어렵지 않게 유추할 수 있다. 이 점, 일찍이 말라르메가 시를 "영적 업무의 근본"이라고 말한 바 있거니와, '의미'와 '가치'를 추구하는 인간으로서 내적 경험의 구현인 시는, 이 부분에 있어서 그 어떤 예술 장르보다 근본적인 기능을 수행하고 있다고 말할 수 있다. 가령 다음의 작품에서 그 점이 한결 선명하게 드러난다.

> 지난해 봄 안동 사는 임병호 시인
> 생에 처음 양복 입고 부산 와서
> 광안대교 보고 싶다 했다
> 바다를 가로지른 바다 중간에 멈춰 서서
> 오랫동안 하늘 한번 보고
> 얼기설기 가로지른 현수교 상판 한번 보고
> 검푸른 바다 한번 보고
> 자꾸 일렁대는 난간 위에서 몸 한번 부르르 떨더니
> 딱 한 마디 했다
> 사람이 못할 짓이 없구나 못할 짓이 없구나.
> 그리고는 안동 고택에 돌아가 밥도 먹지 않고
> 병원에도 가지 않고 시름시름 앓다가
> 한 달 만에 저세상으로 갔다

병원에 가자는 노모의 성화에 딱 한 달이면 된다고
몇 월 몇 일 병원 가자 했다는데
그 다음날 저세상으로 갔다
울렁거리는 광안대교 나 혼자 건너
산의 밑구멍에 뚫어놓은 황령산 터널 넘어오며
아프다고 내지르는 산의 아우성에
나는 자꾸 시인이 남기고 간 마지막 말을 되뇌었다

사람이 못할 짓이 없구나 못할 짓이 없구나

— 최영철, 「안동 임병호 시인」

여기에는 두 가지 질문이 병치되어 있다. '인간이란 무엇인가?' 와 '나는 누구인가?'가 그것이다. 하나는 생애 처음으로 '양복'을 입고 부산의 광안대교를 본 뒤 안동 '고택'에서 죽어간 시인의 물음이며, 뒤의 것은 그런 시인의 죽음을 접하고도 "산의 밑구멍에 뚫어놓은" 긴긴 터널을 버젓이 이용할 수밖에 없는 또 다른 시인의 자괴감 섞인 물음이다.

애초에 물음은 하나였다. 푸른 "하늘"과 "검푸른 바다" 사이에 가로놓인 거대하고 육중한 다리를 놀란 눈으로 바라보며 불쑥 든 질문. "안동 고택"에 파묻힌 시인에게 그것은 사람으로선 도저히 "못할 짓"이었다. 그런데 했다. 인간이란 대체 무엇인가? 물음은 거기서 비롯되었다. 이 물음엔 긍정이나 부정 혹은 호오의 가치가 개입되어 있지 않다. 차라리 그렇게 쉽게 구분할 수 있는 것이었다면 시인은 죽지 않았을 것이다. 그렇지 않고 인간 존재에 대한 궁극의 질문이었으므로, 시인은 그 답을 구하려 "밥도 먹지 않고" 헤맸으나 "시름시름 앓다가" 죽어갔다. 때문에 원래의 물음은 살아남은 시인이 고스란히 떠안게 되었다.

살아남은 시인은 죽은 시인이 구하지 못한 답을 찾으려고 혼자 광안대교를 건너본다. 하지만 멀쩡한 사람 잡아먹은 '한소식'이 쉽게 와줄 리 있겠는가. 포기하고 돌아오는 "황령산 터널" 안에서 겨우 힌트를 조금 얻는다. 차를 타고 통과하는 터널 안의 웅웅거리는 소음이 "아프다고 내지르는 산의 아우성"으로 들리는 까닭이나. 그러면서 처음의 물음은 바뀐다. 이 산을 아프게 하는 '나는 누구인가?', 그런 "못할 짓"에 동참하는 '나의 욕망은 무엇인가?' 작품 결미에 죽은 "시인이 남기고 간 마지막 말을 되뇌"이는 이유가 거기에 있다. 이 작품이 단순히 환경이나 생태 문제를 다룬 문명 비판의 시가 아니라, 그것을 훌쩍 뛰어넘어 '하늘'과 '바다'로 상징되는 이 광활한 우주 속에서 인간의 존재 의미를 묻는 동시에, 인간의 욕망에 대한 근원적 성찰을 제시하고 있다는 점 역시 이로써 분명해진다.

그러고 보니 인간의 존재론적 물음을 직접적으로 다룬 작품들이 여럿 눈에 띈다. 나태주의 「졸개」("이제 누군가를 따라다니는 일도 시들해졌고/……/제발 혼자가 되어야 할 일이다"), 윤제림의 「그럼 너는?」 ("나한테도 묻는다./넌 또 뭐냐?"), 유지소의 「스위치」("나는 누구지? '나는 무엇일까?")(이상 『현대시』 2004년 4월호) 등이 그러한데, 자기의 자기 됨이 무엇인지 묻고 또 확인함으로써 세계 내 존재로서 자기 자신의 의미와 위치를 직접적으로 짚어보고 있다.

하지만 잠언투의 다짐이나 즉물적인 물음 자체에 머물러서는 독자에게 즐겁고 깊이 있는 미적 체험을 선사하기 힘들 것이다. 머리는 끄덕이되 가슴이 기꺼이 따라가 주지 않는 탓이다. 그 역도 가능하다. 그런 면에서 박만진의 작품은 머리와 가슴을 동시에 끌어들임으로써 일정한 시적 성취를 보여준다.

> 본디 나는 중이 될 팔자였다
> 목숨을 다하지 못하고
> 일찍 죽는 사람도 있거니와
> 팔자 소관대로 살지 못하는
> 삶도 있긴 있다 이즈음
> 귀뚜리 울음소리 눈물이듯 이슬이듯
> 주저리주저리 귀걸이로 매달리고
> 바위로 천년을 보낼 것인지
> 꽃으로 한철을 보낼 것인지
> 마음이 아픈 것을 보면 알 수가 있다
> 반짝이는 강물에 물수제비뜨며
> 눈물, 솥적다 솥적다 소쩍새
> 울음소리에 덩달아 눈물, 우수수

낙엽지는 바람 소리에 눈물,

큰 눈 내려 뒷산 기슭

잔가지 부러지는 소리에 눈물, 눈물……

눈물이 많은 것을 보면 알 수가 있다

교회를 찾아 십자가 앞에 서면

모두가 길 잃은 어린양이 되듯

절을 찾아 부처님 앞에 서면

걸음마를 시작하는 아이가 되는 나는

마음의 배가 고플 때마다

바다의 젖꼭지를 물고

파도 소리를 자장가로 듣곤 했다

날물로 비우면 뭍이 되고

들물로 채우면 섬이 되는

간월암은 천수만의 젖꼭지

아, 그러나 되우 안타까운 것이

무학이 바라보던 달,

만공이 바라보던 달이 어두워진다

부처님의 말씀을 좇아서

걸음마를 배우는 어린아이인 내게

젖을 떼고자 하는 속셈인 듯이

중 아닌 중 노릇을 하는 중이

쓰디쓴 약을 덕지덕지 바르고 있다

― 박만진, 「간월암에서」

 이 땅의 시인치고 궁륭 같은 예배당이나 산문의 오솔길을 따라 불립문자로 숨고 싶은 유혹을 느껴보지 않은 자는 드물 것이다. 그러나, 그렇게 "팔자 소관대로 살지 못하는 삶"이야말로 시 쓰기의 필요조건 아닌가. 어찌 속 들끓지 않고 시가 나오겠는가. 그래서 그 유혹은 여전히 매력적인 무엇으로 남아 있다.
 이 작품의 첫 구절부터 팔자타령을 들고 나온 시인(분열된 주체라는 점에서 시적 화자를 시인이라고 해도 무방할 터이다)이 "천수만의 젖꼭지" 간월암을 찾는 것도 마찬가지 이유일 터이다. 거기서 시인이 "바다의 젖꼭지를 물고" 자장가를 듣는다는 것은 영락없이 유아기로의 퇴행이다. 허나, 설령 퇴행이라 하더라도 부정적으로 다가오지는 않는다. 퇴행한 장소가 "부처님 앞"이라 그러하다. 그렇다고 어설픈 종교적 귀의도 아니다. 그곳이 화엄의 부처가 앉은 법당이라는 점을 감안하면 그것은 우리가 성장하면서 잃어버린, 혹은 현실 세계의 냉혹한 법칙 때문에 어쩔 수 없이 포기해야 했던 인간 전체성에 대한 회복의 간구로 다가온다. 융에 기대면, 우리가 어린이를 보며 기뻐하거나 원시인을 동경하는 것은 이와 같은 심리적 기원에서 비롯된 것이다. 시인의 감성이 종종 분화되기 이전의 통합적 감각(공감각)으로 나타나는 것도 같은 맥락에서 이해될 수 있는데, 이 세계의 전체성에 대한 감각과 사유는 개인의 영적 지능을 나타내는 대표적인 항목이다. 따라서 "마음의 배가 고플 때마다" 어린아이가 되어 "바다의 젖꼭지를" 무는 것은, 자기 안의 영성을 다시 채움으로써 전체의 감각을 회복하고, 그 속에서 자신의 위치를 재확인하는 행위로 읽힌다.

그러나, 다분한 감상성에도 불구하고 이 시를 주목하는 이유는 이와 같은 종교적 포즈에 있지 않다. 그것은 "부처님 앞"에 계속 머무르지 못하고 산문 밖으로 내쫓긴다는 인간의 실존적 상황 때문이다. 사실 자신의 팔자, 즉 타고난 운명을 좇아감은 보다 더 큰 질서에 대한 순응의 몸짓에 불과하다. 그런데 "팔자 소관대로 살지 못하는 삶"이므로 부처님의 젖꼭지를 언제까지나 빨고 있을 수 없다. 어머니가 젖꼭지에 소태를 발라 젖떼기를 하듯 "중 아닌 중 노릇을 하는 중이/쓰디쓴 약을 덕지덕지 바르"기 때문이다. 아마도 "부처님의 말씀을 좇"는 구도자의 길이 얼마나 지난한지, "중 아닌 중"이 소태 같은 쓴소리를 해댄 모양이다. 어떤 깨달음이나 일정한 경지를 의미하는 듯한, "무학"과 "만공이 바라보던 달이 어두워지"는 것도 바로 그 까닭일 것이다. 어쭙잖게 넘보지 말라는 것이다. 재미있는 것은 어머니가 새하얀 젖에 소태를 바르는 것, 구름에 흰 달이 어두워지는 것, 중이 쓰디쓴 약을 바르는 것이 하나의 비유 체계로 연결되면서 우리에게 미적 쾌감을 안겨준다는 사실이다.

어쨌거나 젖먹이 아이가 가혹한 '젖떼기'의 고통을 통해 성장하듯이, 다시 속세로 내쫓김은 일종의 정신적 이유離乳로서, 자기 의지와는 관계없이 이 세계에 내던져졌다는, 전형적인 실존 의식의 투영으로 이해된다. 이 경우 내쫓긴 개인은 필연적으로 자기 위치나 한계를 점검하게 되고, 본래의 자리를 되묻게 된다. 그래서 마음의 허기는 계속되며, 시인은 또다시 내적 충만을 위해 '간월암'을 되찾게 되는 것이다. 작품에서 '날물'과 '들물'이 이러한 반복을 구체적으로 암시한다.

인지과학자들은 우리가 실존적인 문제들, 자신의 과거 습관, 신경증이나 질병, 슬픔의 문제에 직면했을 때, 그리고 한계라고 느껴지는 문제들을 다룰 때 영적 지능을 사용한다고 주장한다. 내가 아는 한, 시인들은 대체로 영적 지능이 뛰어난 듯하다. 동일성의 시학을 빌려오지 않더라도 자아의 세계화, 감정이입, 물아일체 등은 시인들이 그러한 문제에 처했을 때, 혹은 규범과 반규범, 질서와 혼돈, 의식과 무의식 등의 경계에 처했을 때, 어떻게 그것들을 통합시키고 넘어서는지를 보여주는 좋은 징표들이다. 자아와 세계의 동일성을 추구함으로써 스스로의 한계를 확장시키고 자기의 내면을 보살피면서, 크고 작은 의미와 가치를 만들어내는 것이다. 이 점은 모든 문제를 쪼개서 규명하려는 서구의 분석적 접근이 한계를 드러낸 마당에, 게다가 수많은 차이들만 생산될 뿐 전체를 섬기는 동아리 의식이 부족한 요즘, 우리의 시가 다시 한 번 더 옹호되어야 할 뚜렷한 이유이기도 하다.

눈 내린 숲으로 걸어 들어간 시인이 한 그루의 나무로 서 있는 다음의 작품 역시 예외가 아닌데, 숱한 차이들을 어떻게 통합시키는지, 세상의 수많은 타자들을 껴안으면서 어떻게 동일성을 확보하고 자기의 한계를 넘어서는지, 그러면서 또 스스로의 내면을 어떻게 돌보는지 차분한 어조로 담담하게 보여주고 있다.

서울대공원
나무들은 이름표 하나씩 달고 있습니다
그 이름표 따라 생김새와 무늬를 눈여겨보면
어미 나무와 어린 나무가 꼭 닮아 있습니다
멀리 떨어져 있어도 꼭 닮아 있다는 것은
물박달나무는 아무리 어려도 속살을 드러낸다든지
쥐똥나무는 새까만 쥐똥 같은 열매를 맺는다든지
팥배나무 큰 나무가 우물우물 입 주름살을 만들면
어린잎은 오물오물 젖 빠는 시늉을 해
그 밑에선 아무것도 먹지 않기로 했습니다
정말 말하고 싶은 것은 나무 무늬입니다
세상의 직조기가 해독할 수 없는 섬세한 무늬를 보며
잉카의 화려한 문명에 속했었나 하다가
겨우내 한땀한땀 짜올린 깊은 적막 슬쩍 본 것 같습니다
한 문양이 한 종족의 상징이 되기까지, 깨닫는 순간입니다
우악스럽지 않은 조금 수선스런 작살나무 가녀린 가지가
쭉쭉 흩어져 키 큰 나무 발등을 덮고 있다가 옆의
털생강나무 툭툭 건드리고 있습니다 잎이 포크처럼 생긴
털생강나무 매운 맛에 작살나무 재채기 끊이지 않습니다

지금 나무들 흰 눈꽃 피었습니다.

동색의 꽃을 피운다는 것은 한 식구가 되는 때뿐입니다

올겨울은 작살나무 곁이어야 할 것 같습니다

황당한 이름 때문에 겪는 속이 꼭 내 속입니다

— 장정자, 「겨울 수목원에서」

한 가지 주의할 것은 영적인 가치 추구를 현세의 종교와 혼동하지 말아야 한다는 점이다. 많은 인본주의자나 무신론자 중에는 영적 지능이 매우 높은 사람이 있는가 하면, 활동적인 종교인임에도 불구하고 형편없이 낮은 사람도 있다. 최근의 뇌신경과학은 영적 지능이 뇌의 특정 부위 God Spot와 연관되어 있음을 규명했는데, 서구인들은 신에 대한 언급이 있을 때 반응하고, 불교 신자나 그 밖의 사람들은 그들에게 상징적 의미를 주는 것에 반응한다고 한다. 그러니까 영적 지능은 특정 종교와 아무런 관련이 없다. 조금 호기를 부려 말하자면, 시인들에게 시는 이미 종교이거나 그 이상이다.

2;
여러분의 '그것'은 안녕하신가요?

한 플라톤주의자의 비극

- 김소월, 「먼 後日」

먼 後日

김소월

먼 훗날 당신이 찾으시면
그때에 내 말이 「잊었노라」

당신이 속으로 나무라면
「무척 그리다가 잊었노라」

그래도 당신이 나무라면
「믿기지 않아서 잊었노라」

오늘도 어제도 아니 잊고
먼 훗날 그때에 「잊었노라」

수학자들은 원주율을 숫자로 나타낸 무한수열의 확률 반응에서 그가 플라톤주의자인가 아닌가를 판단한다고 한다. 알다시피 원주율 π(파이)는 3.1415926535…… 이렇게 무한수열로 끝없이 이어진다. 이 무한대의 숫자에서 7이 연속하여 세 번 나올 가능성이 있을까?

이 질문에 "있다"라고 대답하면 그는 플라톤주의자다. "없다"고 한다면? 그 역시 플라톤주의자다. 반反플라톤주의자는 "모른다"고 답한 사람들이다. 물론 이는 세계관의 문제이기 때문에 어느 쪽이 더 옳다 그르다를 말할 수 없다.

장난기가 다분한 이 구분법에 비추어 보면 나는 플라톤주의자에 속한다. 내가 만일 같은 질문을 받는다면 응당 "있다"고 대답할 것이기 때문이다. 대답의 근거가 딱히 있는 것은 아니다. 나는 이 세계가 그렇게 되어왔고, 또 그렇게 되어간다고 믿는 축이다. 생물학자들은 이 우주에서 생명이 탄생할 가능성에 대해, 원숭이 한 마리가 타자기를 가지고 놀다가 우연히 주기도문을 완성할 확률이라고 말한다. 사실상 제로에 가깝다는 말이다. 그럼에도 불구하고 생명 탄생이 가능했는데 원주율의 숫자에서 '777'이 나올 가능성쯤이야 우습지 않겠는가. 그것이 일어날 확률은 우연일 것이되, 다시 말해 반플라톤 식이되, 그것을 이해하는 방식은 플라톤 식인 셈이다. 우연을 필연으로 맥락화하고 역사화하는 게 인간 아닌가.

이런 식의 가늠은 시의 경우에도 비슷하게 적용될 수 있을 것 같다. 이 세계의 진화나 어떤 되어감, 혹은 인간적 서사를 심층적 질서로 갖고 있는 시인과, 그렇지 않은 시인으로 말이다. 나는 아마도 전자에 속할 것이다. 하지만 최근 우리 시의 주된 경향은 후자에 속하지 않을까. 그러니까 편집자의 주문대로 나의 시적 경향과 대척되는 그런 류의 시를 선택해야 옳지만, 솔직히 말해 난 그런 시들을 좋다고 말할 자신이 없다. 재미있긴 해도 그뿐이다. 미안하지만 거기엔 목숨을 건 자기 도약이 보이지 않는다. 오래된 좋은 것보다 나쁜 새로운 것이 낫다는 말도 있지만, 문예사조사를 이어온 내력을 참조해보면 그 귀결이 너무 뻔하다.

소월의 「먼 후일」은 차라리 뒤를 보자고 해서 고른 것이다. 고르고 보니 내심 잘했다는 생각도 든다. 소월의 시는 대책이 없어서 좋다. 그냥 처연하고 안쓰럽다. 거기에는 어떤 비극적인 운명의 그림자가 짙게 배어 있다. 시적 언어의 운명이 체계와의 싸움이라면 소월의 체계는 운명 그 자체이다. 우리가 흔히 근대적 기획, 계몽적 이성, 제도화된 시스템에 대한 미적 응전의 양상을 미적 근대성이라 부를 때, 소월의 시는 거기에서 한참 멀다. 그의 시는 결코 체계 자체를 의식하지 않지만, 그래서 현대적이진 않지만, 그는 어쩔 수 없이 그 체계(운명) 속에 놓인 자신을 오롯이 응시한다. 노래는 거기서 터져 나온다.

「먼 후일」의 화자는 겉으로 짐짓 딴청을 부리고 있다. 잊지 않고 있으면서도 잊었다고 하겠다는 것이다. 왜 그럴까? '당신'이 나무랄까봐? 시적 상황은 완전히 반대이다. 나무라야 할 사람은 화자이다. 왜 나를 빨리 찾지 않았냐고 따져야 할 사람은 '당신'이 아니라 시적 화자 자신인 것이다. 그런 상황에서 잊겠다고 말하는 것은 일종의 복수이다. 그동안 나를 찾아주지 않은 데 대한 강한 원망의 복수인 것이다.

  그런데 정작 이 시의 묘미와 비극적 재미는 그 다음에 있다. 행여나 '당신'이 날 찾아주기라도 하는 날엔 "미안해, 널 까맣게 잊어버리고 있었어"라고 통쾌하게 복수를 할 수 있겠지만 상황은 그렇지 못하다. "오늘도 어제도 아니 잊"히는 '당신'이, 나를 언제 찾아줄지 기약이 없다. 어쩌면 영원히 찾지 않을지도 모른다. "믿기지 않아서"가 그 방증이다. '당신'이 날 찾지 않으면 난 당신을 영원히 기다릴 수밖에 없는 운명, 끝끝내 잊을 수 없는 운명에 놓여 있는 형국, 그것이 이 시의 역설이자 비극 아니겠는가. 그러고 보면 플라톤주의자들은 스스로 비극을 짊어진 자들인지도 모른다.

"갈매나무라는 나무"는 어디에 있습니까?
- 백석, 「南新義州柳洞朴時逢方」

南新義州柳洞朴時逢方

백석

어느 사이에 나는 아내도 없고, 또,
아내와 같이 살던 집도 없어지고,
그리고 살뜰한 부모며 동생들과도 멀리 떨어져서,
그 어느 바람 세인 쓸쓸한 거리 끝에 헤매이었다.
바로 날도 저물어서,
바람은 더욱 세게 불고, 추위는 점점 더해 오는데,
나는 어느 木手네 집 헌 삿을 깐,
한 방에 들어서 쥔을 붙이었다.
이리하여 나는 이 습내 나는 춥고, 누긋한 방에서,
낮이나 밤이나 나는 나 혼자도 너무 많은 것 같이 생각하며,
딜옹배기에 북덕불이라도 담겨 오면,
이것을 안고 손을 쬐며 재우에 뜻 없이 글자를 쓰기도 하며,

또 문 밖에 나가디두 않구 자리에 누어서,

머리에 손깍지 벼개를 하고 굴기도 하면서,

나는 내 슬픔이며 어리석음이며를 소 처럼 연하여 쌔김질하는 것이었다.

내 가슴이 꽉 메어 올 적이며,

내 눈에 뜨거운 것이 핑 괴일 적이며,

또 내 스스로 화끈 낯이 붉도록 부끄러울 적이며,

나는 내 슬픔과 어리석음에 눌리어 죽을 수 밖에 없는 것을 느끼는 것이었다.

그러나 잠시 뒤에 나는 고개를 들어,

허연 문창을 바라보든가 또 눈을 떠서 높은 턴정을 쳐다보는 것인데,

이때 나는 내 뜻이며 힘으로, 나를 이끌어 가는 것이 힘든 일인 것을 생각하고,

이것들보다 더 크고, 높은 것이 있어서, 나를 마음대로 굴려 가는 것을 생각하는 것인데,

이렇게 하여 여러 날이 지나는 동안에,

내 어지러운 마음에는 슬픔이며, 한탄이며, 가라앉을 것은 차츰 앙금이 되어 가라앉고,

외로운 생각만이 드는 때 쯤 해서는,

더러 나줏손에 쌀랑쌀랑 싸락눈이 와서 문창을 치기도 하는 때도 있는데,

나는 이런 저녁에는 화로를 더욱 다가 끼며, 무릎을 꿇어 보며,

어니 먼 산 뒷옆에 바우 섶에 따로 외로이 서서,

어두어 오는데 하이야니 눈을 맞을, 그 마른 잎새에는,

쌀랑쌀랑 소리도 나며 눈을 맞을,

그 드물다는 굳고 정한 갈매나무라는 나무를 생각하는 것이었다.

-『학풍』 창간호, 1948. 10

백석 시인께 올립니다.

먼 옛적을 떠돌던 북쪽의 하늘은 안녕하신지요? 생면부지에 수줍은 한 시인이 수줍고 또 무겁게 아득한 그곳의 안부를 여쭙습니다. 시인의 시를 다시 꺼내 읽으면서 저도 문득, 편지가 쓰고 싶어졌습니다. 마침 이 시의 제목이 편지 봉투에 적힌 발신인의 주소를 연상케 하고 있지 않습니까. 남신의주 유동 박시봉의 집에 묵고 있다는……. 한데 그 집이 아직 있을까요? 오늘처럼 펄펄 눈이 오는 날, 퀴퀴하게 습내 나는 그 목수네 집이 그대로 있어야 하는데, 꼭 있어야만 하는데 말입니다.

하긴 이쪽의 안부도 그쪽의 세속도 다 덧없이 지나가는 것일 테지만, 그렇다 해도 그 빈방을 지키고 있을 한 영혼의 온기는 오롯이 남아 있다 믿고 싶습니다. 바람 센 거리를 헤매던 어느 외로운 영혼이, 비로소 고단한 몸을 누이고 제 안의 슬픔이며 한탄, 어리석음이며 부끄러움을 삭이고 태우면서 피워 올리는 쓸쓸한

향기가 지금도 흐르고 있다 믿고 싶습니다.

   그러고 보니 당신의 시를 처음 대했던 때가 생생히 떠오르는군요. 아마 해금된 이듬해였지요. 낯선 시집 곳곳에서 구수하고 팔팔하게 살아 움직이던 무수한 평안도 사투리들, 옛이야기처럼 끝없이 이어지던 우리네 옛 풍물과 이미지들, 그러면서도 왠지 모던해 보이는 시작 기법과 당신의 풍모, 그리고 그것들이 주는 새로움과 당황스러움, 익숙한 낯설음, 까닭 모를 불편함과 곤혹스러움들……. 지금 생각해보면 그 자체로도 훌륭한 시적 체험이었는데, 당시 대학생이었던 저는 그것이 독특한 미적 체험이라기보다 그냥 좀 많이 낯설다는 느낌에 곤혹스러워했던 것 같습니다. 필경 시 자체의 느낌보다 시어의 의미에 집착하고 있었던 게 틀림없지요. 참 아둔하고 침침했습니다. 물론 그 와중에도 제 고향「통영」을 만난 것은 별스런 반가움으로 남았지만요. 그리고 그것은 제가 잘 알고 있는 통영이 아니라, 제가 태어나기 훨씬 전의 어떤 새로운 고장으로 저를 이끌어가는 듯한, 기이한 시간 체험을 선사해주었습니다. 당신의 시 속에서는 익숙한 제 고향도 마냥 낯설어지더란 것이지요.

   그 후 당신의 시를 곰곰 되씹어보게 된 것은 뜻밖에도 한 평문 때문이었습니다. 김윤식의「허무의 늪 건너기」. 숙제를 하기 위해 우연히 읽게 된 그 글이 없었다면 아마도 저는 그때의 그 아둔함에 그대로 묻혀 있었을 겁니다. 문청의 치기답게, 시를 쓴답시고 비평을 아래로 봤던 제겐 일종의 충격이었지요. 특히 환상적이고 몽환적인 시 분위기 때문에 제 깜냥에도 으뜸으로 꼽았던 「나와 나타샤와 흰 당나귀」의 세계가, 그것이 시인의 외로움이 불러낸 허깨비라는 진술에는 크게 한 방을 먹고 말았습니다. 그래, 그거였어! 그처럼 아름답고 신비하며 처연한 풍경을 그려낼 수 있었던 것은 시인의 지독한 외로움이었어. 그렇게라도 하지 않으면 도저히 건널 수 없었던 깊은 절망과 허무의 늪이었어……. 무용無用의 용의 역설처럼, 노래가 침묵을 감싸고 있는 형국처럼, 없음이 있음의 조건이 되는 역설 앞에서 그만 아득해지고 말았습니다. 한없이 열망했던 시가 돌연 무섭게 다가왔습니다. 물론 시기와 질투도 섞여 있었겠지요.

갑자기 소주가 생각나는 밤입니다. 지금도 눈이 내릴까요? 내친김에 고백하자면, 저는 이 편지의 첫 줄을 써놓고 너절을 내리 술을 마셨습니다. 그런데 참 이상한 것이, 거기엔 필시 무슨 연유가 있었을 텐데, 도대체 그게 뭔지 지금도 모르겠는 것입니다. 다만 당신의 시를 들고 혼자 술잔을 기울이며 깨달은 게 있다면, 모르면 모르는 채로 남겨두어야 한다는 것, 어쩌면 그것이 정작 이 시가 가 닿는 마지막 자리일지도 모른다는 막연한 생각이었습니다. 게다가 저는 이미 마감일을 넘겨 원고 독촉을 두 번이나 받은 터였으므로 더 미룰 수도 없게 되었습니다. 바로 조금 전에도 문자가 와서는 내일 당장 인쇄를 넘긴다고 협박을 하더군요.

제가 막막해하면서 술을 마셨던 것은 당신이 허깨비를 불러낼 수밖에 없었던 그 도저한 외로움이나 허무 때문이 아니었습니다.

제겐 없는 아름다운 나타샤도 흰 당나귀도 아니었습니다. 시가 무서워서라거나 시기와 질투가 새롭게 되살아나서는 더더욱 아니었습니다. 사실은 도저한 허무가 불러낸 환상, 그 너머의 세계에서 당신이 보고 말았을지도 모르는 무엇, 그러나 끝내 내 것이 될 수 없어 모르는 채로 남겨두어야 했던 그 어떤 잉여, '저주의 몫'이었지요. 소주에 취한 채 불러낸 헛것의 아름다움이 아니라, 다음날 술이 깨는 고통 속에서 마주친, 아름다운 헛것 뒤의 그 무엇이었더란 말입니다. 저는 그 기미를 「남신의주유동박시봉방」에서 읽고 말았던 것입니다.

한 비평가가 이 시를 두고 "페시미즘의 절창으로 한국 최상의 시"라고 극찬한 것을 아시는지요? 그는 또 이렇게 덧붙였습니다. "한국인의 생활철학과 인생관이 집약된 대표적인 사상시"라고. 그럴지도 모릅니다. 하지만 제가 본 것은 도저한 허무주의도 운명론에의 귀의도 결코 아니었습니다. 놀랍게도 그것은 한 영혼의 기립이었습니다. 서글픈 자립이었습니다.

이 시의 서두에 당신은 아내를 말하고 있습니다. 서울의 자야도 통영 명정골의 여인도 아름다운 나타샤도 아닌 아내를 말한 연유가 무엇입니까. 환이 사라진 것입니다. 부모도 형제도 없이 홀로 버려진 자신의 맨몸을 보았던 것이지요. 좀 딱딱하지만 이를 일러 단독자 의식이라 하면 어떨까요? 한없이 편안하지만 유장하게 흐르는 시의 리듬이 묘한 긴장감을 띠고 있는 것도 이렇게 홀로 깨어난 자의 다음 행위가 궁금해서가 아니던가요? "쌔김질"의 비유가 말해주듯 그는 스스로에 대한 연민과 슬픔, 회한과 한탄을 끝까지 품고 나아갑니다. 자기 정신의 반성적 힘을 끝까지 밀고 나아간 것이지요. 그렇게 해서 본 것이 무엇입니까? 거기서 마주친 것이 무엇입니까? 쌀랑쌀랑 홀로 눈을 맞고 있는 갈매나무. 더 정확히는 갈매나무라는 나무의 환상이지요. 치열한 자기반성, 자기반성의 극무한에서 정립된 제 영혼의 모습!

그것이 시인이었습니다. 이 땅의 모든 시인이 지녀야 할 영혼의 자세이고 초상이었습니다. 다 버리고 다 떠나도 "외로운 생각만"으로 타오르는 굳고 정한 갈매나무. 당신이 세든 그 방에 흐르는 향기는 바로 갈매나무가 제 몸을 태우며 피워 올리는 목향이었습니다.

그런데 말입니다. 궁금한 게 하나 있습니다. 술을 마시녀 당신을 만나면 물어보고 싶은 것도 그것이었습니다. 저 홀로 눈을 맞고 선 갈매나무의 영상이야말로 우리가 가장 가 닿고 싶은 부분일 텐데, 당신은 정말 거기에 닿았는지요? 갈매나무가 되고 말았는지요? 그렇게 되면 더 이상 시를 쓸 수 없을 것 같은데, 당신은 정말로 굳고 정한 갈매나무가 되어 쓸쓸한 존재의 숲으로 돌아간 것인지요? 나타샤와 함께 흰 당나귀를 타고 그 황홀한 숲으로 들어간 것인지요?

모르겠습니다. 모르지요. 몰라야 하는 것일지도 모르겠습니다. 어쩌면 그것이 끝내 알 수 없는 우리 안의 '검은 마음'이 아닐까 싶기도 하군요. 그런 생각으로 이 시를 다시 읽어보면, 인간이 자연의 배경에서 떨어져나와 다시 제2의 자연이 될 수밖에 없는, 그 알 수 없고 닿을 수 없는 삶의 이치를 꿰뚫어내고 있다는 느낌도 드는군요. 그러니까 우리는 다만 모르는 채로, 갈매나무라는 나무를 향해 나아가야 하는 것이지요? 그래야 시인이겠지요?

   날이 많이 춥습니다. 그래도 홀로 타오르는 당신이 있어 이 땅의 모든 시인들이 따뜻했으면 좋겠습니다. 안녕히 계십시오.

   김점용 올림

우리들 마음에 도둑이 들었다
- 성찬경, 「다이아몬드의 별」

다이아몬드의 별

성찬경

우주의 신비와 존재의 비의에 관한 한
장지기 놀라 자빠질 정도로 황당한 허풍을 떨어도
실은 그것이 도무지 허풍이 될 수가 없는 것이다.
가령 여기 신효한 물약이 있다고 하자.
이 약 단 한 방울을 입에 똑 떨어뜨리면
백 살이 넘어 죽음만을 기다리고 있는 노인이
벌떡 일어나 헤라클레스 같은 몸으로 회춘하여
황진이급 묘령의 미인을 데리고
석 달 열흘을 쉬지 않고 밤낮으로 방사를 계속해도
지치기는커녕 오히려 발기력이 점점 세지기만 하여
그 여인도, 아이고, 이제 죽겠으니
고만 좀 봐달라고 하소연한다.

그런 약이 이 우주 어딘가엔 있다고 장담해도
그것이 허풍이 될 확률보다는 오히려
사실이 될 확률이 더 높은 것이다.
확률이야 어떻든 그대의 상상의 날개가
겨우 그런 정도라니 그 점이 한심하다.
독일의 큰 시인 괴테는
고대의 희랍 미인 헬렌을 데리고 2년인가 3년인가 살며
애도 낳고 전쟁도 하고 하는 장면을 그리고 있는데
상상력이 그쯤은 돼야 한다.
다시 말하거니와 우주의 신비와 존재의 비의에 관한 한
창세기 이래 사람이 입에 담은 어떠한 신화도
무슨 상상상의 동화도 비련도 모험담도
실은 그것들이 모두 정밀한 참말일 뿐이다.
황당한 건 오히려 실화다.
지구에서 대략 50광년 떨어진 牛人牛馬座에
지름 1500킬로미터, 전체가 순 다이아몬드로 된
별이 있다는 사실이 밝혀졌으니*
이것이 이 세상 돈의 값어치로 얼마짜리란 말인가.
이런 정도의 얘기에서 놀랄 필요는 없다.
최근 이론물리학의 거두 美 서스킨스 박사의 계산에 의하면
별 1000억 개가 들어 있는 은하가 1000억 개쯤 모여 있는
이 광막한 우주 밖에 그런 규모의 우주가

10을 500승한 만큼 또 있다 하니 상상을 초월한다.**

이런 식으로 말한다면

내 오른쪽 眼球 구석에 자리한 작디작은 세포 하나 속에

10을 1000승한 만큼의 삼천 대천 세계가 또 있다고 주장해도

그것이 사실임을 증명해 줄 물리학자가

언젠가는 반드시 나타나게 돼 있는 것이다.

내가 문자 그대로 믿고 있는 성모의 무염시태나

예수의 부활 사건도 사물 이치의 기본을 믿는 것에 불과할 뿐

도무지 자랑거리가 못 된다.

우주의 존재와 존재의 비의에 관한 한

그대가 아무리 큰소리를 쳐도

희대의 허풍쟁이가 아님은 물론이다.

그대는 오히려 사물의 핵심을 뚫는 통찰과 비젼을 지닌

예언자의 반열에 들 것이다.

신기한 일들이 다반사인 이 세상.

그러하니 진심으로 축배를 들며

우주 만세 존재 만세를 부를진저.

* 2004. 2. 18일자 각 일간신문.
** 조선일보 2004. 1. 27. A24면.
— 『현대시학』, 2004년 8월호

조금 이상한 얘기로 들릴지 모르겠다. 어렸을 때 까마득한 하늘 저 높은 데서 누군가 날 내려다본다는 생각이 들곤 했다. 또래 아이들과 어울려 놀다가 나도 모르게 문득 그 생각이 들면 그렇게 신나던 놀이가 금방 시들해져 버렸다. 공부를 하다가 깜박 잠이 들면 키가 엄청나게 큰 사람이 내 등 뒤에서 나를 지켜보고 있었다. 놀라서 깨어나 뒤를 휙 돌아보고는 "어디 갔지?" 하고 중얼거린 적이 여러 번이었다. 이 기묘한 환영의 주인공은 드문드문 아버지로 바뀌기도 했다가 대학원 때는 지도교수로 변신하기도 했다. 특히 논문 발표를 앞둔 시점에는 그런 현상이 빈번하곤 했다. 유년의 경험이 일종의 강박증으로 전이된 것이 아닌가 싶다.

 그러던 것이 한동안 뜸하다가 몇 년 전부터는 일종의 유체이탈 현상을 경험하곤 한다. 각성 상태인데도 내가 붕 떠서 나를 내려다본다. 나뿐만 아니라 세상이 훤히 보인다. 엉성한 거미줄처럼 뻗어 있는 도로, 있는 힘을 다해 달리는 자동차, 바람과 햇볕을 받고 서 있는 산과 나무들, 정교하게 디자인된 옷감의 무늬들, 거기에 멋을 낸 여학생의 액세서리까지 원거리의 풍경과 근거리의 디테일한 장면이 마구 뒤섞인 채 부조리하게 다가온다. 그때는 이 모두가 신(神)들의 장난감 같다. 유전자의 운반기계 같다. 그러면 사는 게 한없이 작아져서 슬프다. 겁도 없이 함부로 자라는 아이들이 슬프고, 온 곳을 알 수 없는 바람이 슬프다. 생명 에너지의 유장한 흐름, 끊을 길 없는 유전자의 윤회, 색(色)과 공(空)의 영원한 돌림노래를 벗어날 길이 막막하고 아득해서 슬프다.

기원을 추적해본 일이 있다. 초등학교 때 별자리에 대해, 천체의 구조에 대해 배우고 나서 나는 퍽 혼란스러웠다. 우주가 그렇게 어마어마한 것이라면, 지구가 정말 먼지만 한 것이라면, 지구를 포함하여 밤하늘에 펼쳐진 저 은하수도 어떤 거대한 사람의 신발 밑창, 그 요철 틈새에서 흐르고 있는 것이 아닐까, 뭐 이런 생각을 했던 것이다. 정확한 기억은 아니지만 내가 발아래 개미를 내려다보듯 하늘에서 누군가 날 내려다본다는 생각은 아마 그 뒤에 하지 않았나 싶다.

그런데 한 시인의 전언에 기대면 이처럼 황당한 생각도 아주 터무니없지는 않은 모양이다.

> 우주의 존재외 존재의 비의에 관한 한
> 그대가 아무리 큰소리를 쳐도
> 희대의 허풍쟁이가 아님은 물론이다.
> 그대는 오히려 사물의 핵심을 뚫는 통찰과 비전을 지닌
> 예언자의 반열에 들것이다.
>
> — 성찬경, 「다이아몬드의 별」 부분(이하 같은 시)

앞서 말한 것처럼 막연하게나마 강박증과 분열증의 징후라고 여겨오고 있었는데 이 무슨 황당한 소리인가? 내가 "허풍쟁이가 아님은 물론" "오히려 사물의 핵심을 뚫는 통찰과 비전을 지닌/예언자의 반열에 들" 정도라고 하니 참 난감하다. 그대로 받아들이

자니 왠지 찜찜하고, 그렇다고 시인을 "허풍쟁이"라고 웃어넘길 수도 없고……. 아무튼 예언자의 반열로 띄워주니 기분은 나쁘지 않은데, 도대체 우리의 시인께서는 뭘 믿고 이렇게 큰소리를 치시는 것일까? 좀 자세히 들여다봐야겠다.

> 우주의 신비와 존재의 비의에 관한 한
> 장자가 놀라 자빠질 정도로 황당한 허풍을 떨어도
> 실은 그것이 도무지 허풍이 될 수가 없는 것이다.
> (…중략…)
> 다시 말하거니와 우주의 신비와 존재의 비의에 관한 한
> 창세기 이래 사람이 입에 담은 어떠한 신화도
> 무슨 상상상의 동화도 비련도 모험담도
> 실은 그것들이 모두 정밀한 참말일 뿐이다.

시인에 의하면, 그러니까 그게 "허풍"이 아닐 뿐만 아니라 다 참말이라는 것이다. 그것도 그냥 참말이 아닌 "정밀한 참말." 그러면서 시인은 "황당한 건 오히려 실화"라고 한다. 갈수록 태산이다. 시인은 정말 무슨 근거로 이렇게 "허풍"을 치는 것일까?

> 지구에서 대략 50광년 떨어진 半人半馬座에
> 지름 1500킬로미터, 전체가 순 다이아몬드로 된
> 별이 있다는 사실이 밝혀졌으니

이것이 이 세상 돈의 값어치로 얼마짜리란 말인가.

이게 정말 "사실"일까? 여러 신문에 난 기사라고 각주까지 붙인 걸 보니 사실은 사실인 모양이다. 그렇다면, 그게 정말 사실이라면, 어찌하여 사람들은 고작 몇 캐럿짜리 다이아 반지에 정신을 팔고 밀수까지 하면서 목숨을 거는 것일까? 알다가도 모를 일이다. 시인의 말대로 사실 좀 황당하긴 황당하다. 그게 아무리 사실이라고 해도 일종의 '뻥' 같다. 세상에 그런 거대한 다이아몬드가 있을 것 같지 않다. 그게 사실이라면 돈을 종교처럼 모시고 있는 이 땅의 세상살이는 어떻게 설명할 것인가? 게다가 시인은 태연하게 한술 더 뜬다. "이런 정도의 얘기에서 놀랄 필요는 없다"고. 더 놀라운 실화가 있다는 것이다.

> 최근 이론물리학의 거두 美 서스킨스 박사의 계산에 의하면
> 별 1000억 개가 들어 있는 은하가 1000억 개쯤 모여 있는
> 이 광막한 우주 밖에 그런 규모의 우주가
> 10을 500승한 만큼 또 있다 하니 상상을 초월한다.

그러니 "우주의 신비와 존재의 비의에 관한 한" 그 어떤 신화도 동화도 비련도 모험담도 모두 "정밀한 참말"이 아닐 수 없게 되었다. 그렇게 "상상을 초월"하는 이 광활한 우주에 무엇이 없겠는가! 지름 1500킬로미터의 순 다이아몬드도 있는데 말이다. 다만 그것

이 지구에 없을 뿐이지 이 우주 어딘가에는 반드시 있지 않겠는가. 아니지, 시인의 말대로라면 지구 밖이 아니라 우리 몸속에 있을 수도 있겠다. 시인은 "내 오른쪽 眼球 구석에 자리한 작디작은 세포 하나 속에/10을 1000승한 만큼의 삼천 대천 세계가 또 있다"고 한다. 그리고 그것이 언젠가는 과학적으로 입증될 것이라고 확신까지 한다. 그럴 것이다. 현대과학이 발전하면 그런 증명쯤은 우스울 것이다. 사정이 이러한데 그 모든 것이 어찌 "정밀한 참말"이 아닐 수 있겠는가. 그래, 시인이 거짓말을 할 리가 없다. "우주의 신비와 존재의 비의에 관한 한" 아무리 "황당한 허풍"이라도 "도무지 허풍이 될 수가 없는 것이다."

그런데 왜 갑자기 슬픔이 와르르 몰려오는 걸까? 지구를 다 사고도 남을 거대한 다이아몬드가 있고, 우리의 상상을 초월할 만큼 우주가 넓은데도 왜 이 세계는 이 모양 이 꼴인가? 우스꽝스런 괴물들뿐인가? 다른 나라를 침략하고 미사일을 쏘아 올리고 착한 사람과 나쁜 사람, 어른과 어린아이를 한꺼번에 죽이는가? 남을 헐뜯어 짓밟고 올라서지 못해 안달인가? 왜 누군가는 마약을 하고 누구는 서울역 지하도에서 새우잠을 자는가? "그래서 모두 모두 행복하게 잘 살았더래요"의 해피엔딩은 왜 도무지 올 것 같지가 않은가?

시인도 이 부분에 대해서는 달리 할 말이 없는 듯하다.

땅 위 일이 너무도 지저분하다.

고관에서 말단까지

마음에 도둑을 숨기지 않은 자가 없다.

우러러 하늘은 그렇지 않다.

— 성찬경, 「금성 일식」 부분

"하늘"은 그렇지 않은데 "땅 위"의 사람들은 자기 마음의 도둑에 속아 "정밀한 참말"은 물론 엄연한 과학적 "사실"도 사실로 받아들이지 않는다. "사실"을 사실로 받아들이지 않는 까닭은 그 사실이 그들과 아무런 '상관도 없는 사실'이기 때문이다. 그리고 그들은 '다른 사실' 즉, 그들과 '상관 있는 사실'도 알고 있다. 그들은 그 거대한 다이아몬드가 사용 가치는커녕 "이 세상 돈의 값어치로" 바꿀 수 있는 교환 가치가 전혀 없다는 "사실"을, 그림 속의 떡이라는 "사실"을 잘 알고 있다. 아울러 그들은 그 다이아몬드를 지구로 들여오면 이 세상에 있는 모든 다이아몬드가 껌값이 된다는 "사실"뿐 아니라, 그 별을 지구로 들여올 수 없다는 "사실"도 똑같이 알고 있다.

어디 다이아몬드 별이 있다는 "사실"에만 그러한가? 우리가 몸담고 있는 이 우주가 그처럼 어마어마하게 크다는 "사실"에도 조금도 놀라지 않는다. 놀랄 필요가 없다. 어느 평론가의 말대로 하늘이 도는 게 아니라 지구가 돈다는 "사실"을 처음 알았다고 해서 갑자기 머리가 어지럽거나 걸음을 비틀거리지 않는 것처럼, 그것 역시 자기와 별 '상관 없는 사실'이기 때문이다. 자기 삶의 구역과 한계를 너무도 잘 알고 있는 까닭에, 그것이 사건의 지평선(호킹) 내에 들지언정 개인적 가치의 지평선으로는 떠오르지 못하리라는 "사실"을 사람들은 너무 잘 안다. 그래서 여전히 사랑에 목숨 걸고, 돈에 목숨 걸고, 전쟁에 목숨을 건다. 보다 멀리, 보다 높이, 보다 빠르게, 보다 강하게, 보다 아름답게, 보다 풍요롭게, 보다 많이……. 이 세계의 경쟁 시스템이 이 표어로 집약된다고 해도 과언이 아니다. 거기에다 그런 우리의 욕망을 펌프질하는 세계 자본주의의 늠름한 프로젝트도 지칠 줄 모르고 작동 중이다. 우주가 "상상을 초월"할 만큼 커도 말이다. 우리는 "사실"을 몰라서 속기도 하지만 "사실"을 알고도 속는다. "마음에 도둑을 숨"기고 있는 까닭이다.

이렇게 한 가지 "사실"이 '상관 있는 사실'과 '상관 없는 사실'로 갈라지고, 거기에 따라 전혀 다른 태도를 취하는 것은 무슨 이유 때문일까? 시인은 지름 1500킬로미터의 다이아몬드 별이 있다는 "사실"에서 이미 배가 불러 부자가 되었는데, 어째서 다른 사람들은 자기와 '상관 없는 사실'로 치부해서 여전히 허기지고 가난한 것일까? 시인은 그 "사실" 때문에 우주에 관한 그 어떤 이야기도 "정밀한 참말"이라고 믿는데, 사람들은 왜 말 그대로 "허풍"(허구)으로 여기고 마음의 도둑을 키우는 것일까?

근본적으로는 과학에 대한 태도 차이이다. 우리는 실제로 일어난 일, 또는 과학적으로 입증된 것을 '사실'이라고 믿는다. 과학은 이 세계의 보편 문법이기 때문이다. 그러므로 과학은 수학처럼 누구에게나 다 똑같이 적용되고 통한다. 그러나 실제는 그렇지 않다. 그것은 뉴튼 물리학, 즉 고전과학의 세계에서나 가능한 얘기다. 고전과학에서는 관찰 대상과 관찰자를 따로 떼어 생각(실재하는 물질은 인간의 의식과 독립적으로 존재한다는 생각)하니까 그게 가능한데, 소위 상대성이론에 토대를 둔 신과학, 전일적 과학에서는 그 둘을 분리해서 생각할 수가 없다. 이는 간단히 말해 물질의 근본입자인 쿼크Quark가 스페어나 트리플의 짝으로 되어 있다는 "사실," 아원자의 입자 측정에서 물체의 위치(공간)와 운동 속도(시간)를 동시에 고정시킬 방법이 없다는 "사실" 등에서 이미 입증된 것이다. 그것은 마음과 물질의 차이가 분명히 드러나지 않는다는 것을 의미한다. 우리가 한 편의 시를 읽을 때 독자에 따라 그 느낌과 의미가 달라지는 것과 같다. 그러니까 시인이 앞에서 "우주의 신비와 존재의 비의에 관한 한" 아무리 허풍을 떨어도 "그것이 도무지 허풍이 될 수가 없는" 이유가 바로 여기에 있는 것이다. 우리는 신비에 참여함으로써 신비를 깨닫는 것처럼participated mystery, 나와 우주가 하나라면 내가 그 어떤 허풍을 쳐도 그건 참이 되는 것이다.

전일적 과학에서 우주는 "상호 작용하는 하나의 대상"이 아니라 "상호 작용하는 하나의 의미"로 이해된다. 대상은 주체와 별개로 존재하지만, 의미는 주체가 참여함으로써 만들어진다. 하나의 대상인 "다이아몬드 별"이 다른 의미로 다가오는 것도 이 때문이다. 그렇게 의미는 관계 안에서, 맥락 안에서 형성되는 것이다. 어떤 "사실"이 나와 '상관 있는 사실'이라고 여기면 그것이 의미를 갖지만, 그 반대라면 어떤 의미도 있을 수 없다. 사람들은 신문에 난 과학적인 사실을 자기와 '상관 없는 사실'로 받아들였기 때문에 "마음의 도둑"에게 속아 넘어가지만, 시인은 모든 것을 '상관 있는 사실'로 받아들였기 때문에 황당한 신화를 엄밀한 과학과 같은 반열로, 아니 그보다 더 위로 끌어올릴 수 있었다.

  이것이 시인의 지혜이고 통찰이다. 위대한 수학자는 시인이라는 말이 있듯이, 위대한 시인은 과학자이다. 마음의 과학자. 아원자의 입자 측정에서 보는 것처럼 현재의 과학으로 측정 불가능한 것은 마음의 과학을 통해 포착되고 정립된다. 상호 대립적이고 모순된 양가의 통일, 반대의 일치는 마음의 과학에서 비로소 이루어지는 것이다. 이는 모든 것을 나누고 쪼개고 구분 지어 이해하려는 기존의 과학으로는 어림도 없는 일이다. 고전과학은 실험 조건을 엄격하게 통제해야만 입증 가능하다. 조건을 통제한다는 것은 곧 안과 밖을 나눈다는 것이다. 오래전부터 우주공동체란 말이 유행했지만 사람들이 이를 잘 실감하지 못하는 이유도 바로 이것/저것, 여기/저기, 나/너를 구분 짓는 낡은 과학의 틀에서 벗어나지 못했기 때문이다. 우주의 일과 지구의 일을 따로 떼어 생각하기 때문이다.

    허나 어느 쪽이건
    푹 빠져 황홀의 신음이 날 때쯤이면

서로 닮아 h인지 s인지 분간하기 어렵다.

(…중략…)

목숨의 방울을 숱하게 쏟아

둘을 하나로 모으려는 것이

나의 시지프적 과제다.

- 성찬경, 「두 유형」 부분

시인의 과제처럼 "둘을 하나로 모으"면 싸움이 생기지 않는다. 전쟁이 일어날 리 없다. 경쟁은 하되 다른 하나를 죽이지 않는다. 물질의 근본입자인 쿼크가 짝으로 되어 있는 것처럼, 광활한 우주도 서로 반대되고 모순된 것을 동시에 껴안고 있다. 그래서 우주는 시인의 "횡홀한 신음"처럼 황홀하다. 존재 그 자체가 모순의 동일이다. 그래서 "우주 만세 존재 만세"라고? 이들을 다 껴안을 줄 아는 마음의 과학자, 시인도 만세다!

모든 시인은 뛰어난 마음의 과학자들이다. 마음의 과학은 나이가 들수록 그 위력을 무섭게 발휘하는 듯하다. 그들은 감각 너머를 본다. 보르헤스도 죽음을 앞두고 시를 썼다고 읽었다. 단언컨대 위의 시편들은 자신에게 얼비치는 죽음의 그림자가 없다면 씌어지기 힘들었을 것이다. 죽음과 싸우는 것이 문자의 운명이다. 흔히들 시를 젊은 장르라고 한다. 젊거나 젊게 살아야 좋은 시가 나온다고 한다. 그것 역시 쓸데없는 마음의 경계들이다. 구분 짓기이다. 어르신들은 하늘땅에 의존하며 개인의 오랜 경험을 중시하던 농경시대에나 필요한 존재가 결코 아니다. '온생명' 개념을 주창했던 국내의 한 물리학자는, 인간은 이 우주의 영성靈性을 가꿔갈 책임이 있다고 했다. 누가 그 일을 더 잘해낼 수 있는지 우리는 이미 알고 있다.

여러분의 '그것'은 안녕하신가요?
- 안도현, 「가련한 그것」

가련한 그것

안도현

목욕탕에서 아들놈의 거뭇거뭇해진 사타구니를 슬쩍 보는 거
내심 궁금하고 흥미로우면서도
좀 슬픈 일이다

문득 내 머릿속에는
왜 이십 수년 전 아버지 숨 놓았을 때 염하는 사이 들여다본
형편없이 자줏빛으로 쪼그라든 그것이 떠올랐던 것일까

아무래도 아버지와 아들 사이에 엉거주춤 서 있는
나의 그것 때문일 텐데,
내 가능성과 한계를 동시에 머금고 있는
결국은 가련한 그것!(……킥킥)

김남주 10주기 행사 때 광주에서 강연하기로 약속해 놓고
　　　황석영 선생이 무단 펑크를 냈었다
　　　뒤풀이 자리에서 화가 난 김준태 시인이
　　　"석영이 형 좆도 아니여. 아, 그게 뭔 좆이당가. 개좆이여, 개좆!" 하면서
　　　소주잔을 넘치게 따르던 생각도 났다

　　　아들놈이 수건으로 급히 제 것을 가리며
　　　"아빠! 처음 봐요?" 하며 눈을 희번덕거린다
　　　물방울이 그 끝에서 뚝뚝 듣는 것을 나는 또 본다

　　　　　　　　　　　　　　　　　　　　－『문학사상』 2004년 9월호

시를 읽는 것만으로도 충분한데 일부러 설명하려면 곤혹스럽다. 설명하는 순간 원래의 그것은 날아가 버린다. 여기저기 허방만 짚고 다니는 꼴이다. 스스로의 그물에 갇혀 헤매고 있는 줄도 모르고 천진하게 재잘거린다. 나비는 이미 날아가 버렸는데……

키에르케고르가 헤겔더러, 궁전을 지어놓고도 바로 옆 비탈에서 살았다고 비아냥거렸던가. 머리의 더듬이는 무디고 무디다. 돈 들여서 추해진다. 궁전을 옆에 두고 움막을 짓는 꼴이라니……. 이성 중심주의의 한계가 여기에 있거니와, 필경 실패로 끝날 줄 뻔히 알면서도 꾸역꾸역 걸음을 내딛는 이유는 무엇일까? 우선은 시가 재밌기 때문이다. 그 재미가 나중에 나의 팔뚝을, 나의 머리

를, 나의 '그것'마저 내놓으라고 할지 모르지만 일단은 그 재미에 팔려 넘어간다. 자멸해도 좋다. 자멸파의 열정만큼 뜨거운 것도 드물지 않은가.

> 목욕탕에서 아들놈의 거뭇거뭇해진 사타구니를 슬쩍 보는 거
> 내심 궁금하고 흥미로우면서도
> 좀 슬픈 일이다

나의 걸음걸이 못지않게 시인의 눈길도 위험하다. 그러나 위험을 즐기지 않으면 무슨 재미? 함께 목욕탕으로 들어간다. 아버지와 아들이 목욕을 한다. 정겹고 부럽다. 내가 아는 어떤 사람(그는 딸 둘을 둔 속칭 '딸딸이 이뻐'였다)은 아들과 함께 목욕탕에 가서 서로 때를 밀어주는 게 소원이라고 말한 적이 있다. 그때는 그게 참 간절하고 그럴듯하게 들렸는데 나중에 알고 보니 상투적인 소원이었다. 그 소원은 이루어지지 못했다. 상투적이라서 그랬을 것이다. 저런, 아버지가 아들의 몸을 흘금거린다. 그래 "궁금하고 흥미로"울 테지. 왜 그럴까? 자기 아들이라서? 모르겠다. 이 분야의 대가에게 물어보자.

사자死者, 신생아, 생리 중인 여자, 산통 중인 여자도, 각자가 처해 있는 기가 막히는 상황 때문에 사람들의 욕구를 자극한다. 성적으로 성숙한 사내는, 그것이 지니는 향락의 약속 때문에 역시 자극성

의 대상이 된다.[14]

그렇군! "거뭇거뭇해진 사타구니"란 성적으로 성숙했다는 증거 아닌가. "그것"이 앞으로 맞이하게 될 향락의 세계란……. (아무래도 이 글에는 말줄임표를 자주 써야 할 것 같다. 모종의 억압이 행해지고 있기 때문인데, 독자들의 해량과 풍부한 상상력을 믿겠다.) 자극적이고말고! 이 말대로라면 아버지는 이제 아들이 향유하게 될 "그것"의 즐거움을 미리 내다보고 있는 셈이다. 한데, 왜 그걸 "슬쩍 보"아야 했을까? 나 역시도 왜 그것을 '위험한 눈길'이라 미리 규정했을까? 목욕탕에서 아버지가 아들의 사타구니를 보는 게 무슨 흉이라도 된단 말인가?

대가는 이렇게 말을 이어간다. "이런 이유에서 위에 예를 든 모든 사람과 그들이 처한 상태는, 거기에 대한 유혹이 저항의 대상이 되어야 한다는 의미에서 모두 터부인 셈이다." 그러니까 "자극성의 대상"이므로 유혹을 느끼게 되고, 그 유혹을 물리쳐야 하니까 "저항의 대상"이 되며, 저항의 대상이므로 터부시되는 것이란다. 그러고 보니 이런 말도 떠오른다. "금지하라, 그러면 욕망할 것이다."[15] 욕망하면 금지당하고, 금지당하면 욕망하는 이 순환의 아이러니……. 여기에 대한 대가의 긴긴 얘기는 그만 접어두자. 어쨌

---

[14] S. 프로이트(이윤기 역), 「토템과 타부」, 『종교의 기원』, 열린책들, 1997, 254쪽.
[15] 로저 샤툭(조한욱 역), 『금지된 지식』, 금호문화, 1997, 속표지.

거나 이를 다시 풀면, 아버지가 아들의 사타구니를 '슬쩍' 보는 것은 자신의 욕망에 대한 꿈틀거림과 그 꿈틀거림에 대한 저항 때문이라고 정리할 수 있다. 물론 그 저항은 억압(터부)의 작동에서 비롯된 것이다.

그렇다고 이 부분이 이렇게 간단히 정리될 수 있을까? 그렇지 않다. 시인은 전혀 다른 방법으로 대가의 논리를 비껴간다. 논리를 비껴가거나 넘어선 곳에 시적인 무엇이 있는 법이다. 처리될 수 없는 미묘한 슬픔을 들고 나온 것. 욕망의 자리에 슬픔을 놓고, 억압의 자리에 죽음을 놓았다. '욕망하는 기계', 그 너머를 뚫고 나갔다.

거기서 무엇을? 돌아가신 아버지의 그것, "형편없이 자줏빛으로 쪼그라든 그것"을 보았던 것이다. 욕망의 끝을 보게 된 것. 아들의 "사타구니"에서 "나의 그것"으로, 다시 아버지의 "그것"으로 옮겨 가는 동안 "내 가능성과 한계를 동시에" 본 것이다. 그것은 곧 욕망의 가능성과 한계였다. 그것은 곧 쾌락원칙을 넘어간 곳이 무엇인지를 미리 알려주는 것이다. 그것은 다시 말해 죽음 충동의 이후가 아닌가. 뜨겁고 위험했던 욕망의 사후는 "가련한 그것!"이었던 것.

여기까지는 사실 일반적인 코스이다. 재미는 그 다음에 벌어진다. 시인이, 조심스럽게, 괄호 속에서 "……킥킥!" 하고 웃은 것이다. 왜 웃었을까? 불현듯 또 다른 "가련한 그것"이 떠오는 까닭이다. "황석영 선생"의 "가련한 그것"이.

김남주 10주기 행사 때 광주에서 강연하기로 약속해 놓고
　　　황석영 선생이 무단 펑크를 냈었다
　　　뒤풀이 자리에서 화가 난 김준태 시인이
　　　"석영이 형 좆은 좆도 아니여. 아, 그게 뭔 좆이당가. 개좆이여, 개좆!" 하면서
　　　소주잔을 넘치게 따르던 생각도 났다

어쩌랴! 정말 가련하게 됐다. 아무 죄도 없는 그것이 졸지에 "개좆"(인용의 민망함이여!)으로 전락하고 말았다. "……킥킥!" 웃지 않을 수 없게 되었다. 정신분석학에서는 이런 걸 두고 아브젝트Abject라 한다. 주체의 내부를 들여다보게 하는 것, 예를 들어 소변, 피, 정액, 대변, 침 등은 주체와 분리되면 혐오스러워지고, 그리고 또 집요하게 주체를 공격한다. 우리는 똥이 우리 뱃속에 있을 때는 결코 더럽다고 생각하지 않다가 막상 밖으로 쏟아내면 진저리를 치며 더러워한다. 남성의 '그것' 역시 원래 우리와 한 몸이지만 '나쁜 일(?)'을 하게 되면 졸지에 "물건"이 되어버린다. 마치 내가 잘못한 것이 아니라 '그것'이 자기 혼자 일을 벌인 것처럼 객관적으로 대상화해 버린다. '그것'을 나의 의지와는 별개로 움직이는 또 다른 무엇으로 여기는 것이다. 그래서 아브젝트(비천한 것)다. 그래야 내가 면책을 받을 수 있기 때문이다. 희열은 내가 챙기고 죄는 '물건'에게 뒤집어씌운다. 이 시에서 김준태 시인이 황석영 선생을 대놓고 욕을 못하고 "석영이 형" '그것'을 물고 늘어지는 것은 바로 이

와 같은 맥락 때문이다. 사실은 그게 더 참혹하고 적나라한 것인데……. 어쩔 수 없이, 킥킥!

더 재미있는 사실이 있다. 시인 역시 같은 태도를 취하고 있다는 점이다. 아버지-나(시인)-아들의 관계에서 자신에게 밀려오는 어떤 쓸쓸한 슬픔을 "가련한 그것"에로 돌리며 능청을 떨고 있다. 자신은 조금도 늙지 않았는데 "나의 그것"만 가련하게 늙어가는 것인 양. 그러다가 아들에게 들켜 한 방 먹는다. 세상의 아버지들은 그렇게 아들들에게 자리를 내어준다. 아들들은 그 아들들에게 또 그렇게 자리를 내주리라.

사실 남자들은 늙으면 힘이 없다. 이웃 일본에서는 현업에서 은퇴한 후 황혼 이혼을 당하는 사람들이 많다고 한다. 어쩌면 우리도 곧 그리 될지 모른다. 곳곳에서 여성들의 약진을 일리는 소식이 들린다. 홍콩의 개업 변호사 수에서 여성이 남성을 압도하고 있다. 케임브리지 대학의 800년 역사상 여학생 수가 남학생을 앞질렀다. 초등학교 2학년인 철수는 어느 날 진지하게 "엄마! 내가 딸이 아니어서 후회한 적 없어?" 하고 묻는다. 생물학적으로도 여성은 임신, 출산, 수유, 수명 등에서 남성보다 훨씬 강하다. 동물의 세계에서도 수컷에 대한 선택은 암컷에게 있다. 한 생물학자는 "여성시대에는 남자가 화장을 한다"고 주장한다. 이제는 남녀 평등이 아니라 남녀 협동이란 말을 쓰자고도 한다. 얼마 지나지 않아 사회적으로도 "가련한 그것"의 시대가 될 것이다.

맨 처음 이 시를 읽고 가장 먼저 든 생각이 바로 이와 같은 상넘들이었다. 물론 과잉 해석이다. 그러나 나는 아무 잘못이 없다. 내 손가락이 그렇게 움직였을 뿐이다. 나쁜 '물건'이다. 참, 대가께서는 이렇게 말씀하신 적도 있다. "너의 입술이 침묵하면, 너의 손가락이 말할 것이다." "시여, 침을 뱉어라!"가 새삼스럽게 다가온다.

시라는 것은 이렇게, 우리도 모르는 사이에 우리가 감추고 있는 것들을 적나라하게 드러내는 법이다. 역시 '위험한 물건'이다. 여러분의 그것! 우리의 시는 얼마나 안녕하신지. "물방울이 그 끝에서 뚝뚝 듣는"지, 혹 형편없이 쪼그라들지는 않으셨는지…….

자멸파의 정념
- 이영광, 「동해 2」

동해 2

이영광

　물결이여 한때 불이었던 혼자 마음의 젊은 뜨거움을 참아 이제는 더욱 열렬한 물의 어머니가 된 여자여 나는 저 파도의 끝을 막아선 커튼, 물의 神殿으로 가겠다 물결이여 죽음보다 깊어질 일이로세 삶보다 더 무너질 일이로세

　울음보다 더 깊은 對策은 없다 사람보다 더 먼 것은 없다 온몸이 환각인 그대, 명태 잡이 불빛 한 척 띄워 놓고 갓 돋은 살 부비며 동해 전체가 운다 오징어 불가사리 흰 고래가 멀어간 빈 몸에 잎이 나고 해가 뜨고 천상의 음악 저 바람 흘러가는 곳, 온몸이 나의 그물인 그대

　어리석은 자! 어리석은 자!

생존을 자기의 중심에 놓지 못하는 자!
서서 죽으리라 그 무엇도
돌이키지 못하리라

아무것도 낳아 주지 않는 어머니
그저 영원히 사랑일 뿐인 그대
저 바다 잠 깨지 않는 어둠 어찌할 수 없느냐
나의 이 단순하고도 열렬한 마음으로 어찌할 수 없느냐

나는 저 파도의 끝을 막아선 절벽, 물의 神殿으로 가겠다 바다 한 끝 희게 트여 아침이기 바로 전, 먼 곳의 풍랑도 그예 돌아와 그대 포구에 안기거든 여자여, 거대한 손을 펼쳐 소금처럼 익사한 나를 건져 놓아라

－『현대시』2004년 10월호

우리 시가 어떤 임계점에 이른 것은 아닐까? 한 프랑스 문학자처럼 누군가 새천년 이후 한국 시단의 풍경을 두고 이런 진단을 내린다면, 나는 여기에 기꺼이 동의하고 싶다. 뚜렷한 증거가 있는 것은 아니다. 우연한 계기로 여러 달 월평을 쓰게 되면서 쏟아져 나오는 시들을 읽다 보니 저절로 그런 생각이 들었다. 시인의 자존심으로는 무척 속상하는 일이지만, '뭐 좀 새롭고 자극적인 거 없나'하고 두리번거리는 비평가의 처지에서 보면 어김없는 사실처

럼 여겨진다.

　새로운 세기에 접어든 이후 우리 시의 경향은 크게 세 갈래로 나뉘는 듯하다. 가장 두드러지는 특징은 관찰과 응시를 통한 발견의 시들이 넘친다는 것이다. 선시禪詩 풍이 대표적이다. 이는 주체가 외부 대상에 대한 관조와 투시를 통해 자아와 사물이 지닌 의외의 측면(도약)을 드러낸다는 점에서 긍정적인 면이 없진 않으나, 막상 이거다! 하고 외마디를 내지르게 만드는 경우는 참으로 드물다. 대부분 적당한 선에서 타협했거나 주저앉은 것들이다. 시가 지닌 본래의 비판적 내장력을 정교하게 다듬고 강화시켜 나가기보다는 선방禪房이나 명상 센터를 기웃거리며 젠Zen 스타일로 우아하게 폼 잡는 게 더 그럴듯해 보이기 때문일까? 그렇지는 않을 것이다. 비판적 능력이나 강도로 따지자면 시가 제아무리 용을 써도 인터넷을 포함한 언론 매체의 위력을 따라갈 수는 없다. 때문에 화살을 내부로 돌린 것은 충분히 이해가 되지만 과녁이 내부 깊숙한 곳, 그 바닥까지 닿아 있지는 않은 듯하다. 나름대로 도를 닦은 것 같기는 해도 왠지 '경계인의 포즈'에 불과하다는 혐의를 떨칠 수 없는 까닭이 거기에 있다. 그 분야의 고수들은 말한다. 몸으로 뚫고 나가지 않으면 말짱 도루묵이라고.

　그 다음 줄기는 이미지의 춤꾼들이 벌이는 현란한 몸짓이다. 딱히 뭐라고 정의 내리기 힘든 비정형의 몸짓이라는 점에서 새로운 시적 비전을 보여줄 가능성은 가장 크다고 할 수 있겠는데, 그럼에도 불구하고 마니아적인 탐닉적 경향, 정체불명의 다문화주의 태도, 이 세계의 통합적 이해에 대한 자포자기, 그로 인한 분열증적 징후, 안일한 자가 복제 등은 보다 냉철한 자기반성을 거쳐야 할 부분들이다. 물론 이들의 배후에는 더 이상 자기동일성의 확보가 불가능하다는 절망적인 세계 인식의 변화가 무겁게 드리워져 있지만, 이 부류의 시들이 간과하고 있는 중요한 사실 중의 하나는 해체주의에 이론적 근거를 제공했던 엔트로피의 법칙이나 결정 불가능성의 원리 등의 물리학적 성과는 생명 현상의 외부 세계에만 적용된다는 점이다. 엔트로피(에너지 흐름의 무질서 정도)가 증대하는 에너지계 전체와는 반대로, 모든 생명 현상에는 오히려 엔트로피가 감소하는 자기 조직화의 원리가 작동하고 있다. 이는 사실 물리학자들도 신기해한다. 엔트로피가 감소한다는 것은 에너지가 들어왔다 나가는 열린 구조의 개방계라는 것을 의미하고, 이는 다시 그 어떤 생명체든 외부 세계와 접촉해야만 자기 생명을 유지할 수 있다는 것을 말한다. 이를 시작詩作 태도에 연결시켜 보면 문제가 한층 자명해진다. 어쩌면 우리는 다시 과거의 유기체 시론을 들여다보아야 할지도 모른다.

마지막 하나는 자연 서정에 대한 퇴행성 짙은 고집이다. 요약하면 자연과 문명의 대결에서 그래도 인간이 돌아갈 곳은 자연이며, 자연과 조화로운 삶, 더 나아가 자연에 가까운 삶이 아니냐는 것인데, 이 점 역시 새로운 성찰을 요구하는 지점에 서 있다. 하나의 문명사적 사건으로서 전세계 도시 행정가들의 벤치마킹 대상이 된 청계천 복원의 경우처럼, 과학과 합리, 효율을 등에 업고 자연을 배제하거나 지배해온 문명이, 스스로의 한계를 인정하고 자신의 심장 한복판에 자연을 끌어들이는 전략을 취하고 있는 마당에 (이는 거의 모든 아파트 광고에서도 매우 극명하게 드러난다), 시인들은 과연 무엇을 해야 하는지 차분하게 되물어야 하지 않을까? 그것이 비록 이미지로서의 자연, 가짜의 자연, 부분의 자연이라 하더라도 자연과 문명에 대한 세계 인식의 풍향계가 바뀌고 있는 것은 분명한 사실이다. 도시시와 생태시는 물론, 복고적 전통과 생활로의 회귀가 얼마나 안일한 태도가 될 수 있는지 진지하게 고민해보아야 하는 시점인 것이다. 시가 곧 삶이 되었을 때, 우리는 시를 힘껏 던져버려야 한다. 그것이 시를 살리는 길이기 때문이다.

서두가 많이 길어졌다. 그럴 수밖에 없었다. 내게 이영광의 「동해 2」가 남다르게 다가온 것은, 일차적으로 이와 같은 맥락에서였다. 우리 시가 놓인 상황이 이럴진대, 자살의 포즈야말로 가장 솔직한 몸짓이라는 생각. 임계점에선 도약 아니면 침몰이다. 둘 중 하나를 선택할 수밖에 없다. 이영광 시인은 후자를 택했다. 왜? 여기에는 들으면 싱거워질(?) 만큼 개인적인 사연도 스며 있는 듯싶다. 글이 좀 무거워졌으므로 우선 그것부터 짚고 넘어가자.

그의 첫 시집 『직선 위에서 떨다』(창비, 2003)에는 이 작품의 모태가 된 것으로 보이는 「동해」가 실려 있다.

내 여자는 동해 푸른 물과 산다
탁류와 해초들이 간간이 모여

이룩하는 근해의 평화를 꿈꾸지 않는다
저녁마다 아름다운 생식기를 씻어 몸에 담고
한층 어렵게 밝아오는 먼 수평까지 헤엄쳐 나가
아침이면 내 여자는 새 바다를 낳는다
살을 덜어 나의 아들을 낳는다
내가 이 세상의 홀몸 이기지 못해
천리 먼 길 절뚝여 찾아가면
철책 너머 투명한 슬픔의 알몸을 흐느끼며
문득 캄캄한 밤바다 되어 말 못하게 한다
다시는 여기 살러 오지 말라 한다

— 「동해」 전문

  바다와 여성성의 낯익은 짝짓기는 따로 설명할 필요가 없을 것이다. 그러나 그의 사적인 삶의 일부를 조금이나마 알고 있는 나로서는 그렇게 낯익은 상징으로만 읽히지 않는다. "근해의 평화를 꿈꾸지 않는다"는 구절에서 암시 받을 수 있는 것처럼, 그의 아내가 태평양을 건너 멀리 멕시코에 가 있다는 사실 때문이다. 그는 문득문득 아내가 그리웠을 것이다. 그러다가 사무치면 동해로 달려갔으리라. "천리 먼 길 절뚝여 찾아가"서, 동해 그 아득한 수평선 너머에 있는 "내 여자"를 출렁이는 "푸른 물" 위로 소리쳐 불러냈으리라. 아무도 없는 부재의 자리에 허깨비를 불러세우는 것, 그것이 예술의 특권 아니던가.

어쨌거나 이런 사실을 듣고 「동해 2」를 대하면 그 맛이 참 묘하게 다가온다. 그의 아내가 여전히 돌아오지 않았다는 사실의 확인이 아니라, 아내와 바다와 여자와 어머니가 물결처럼 겹겹의 무늬를 이루면서 시인을 침몰시키고 있는 것이다. 그만큼 시인의 심정적 사태가 한층 가파르게 치닫고 있다는 뜻일 것이다.

울음보다 더 깊은 對策은 없다 사람보다 더 먼 것은 없다 온몸이 환각인 그대, 명태 잡이 불빛 한 척 띄워 놓고 갓 돋은 살 부비며 동해 전체가 운다 오징어 불가사리 흰 고래가 멀어간 빈 몸에 잎이 나고 해가 뜨고 천상의 음악 저 바람 흘러가는 곳, 온몸이 나의 그물인 그대

- 「동해 2」 부분

이 부분을 옮겨놓고 한참을 멍하니 앉아 있었다. 일정 시간이 지나 모니터의 화면보호 프로그램이 자동으로 작동되어 바닷속에서 헤엄치는 열대어를 보여주어도, 나의 불완전한 언어 역시 그렇게 침몰한 채 떠다니고 있을 거라 여겼다. 정일근의 시구처럼 산이라도 날려버릴 것 같은 그리움도 바다로 흘러가 섬을 만든다 했는데(「유배지에서 보낸 정약용의 편지」), 그 섬 같은 "명태 잡이 불빛" 하나 달랑 띄워놓고 "동해 전체가 운다"니……. 그렇지, "울음보다 더 깊은 대책은 없다"고 했지. 그 울음 속에 "여자"는 있었던가 없었던가…….

그리움이 임계에 달하고, 슬픔이 임계에 차오르며, 삶이 임계에 부딪혔을 때 우리는 어떻게 하는가? 아니 그보다, 사랑이 오로지 "환각"으로만 남았을 때, 더구나 그것이 "나의 그물"이 되어 나를 휘감고 돌 때……. 도약 아니면 침몰의 자리는 바로 여기일 것이다.

> 나는 저 파도의 끝을 막아선 절벽, 물의 神殿으로 가겠다 바다 한 끝 희게 트여 아침이기 바로 전, 먼 곳의 풍랑도 그예 돌아와 그대 포구에 안기거든 여자여, 거대한 손을 펼쳐 소금처럼 익사한 나를 건져 놓아라
>
> ―「동해 2」부분

시인은 "물의 신전"으로 걸어 들어간다. 그곳은 기다림의 "절벽", 그리움의 "절벽", 슬픔의 "절벽", 오직 환각으로만 남은 사랑의 "절벽", 내 생의 "절벽", 가고 싶었으나 살아서는 갈 수 없었던 그 미궁의 "절벽"……. 그래서 '그대'와 '나'를 갈라놓는 장애물로서의 "바다"가, 자궁이자 무덤인 신화적 의미로 되살아나는 곳이다.

여기에 이르면 독자가 시인의 사적인 정보를 알았건 몰랐건 아무 상관이 없다. 이 작품을 긍정적 여성성과 부정적 여성성을 동시에 껴안고 있는 위대한 모성성에 대한 투쟁과 투항의 제스처로 읽어도 좋겠고, 어머니-아들의 행복한 이자관계의 퇴행적 징후로 읽어도 좋겠으며, 한 낭만적 주체의 자기 파괴적 나르시시즘으로

읽어도 전혀 문제될 것이 없다. 맹목의 사랑이라면 더더욱 아름다울 것이다. 독법의 틀이야 만들기 나름 아닌가.

정작 우리가 문제 삼아야 할 것은 이성으로는 도저히 통어할 수 없고 꾹 눌러 관조할 수 없는 감정, 어쩔 수 없는 정념의 처리 방식이다. 그것은 수학적 계산과 과학적 합리가 처리해줄 수 없는 부분이다. 예술은, 시는, 그것을 승화시키고 가라앉히고 보듬어준다. 어떤 임계점에 이르렀을 때 수학과 과학의 논리는 결코 도약하거나 침몰할 수 없다. 우리는 그것을 논리적 비약이라 불러 인정치 아니한다. 일찍이 『계몽의 변증법』의 저자들이 간파했던바, 수학과 과학의 논리로 구축된 이성의 '체계' 속으로 끝내 편입될 수 없는 것들, 그래서 신화의 자리에 남는 것들이야말로, 거꾸로 이성을 계몽시키는 것이다. "과학적 의식을 향해 자신의 한계를 시인하라고 하는 가장 강렬한 경고"[16]가 되는 법이다. 정서적 도약과 침몰은 우리에게 바로 그러한 예술적 경험을 제공함으로써 그 존재 의의와 가치를 지닌다. 도약이 불가능하다면 이 시인처럼 차라리 온몸을 던져 침몰하고 말자. 시퍼런 바다가 "청무우 밭"인 줄 알고 겁 없이 내려가는 나비가 되자. 자멸파의 정념, 그 맹목의 정념이야말로 가장 강력한 타자일 것이다. 우린 너무 약고 눈 밝다.

---

[16] 한스-게오르크 가다머(이길우 외 역), 『진리와 방법』, 문학동네, 2000, 21쪽.

다만 그냥 놀자는 것뿐인데

– 이수명, 「시작법詩作法」

시작법詩作法

이수명

아무도 없는 곳에서

짐승의 가죽을 벗긴다.

짐승의 울음 소리를 들으며

짐승의 가죽을 벗긴다.

가죽에 새겨진 문신을 읽으며

문신 속으로 들어가

짐승의 가죽을 벗긴다.

종잇장보다 얇은 투명한

짐승의 가죽을 벗긴다.

짐승도 모르게

짐승의 가죽을 벗긴다.

짐승이 눈을 뜬다.
짐승에게 짐승의 가죽을 입힌다.

— 『현대시학』, 2004년 7월호

이수명의 시는 대체로 어렵다. 무슨 말인지 감조차 잡기 어려운 시들이 수두룩하다. 나는 어렵고 난해한 시에 대해 양가적인 태도를 갖고 있다. 통합적 감각 혹은 감각 너머의 직관이나 통찰을 요구하기보다 머리로 몇 번 궁굴려야 비로소 이해되는 시는 왠지 시의 본령에서 벗어나 있다는 고지식한 생각이 그 한쪽이다. 이 세계의 숨은 진리나 그림자가 그렇게 풀 수 없는 수수께끼처럼 겹으로 꼬여 있는 것이라면 차라리 모르고 말겠다는 게 내 솔직한 심정인 것이다.

그럼에도 불구하고 이해되지 않는 시도 많은데, 그건 어쩔 수 없다. 모든 시들이 당장의 이해를 요구하는 건 아니기 때문이며, 심지어 어떤 시는 독자와의 소통 자체를 거부하기 위해 씌어지기도 하는 까닭이다. 다른 한편, 어려운 시는 좋아하지 않아도 그토록 어렵게 시를 쓰는 그 정신, 정신의 구조에는 까닭 모를 매력을 느낀다. 어딘지 모르게 균형을 잃고 대칭이 깨진 채 있거나 뻥 뚫려 있으리란 막연한 기대를 포기할 수 없는 것이다.

그렇다면 이수명의 시는 어느 쪽일까. 위 두 가지 모두에 해당된다고 생각된다. 그의 시는, 언어를 넘어 곧장 정신으로 향하게 만드는 묘한 매력을 지니고 있는 것이다. 그런 매력에 끌려 그의 정신을 더듬을라치면, 없다! 철저하게 감춰져 있다. 물론 아무리 잘 감췄다 해도 지크프리트의 바늘 자국은 남는 법이며 체계에 의해 억압된 부분이 드러나게 마련인데, 그의 시는 거기서도 예외인 듯 저만치 뒤로 나앉아 있다. 이럴 때, 애초의 관심은 더욱 궁금해지고 커지는 법이지만, 난 포기가 빠른 편이어서 그러면 됐다, 하고 그냥 넘어간다. 대신, 은근히 기대했던 무의식의 심연 대신, 이 세계에 대한 그만의 독특한 비판과, 프랙탈식 발상이나 연쇄 이미지를 차용해 여기저기 시적 장치를 만들어놓은 데서 오는 쿡! 하는 웃음을 얻어가는 것으로 만족한다. 대체로 나는 내게 맞는 시를 잘 읽자는 편을 선호하기 때문이다.

그런데 이번에 만난 「시작법」은 그가 시를 왜 그렇게 쓰는가에 대한 비밀 한 가지를 알려주고 있어서 흥미로웠다. 제목 그대로 그의 작시법을 말하고 있는 것이어서 단박에 눈에 띄었으며, 여느 시들과 달리 어렵지도 않았다. 사실 그의 시가 어렵고 난해하다 했지만 전부 다 그런 것은 아니다. 특히 최근 들어 이수명의 시는 스스로의 결박을 풀고 타자와의 소통 쪽으로 많이 기울어진 것처럼 보인다. 비교적 근자에 나온 『고양이 비디오를 보는 고양이』, 『언제나 너무 많은 비들』에서 그런 징후는 한결 뚜렷하게 드러난다. 그것은 무엇보다 자신의 상상 세계를 들여다볼 수 있는 외부의 시선을 자기 내부로 끌어들였기 때문이 아닐까. 다시 말해 대상을 바라보는 응시가 주체의 분열을 가져올 수밖에 없다면, 이 분열된 주체를 바라보는 내면의 눈을 하나 더 가졌다는 뜻이 아니겠는가.

> 아무도 없는 곳에서
> 짐승의 가죽을 벗긴다
> 짐승의 울음 소리를 들으며
> 짐승의 가죽을 벗긴다

시를 쓰는 것이 "짐승의 가죽을 벗기"는 행위로 비유되었다. 그런데 그 행위가 벌어지는 장소는 "아무도 없는 곳"이다. 시를 혼자 쓴다는 사실쯤은 누구나 알고 있다. 집단 창작이 아니라면 말이다. 그런데 이처럼 명백한 사실을 첫 행에서 굳이 진술하는 까닭은 무엇일까? 자기 응시가 일어나고 있기 때문이며 그것이 곧 자의식으로 이동하기 때문이 아닐까. 그러니까 이때의 자기 응시는 곧 타자로서의 분열된 자아를 의식하는 것인 동시에, 그것을 다시 단독자로서의 시인으로 재통합시킨다. 어디서? "아무도 없는 곳에서." 그러니까 다시, 여기서 가죽이 벗겨지고 있는 "짐승"은 곧 자아의 또 다른 모습이다. 내가 나의 가죽을 벗기는 행위, 그것이 곧 시 쓰기라고 시인은 주장하고 있는 것이다. 그래서 "짐승의 울음 소리"는 곧 자신의 가죽을 벗기는 데 따른 자기 내부의 고통스런 울음소리로 들린다.

흥미로운 점은 또 다른 나의 모습이 왜 하필이면 "짐승"으로 표상되고 있느냐는 것이다. '짐승'은 말 그대로 수성獸性, 길들여지지 않은 야성, 근원적 생명 에너지, 정신의 역동성, 비정형의 무의식과 감성적 자질들, 언표될 수 없는 욕망 모두를 포괄하고 있다. 그리하여 "짐승의 가죽을 벗기"는 행위는, 어떤 식으로든 억압되어 있는 그것들을 해방시키는 행위로 그 의미를 부여받는다.

> 가죽에 새겨진 문신을 읽으며
> 문신 속으로 들어가
> 짐승의 가죽을 벗긴다.

이수명이 즐겨 사용하는 프랙탈 발상이 그대로 드러난 대목이다. 프랙탈이란 쉽게 말해 부분이 전체의 구조를 지니고 있다는 것인데, 여기서 "문신"은 전체로서의 "가죽"에 부분으로 속해 있으면서, 다시 "가죽"을 포함하고 있는 전체로 뒤바뀌고 있다. 가령,

> 하나의 공 뒤에는
> 수백만 개의 공이 있다.
> 우리는 공을 던진다.
> 우리는 우리의 실내를 부순다.
>
> 공에서 손이 나와
> 공을 허공에 세운다.
>
> ― 「실내」 부분

에서처럼 "하나의 공"과 "수백만 개의 공"의 관계, 또 외부이면서 내부인 "공"과 "손"의 관계, "우리"와 "실내"의 관계도 바로 그러하다. 이러한 발상은 분열된 주체를 상기시키기도 하지만, 보다 중요한 것은 프랙탈 구조가 지닌 자기 유사성과 순환적 반복을 통해 자기 완결성으로 되돌아감으로써, 결과적으로는 "가죽"이 주는 억압과 감금의 이미지를 강화시킨다는 점이다. 그때 "문신"은 앞에서 열거한 대로 억압되고 감금된 것들이 밖으로 새어나온 "울음 소리"와 동일한 맥락의 표징이다. 정신분석학이 말해주는바, 무의식 중에 억압된 것들은 꿈이나 농담, 말실수 기타 상징적 언어로 드러나는데, 이 작품의 "문신" 역시 그것과 등가의 자리에 놓이는 언어적 자질이다. 화자가 "문신"을 '본다'고 하지 않고 '읽는다'고 한 것이 바로 그 증좌이다. 그런 측면에서 이수명의 시적 전략은 미메시스의 욕망보다 카타르시스에 무게중심을 두고 있는 셈이다. 이는 "언어는 해방되려는 것이 아니라, 그저 유희하는 것"(위 시집 뒤표지 글)이라는 시인 자신의 언명과도 일치한다.

 카타르시스의 관점에서 보자면 시적 언어는 기존의 상징체계가 결여되어 있다는 것을 전제로 발생한다. 무지개의 사례를 들어보자. '무지개는 일곱 가지 색'이라는 기존의 상징(언어)체계가 있다. 시인이 볼 때 이는 허술하기 짝이 없다. 왜냐하면 실제의 무지개는 빛의 스펙트럼이므로 수많은 색깔을 지니고 있기 때문이다. 이름을 얻지 못한 나머지 색깔들은 기존의 상징체계 아래로 억압된다. 시인은 억압된 실재계의 사실 혹은 진리를 알고 있는 자이다. 그래서 실제의 무지개는 일곱 가지 색이 아니라고 항변한다. 그 과정에서 기존의 상징체계로는 실재계의 진실을 보여줄 수 없기 때문에 시인은 독특하고 특수한 언어를 사용하여 그것을 드러내고, 바로 거기서 시인의 창조성을 인정받는다. 시적 언어의 향락, 미적 쾌감(카타르시스)은 이렇게 기존의 상징체계를 위반함으로써 이루어진다. 그런데 여기서 참으로 기이한 사태가 벌어진다.

짐승이 눈을 뜬다.
짐승에게 짐승의 가죽을 입힌다.

섬뜩하고 전율스럽다. "짐승도 모르게" "종잇장보다 얇"고 "투명한" 가죽을 조심조심 벗기고 있는데 갑자기 짐승이 눈을 뜨다니. 잠자고 있던 자기 안의 심연이 두 눈을 부릅뜨고 자기를 바라보는 형국 아닌가! 자기의 심연과 마주치는 이 섬뜩함, 두려움……. 화자는 화들짝 놀라 "짐승의 가죽을" 도로 "입힌다." 1연에서 "짐승도 모르게/짐승의 가죽을 벗"겨야 하는 것도 바로 그런 두려움을 벗어나기 위함이었다. 그것이 작법作法의 조건이었다. 법이란 곧 '아버지의 이름.' 아버지의 이름 아래 억압된 "짐승"을 드러내는 것에는 또 하나의 법이 놓여 있었던 셈. 그러니까 시인은 지금 이중의 법체계를 통과해야 하는 운명에 처해 있다. 왜 그런가? 두 가지 해석이 가능할 것 같다.

첫째, 검열의 작동. "짐승"으로 표상된 자기 욕망의 정체가 드러나서는 안 된다는 것. 이는 무의식적인 왜곡이고 감춤이다. 꿈-작업의 과정이 그대로 시-작업에 적용되는 것인데, 그러나 이것으로는 설명이 충분하지 못하다. "짐승" 스스로 또 다른 가죽을 뒤집어쓰고 나타나는 까닭에 굳이 가죽을 다시 입힐 필요가 없는 것이다. 꿈-작업의 1, 2차 왜곡은 결코 의도적인 것이 아니다.

둘째, 고도의 시적 전략. 이때는 의도적이고 적극적인 감춤이다. 말하자면 3차 왜곡이다. "짐승도 모르게" "짐승의 가죽을 벗기"는 것은 시에서 말하고자 하는 바가 드러나서는 안 된다는 뜻으로 읽힌다. 짐승이 눈을 뜨자마자 황급히 가죽을 되입히는 것도 그 때문이다.

그렇다고 둘째 이유만이 적절한 것은 아니다. 이수명의 시가 일견 난해한 것으로 드러나는 것은 이 두 가지가 동시에 작동하기 때문일 것이다. 자기 안에 도사리고 있는 "짐승"스런 욕망의 돌연한 출현도 허용할 수 없지만, 말하고자 하는 바를 생경스럽게 드러내어 시의 긴장을 무너뜨리는 것도 용납하기 힘든 것이다. 그렇게 되면 시인이 의도했던 '언어적 유희'는 반감된다. 가죽을 벗겨 드러난 것을 또다시 감추는 시적 전략은 바로 이러한 의도에서 비롯된 것이리라. 앞엣것은 무의식적이나 뒤엣것은 의식적이다.

그럼에도 불구하고 이러한 전략은 그 자체로 모순적이다. 이미 자기 안에 "짐승"이 웅크리고 있음을 의식하면서 그것을 일부러 외면하는 꼴이다. 자기 안의 "짐승"을 해방시키기 위해 "가죽"을 벗겨내지만 정작 "짐승"에는 가 닿지 못한다. 시인의 의도대로라면

"짐승"은 끝까지 자기 가죽이 벗겨졌다는 사실을 몰라야 한다. 이 상한 일이다. 그래서 다시 한 번 시인의 말을 들어보면 우리는 지금까지의 설명이 약간 어긋났음을 알 수 있다.

> 언어 이전이나 언어 이후를 생각하는 것은 의미가 없다. 언어 너머에, 언어 밖에 무엇이 있다고 생각하지 않는다. 흔히 생각하듯이, 시는 언어를 통해 언어로부터 해방되는 것이 아니다. 언어로부터 해방된 어떤 직접적이고 자연적인 세계, 즉물적인 대상의 세계로 나아가는 것이 아니다. 오히려 언어를 통해 대상과의 거리를, 대상에 이를 수 없음을, 대상이 흩어지고 부서져 있어서 언어로 건질 수 없음을 인식하게 하는 것이 시다.
>
> – 『고양이 비디오를 보는 고양이』 뒤표지 글

시인은 언어를 통해 대상을 해방시키려 하지 않는다. 그것은 애초에 불가능하다고 한다. 그러므로 "가죽" 속에 감금되고 억압된 "짐승"을 해방시키는 것은 시인의 관심사가 아닌 것이다. 오직 "짐승의 가죽을 벗기"는 행위 그 자체에 몰두하고 그것을 즐길 뿐이다. 하지만 위 진술 역시 모순이다. 시인은 "언어 너머에, 언어 밖에" 아무것도 없다고 했다. 그럼에도 불구하고 "언어를 통해 대상과의 거리를, 대상에 이를 수 없음을, 대상이 흩어지고 부서져 있어서 언어로 건질 수 없음을 인식하게 하는 것"이 시라고 분명히 말하고 있다. 앞뒤가 맞지 않는다. 여기서 "대상"은 대체 무엇인가?

최근 인지과학자들은 언어 이전의 사고가 충분히 가능하다는 것을 속속 입증하고 있다. 스티븐 핀커는 인간이 모국어를 선택하기 이전의 언어, 즉 정신어mentalese를 갖고 있다고 주장한다. 생후 5일 된 아기들의 수數에 대한 반응, 버빗 원숭이의 친족 관념, 창조적인 사람들의 이미지 중심의 사고 등이 그 예들이다. 데이비드 맥닐 역시 통사적 사고와 심상적 사고를 예로 들면서 인간은 심상적 사고를 통해 전체적이고 통합적이며 자연스런 의사소통 체계를 갖는다고 말한다.

불교에서 말하는 이심전심, 염화미소 등도 언어 너머의 것들을 지칭한다. 그것은 불립문자, 언어로 감지할 수 없고 전할 수도 없다. 이안비설신의(耳識, 眼識, 鼻識, 舌識, 身識, 意識)의 육식을 넘어서거나 그것들의 통각을 동원해야만 접근 가능한 것이나. 그것은 지금까지 우리의 논의대로라면 "짐승"이나 "대상"에 해당될 것이다. 「시작법」에서 시인은 자신의 의도와 달리 자기도 모르게 이미 언어 너머의 "대상"을 끌어들였다고 하겠는데, 아니 오히려 그럼으로써 그 나름의 시적 성취를 이루었다고 하겠는데, 그것은 시적 언어가 시인의 정신에 포착된 그 "대상"을 중심으로 빙빙 돌고 있었기 때문에 가능했다고 볼 수 있다.

이렇게 보면 위 시인의 말 중에서 뒷부분의 구절은 그대로 들어맞는다. "언어를 통해" "대상에 이를 수 없"다는 것. 그래서 대상에 닿을 수 없을 바에야 언어적 유희를 실천하겠다는 것이 그의 전략이다.

그럼에도 불구하고 이수명의 시는 단지 언어적 유희에만 머무는 것은 아니다. 거기에는 놀랍도록 통렬한 풍자가 있는가 하면, 이 세계와 단절되고 소외된 우리의 우울한 그림자도 음습하게 깔려 있다. 그것은 물론 우연적인 성취가 아니다. 이 세계에 대해, 자기 내면에 대해, 맹렬한 응시가 있었기에 가능했을 것이다. 다시 말해, 시인은 단순하게 시적 언어를 통해 그냥 놀자는 것뿐인데, 신기하게도 그 언어 유희에 이 세계의 어떤 진실이 묻어 나오는 것이다.

한때 우리 문단에 도무지 종잡을 수 없는 시들이 쏟아진 적이 있다. 그 기세가 좀 누그러지긴 했지만 여전히 그런 시들이 지배적이다. 그들의 전략은 한결같다. "이미지를 즐겨라!" 그런데도 실상은 즐겁지가 않다. 조악하고 생경한 이미지의 조합 앞에서 우리 시의 미래를 우울하게 점칠 뿐이다. 소비의 시대에 걸맞게, 이제는 시인들도 소비의 잔재미에 빠져 시를 소비하고 있다는 인상마저 든다. 더구나 그런 작품들을 두고 미적 현대성까지 운운하는 형편이다. 모든 놀이에는 그 나름의 목적이 있다. 심지어 어린아이들도 놀이를 통해 낯섦과 불안을 정복하고 세상의 룰을 익힌다. 데리다의 해체가 최종적으로 가 닿았던 자리는 타자와의 만남이었다.

시적 언어는 우리가 이 세계를 파악하고 이해하는 데 과학적 언어가 수행할 수 없는 것들을 보완해준다. 이성적 사고와 논리를 강화시키는 것이 아니라, 그것으로는 도저히 수행할 수 없는 감성의 영역들을 정형화하고 질서화한다. 분절된 육식으로는 감지 불가능한 것들을 시인의 직관과 통찰, 통각의 지혜를 통해 포착하고 담지해낸다. 그리하여 우리는 언어의 한계 때문에 끝내 그곳에 이르지 못할지라도, 설령 그곳이 텅 비어 있다 하더라도, 그곳을 맴돌 수밖에 없다. 그렇게 끝없이 맴돌면서 "짐승"이 저 혼자 눈을 뜨거나 "대상"이 저절로 현현되기를 바라는 것은 결코 과도한 욕심이 아닐 것이다. 눈뜬 짐승이야말로 나의 진면목, 이 세계의 진면목 아닌가.

인생은 사무치는 모순
- 서상영, 「꽃범벅」

꽃범벅

서상영

꽃 베던 아해가 키 높은 목련꽃 예닐곱 장 갖다가 민들레꽃 제비꽃 하얀 냉이꽃 한 바구니 모아다가 물촉촉 묻혀서 울긋불긋 비벼서 꽃범벅, 둑에서 앓고 있는 白牛한테 내미니 독한 꽃내 눈 따가워 고개를 젖고

그 맛 좋은 칡순 때깔나는 안들미 물오른 참쑥 키크다란 미나리를 덩겅덩겅 뜯어서 파란꽃떡 만들어서 쏘옥쏘옥 내미니

소가 히이~ 우서서 받아먹어서 한 시루 두 시루 잘도 받아먹어서

아하, 햇살은 혓바닥이 무뎌질 만큼 따스웁더라

아해는 신기해서 눈물나게 슬퍼서 하도 하늘 보며 초록웃음 웃

고파서 붉게 피는 소가 못내 안타까워서 속털도 빗겨주고 눈도 닦아주고 얼굴만 하염없이 쓰다듬고 싶어서 깔끌한 혓바닥이 간지러워서
 꽃과 같이 하르르 소에게 먹였더라

 이 봄에 꽃들이 너무도 쓸쓸해지면
 곁불 쬐러 나온 나비가 겁먹은 왈츠를 춘다

 소는 제 안만 디려다보고 아릿아릿 아려서 시냇같이 줄줄 눈물만 흘려서 발굽 차고 꼬릴 들어 홀 홀 치달려서 철쭉송화 우거진 산에 숨어서는 다시 돌아오지 않는데 아하, 앞산에 봄이 오자 꽃부텀 진다

-『현대시』, 2004년 12월호

 소백산 양백정사에 봉철 스님을 뵈러 간 적이 있다. 젊을 적에 스님한테 계를 받고 스님에 관한 책도 두 권 펴낸 지인이 자주 들르는 곳이라 어쩌다 동행하게 되었던 것이다. 작고 퇴락한 절에는 스님과 공양주 단둘이서 삐뚜름한 그 절의 기울기를 다 받아내고 있었다. 그 때문인지 스님은 늙고 병들어 거동이 불편했고 공양주는 퉁명스럽기 그지없었다. 봉철 스님은 그 일대에서 '욕쟁이 스님'으로 유명했다. 영주의 택시 기사도 스님을 잘 알고 있었다. 지인은 스님의 욕이 세속과 거리를 유지하기 위한 하나의 방편이라

고 했다. 그 스님의 법문 중에 내 가슴을 치게 만든 구절이 있다. "인생은 사무치는 모순이다." 직접 들은 게 아니고 지인을 통해 건너 들었는데도 무언가 깊은 울림이 느껴졌다. 욕쟁이 스님의 입에서 그런 말이 나오다니! 그 또한 모순일세, 하면서도 인생의 비밀 한 가지를 알았다는 듯 무릎을 쳤다. 서상영의 시 「꽃범벅」 역시 그런 사무치는 모순 속에 들어찬 삶의 한 부분을 보여주는 것 같다.

이 시는 한 소년에 얽힌 이야기다. 그런데 그 이야기가 범상치 않다. 한 아이가 병든 소를 살리기 위해 꽃과 함께 자기 몸을 소에게 바쳤다는 것인데, 어찌 보면 좀 황당하기도 하고, 또 어찌 보면 무언가 깊고 심각한 사연이 숨어 있는 것 같기도 하다.

꽃 베던 아해가 키 높은 목련꽃 예닐곱 장 갖다가 민들레꽃 제비꽃 하얀 냉이꽃 한 바구니 모아다가 물촉촉 묻혀서 울긋불긋 비벼서 꽃범벅, 둑에서 앓고 있는 白牛한테 내미니 독한 꽃내 눈 따가워 고개를 젖고

그 맛 좋은 칡순 때깔나는 안들미 물오른 참쑥 키크다란 미나리를 덩정덩정 뜯어서 파란꽃떡 만들어서 쏘옥쏘옥 내미니

소가 히이~ 우서서 받아먹어서 한 시루 두 시루 잘도 받아먹어서

우리의 옛 노래 「헌화가」를 연상케 하는 이 작품은, 제목의 「꽃

범벅」처럼 시어들도 서로 뒤섞인 채 범벅되어 있는 듯하다. 그래서 읽는 묘미가 각별하다. "갓다가", "모아다가", "묻혀서", "비벼서", "뜯어서" 등의 통사적 의미 연쇄는 물론, "물촉촉", "덩경덩경", "쏘옥쏘옥", "우서서" 등 부사어의 참신한 활용도 돋보인다. 게다가 시어의 감각적 자질을 동원하는 솜씨 또한 만만찮다. "울긋불긋"의 시각에서 "물촉촉"의 촉각으로, 다시 "독한 꽃내"의 후각으로, 이어 "히이~"의 청각과 "우서서 받아먹어서"의 미각으로 이동하는가 하면, "초록웃음"처럼 시각과 청각이 함께 "범벅"되기도 하면서 우리의 오감 전부를 끌어들이고 있는데, 그렇게 오감을 모두 열어놓은 독자는 영문도 모른 채 이런저런 꽃과 풀에 뒤엉겨 자신의 감각마저 덩달아 범벅되고 있다는 느낌을 강하게 받는다.

그러니 시인의 통사적, 수사직 전략에 휩쓸려 넘어가선 안 된다. 그래서는 이야기의 맥락, 우리의 소를 잃어버리기 십상이다. 전체적으로 보아 이야기시에 해당되므로, 시의 재미는 일단 뒤로 밀어놓고 이야기만 따라가 보자. 흰 소白牛가 아픈 모양이다. 왜 아픈지는 모르겠다. "아해"는 꽃을 따다가 범벅을 만들어 소에게 주지만 소는 "독한 꽃내" 때문에 먹지 않는다. 그래서 소가 좋아할 만한 칡순이나 안들미, 참쑥, 미나리를 섞어 "파란꽃떡"을 만들어 주니 소가 잘 받아먹는다는 것이다. 아이는 아픈 소를 위해 자연 식이요법을 처방했으되, 독한 약을 달게 만들어 먹인 셈이다. 그 뒤에 이어지는 "아하"의 감탄사는 아마도 '이젠 됐다, 소는 다시 살아날 테니 안심이다'의 뜻이 담겨 있는 듯하다. 햇살이 따스하게 느껴진 것도 그 때문이리라.

이야기가 재밌어지는 건 그 다음이다.

 아해는 신기해서 눈물나게 슬퍼서 하도 하늘 보며 초록웃음 웃고파서 붉게 피는 소가 못내 안타까워서 속털도 빗겨주고 눈도 닦아주고 얼굴만 하염없이 쓰다듬고 싶어서 깔끌한 혓바닥이 간지러워서

 꽃과 같이 하르르 소에게 먹혔더라

꽃떡으로도 모자라 아이 스스로 "꽃과 같이 하르르 소에게 먹"히고 말았다. 이 시의 핵은 바로 여기에 놓여 있을 것이다. 농경시대 이후로 소는 풍요의 상징으로서 신에게 바치는 제물이었다. 아뢴다는 뜻의 한자 '告'자는 소牛를 신의 입口에다 바친다는 의미이다. 그런데 여기서는 소가 인간을 위해 희생되는 게 아니라, 인간이 소를 위해 꽃떡을 바치고 급기야는 자기 몸까지 공희供犧로 내놓았다. "한 시루 두 시루"는 그 행위가 일종의 제의적 성격을 띠고 있음을 강하게 암시한다. 그래서 당황스럽다. 희생 제의의 성격이 완전히 뒤바뀌었기 때문이다. 희생양이 지니고 있는 사회 전체의 폭력 구조에 메스를 들이댔던 지라르가 떠오르는 것도 이 대목이다. 그러면 이 현상을 어떻게 바라보았을까?

 이야기 그대로를 따라 소박하게 보자면, 사랑을 위한 희생이라고 말할 수 있을 것이다. 예수가 인간의 죄를 구원하기 위해 홀

로 십자가에 매달린 것처럼 말이다. "한 사람의 범죄로 인하여 많은 사람이 정죄에 이른 것같이, 의義의 한 행동으로 말미암아 많은 사람이 의롭다 하심을 받아 생명에 이르렀느니라." 로마서의 한 구절이다. 사실 아이의 희생은, 예수의 큰 사랑에는 못 미치더라도 앓아누운 흰 소를 살려내기 위한 사랑의 실천임에는 분명해 보인다.

그러나 그렇게 보고 넘어가기엔 왠지 석연찮은 점이 있다. 전체적으로 상징이 너무 무겁고 까닭 모를 슬픔도 깊이 깔려 있기 때문이다. 아이도 그렇고 흰 소도 그렇다. 불교의 십우도에 비춰보아도 딱히 떠오르는 그림이 없다. 참마음의 상징인 소를 찾아서 종래에는 소도 잊고 나도 잊는다는 것인데, 그렇다면 참자아眞我를 되찾기 위해 나를 버린다는 뜻인가? 단단한 금강으로 본래 없는 나를 내리친 것인가? 분명하지 않다. 아니면 사랑하는 대상과 한 몸이 되고 싶다는 토템적 욕망? 혹은 다소 엉뚱하지만 희생의 심리 밑변에 깔려 있다는 마조히즘 성향? 역시 알 수 없다. 시인이 그 점을 의식했을 리 만무하다. 시의 분위기와 전혀 어울리지 않기 때문이다.

최초의 연상으로 다시 돌아가보자. 그것은 신라의 「헌화가」였다. 『삼국유사』에 의하면 「헌화가」는 자색과 용모가 빼어난 수로부인이 절벽 끝에 핀 붉은 철쭉을 탐내자 암소를 끌고 지나가던 노인이 꽃을 꺾어 바치면서 불렀다는 노래이다.

> 자줏빛 바위 끝에
> 잡고 있는 암소를 놓게 하시고
> 나를 아니 부끄러워하시면
> 꽃을 꺾어 바치오리다.

이를 두고 해석이 구구하지만 이 자리에서 일일이 상론할 수는 없다. 말하고 싶은 것은 서상영의 「꽃범벅」이 바로 이 「헌화가」를 이어받고 있음이 분명해 보인다는 점이다. 「헌화가」에서 노인은 수로부인에게 꽃을 꺾어 바쳤지만, 「꽃범벅」에서 아이는 병든 흰 소에게 꽃떡을 만들어 바친다. 산화공덕의 주체가 "노인"에서 "아해"로 바뀌었고, 그 대상이 "수로부인"에서 "흰 소"로 달라졌을 뿐이다. 그러나 노인과 아이는 기실 동일한 인격체이다. 늙으면 아이가 된다는 세간의 말도 있거니와, 노자도 성인은 어린아이와 같다고 했다. 「헌화가」의 노인은 평범한 늙은이가 아니라 현자에 해당될 것이다. 수로부인의 수행원들은 철쭉꽃이 핀 자리가 사람이 발붙일 곳이 못 된다 했는데 노인이 꽃을 꺾었다는 것은 그가 신통한 능력을 가졌음을 의미한다. 또 신화적으로든 꿈 상징에서든 현자는 노인으로 표상된다.

이렇게 볼 때 철쭉꽃 역시도 단순한 꽃이 아닐 가능성이 높다. 수로부인이 꽃을 갖고자 함은, 겉으로는 자신의 아름다움을 완성시키기 위한 것이지만, 심층에서는 노인과 같은 신통력을 전수받기 위한 것으로 보인다. 그때 꽃은 지혜 또는 신묘한 능력을 발휘하는 심혼의 상(만다라)을 의미한다. 그래서 꽃은 정신성의 영역에 놓이게 된다. 반전反戰의 상징인 "머리에 꽃을!"도 그렇거니와, 크리스마스트리 꼭대기에 별을 매다는 이유 역시 나무의 육체에다 정신성을 부여하기 위함이다. 별은 곧 빛이다. 정신은 빛으로 오는데, 식물에서 빛을 받아 가장 화려하게 드러나는 부분이 바로 꽃이다. 그러니까 꽃은 식물의 정신성이 만개한 모양인 것이다.

수로부인의 행적 역시 흥미롭다. 용에게 잡혀 가서 용궁을 다녀온 얘기는 무의식의 힘에 사로잡혔다는, 즉 빙의의 상태에 빠져들었다는 것을 의미한다. 용은 두려운 어머니Terrible Mother의 영역으로서 인간의 의식을 무의식으로 끌어내리는 정신적 중력을 뜻한다. 용궁은 자신의 심연 속에 들어 있는 아키타입(원형)이다. 삼국유사에 나오는 사소부인도 심산수행을 떠나는 깃으로 나오는데 이것 역시 자신의 신통력을 강화시키기 위한 것이다. 이는 요즘도 무당들이 자신의 무력巫力를 돕고자 깊은 산과 절에서 며칠씩 치성을 드리는 행위로 그대로 이어지고 있다. 「헌화가」에 대한 수많은 해석 중 무가巫歌로 불렸으리라는 주장에 고개를 끄덕이는 것도 이와 같은 맥락 때문이다.

「헌화가」의 상징체계가 이렇게 정리될 수 있다면 그 맥을 잇고 있는 「꽃범벅」 역시도 비슷한 상징성을 지니고 있다고 추측할 수 있다. 시인은 수로부인 대신 노인이 놓아버린 "암소"를 선택했다. 전통의 계승과 변용이라 할 것이다. 이쯤이면 흰 소가 왜 앓아누웠는지 알 듯도 하다. 노인, 지혜, 정신을 잃었기 때문이다. 그래서 아이가 꽃떡을 만들고 자기 몸까지 바치는 것은 결핍된 정신성을 회복시키기 위한 행위로 읽힌다. 분석심리학에서 아이는 우리가 성장하면서 잃어버린 인격의 전체성을 다 가진 존재로 이해된다. 노자와 불교의 견해 역시 같은 맥을 잇고 있다. 그렇다면 이 시에서 '아이'로 상징되는 정신성은 우리가 잃어버린 유년의 전체성이라고 할 수 있다.

그러나 이렇게 말하면 우리는 이 시의 절반밖에 이해하지 못하게 된다. 이 시에는 우리가 반드시 지나가야 할 어떤 슬픔의 문이 있다. 아이가 "파란꽃떡"을 소에게 주자 소가 잘도 받아먹는데 그 장면을 보고 아이는 "신기해서 눈물나게 슬퍼"한다. 이는 이치적으로 선뜻 이해되지 않는다. 그것은 분명 슬퍼해야 할 일이 아니고 오히려 기뻐해야 할 일이 아닌가. 그러고 보면 이 시에는 슬픔이 미리 내장돼 있다는 느낌이 짙다. 아이를 먹은 소 역시도 "줄줄 눈물만 흘리"지 않는가. 물론 뒤의 슬픔은 뚜렷한 이유가 있지만 앞의 슬픔은 근원을 알 수 없다. 따라서 우리는 이 시의 이야기를 다음과 같이 재구성하지 않으면 안 된다.

산골 마을에 한 아이가 아파서 죽었다. 때는 온갖 꽃들이 피어나는 봄. 그 꽃들은 결국 아이의 죽음을 받아먹고 피어난 것인바, 결국 만물이 소생하는 봄은 아이의 죽음을 딛고 다시 돌아온다는 것. 그렇다면 여기서 '백우'는 소년이 묻힌 언덕이나 산기슭의 물활론적 발상이 아닐 것인가. 이는 결국 죽음을 딛고 진행되는 모든 생명의 역설이 아닌가. 유년의 전체성을 죽여가면서 어른으로 성장하는 것처럼, 인생은 그렇게 사무치는 모순 속에서 점점이 이어가는 것 아닌가.

쓸쓸한 자기애의 늪

- 하정임, 「즐거운 골목」

즐거운 골목

하정임

골목은 좁구요 가로등은 방안까지 비추고
밤마다 눈알이 환해져서 할머니는 백내장에 걸렸어요
아침에 뜬다는 둥근 해도 이리 좀 가까이 뜨면 안 되나요
저 높은 아파트 유리창만 맨날 빛나게 닦아대지 말구요
햇빛을 보지 못해 노란 얼굴의 언니, 검은 머리 찰랑이며,
자는 사람들 다 깨우고 오네요
자존심은 구두굽 소리에서 나오는지
또각또각 고딕체가 칠판에 쓴 학습목표처럼 정확해요
아이들은 학교가 끝나면 학원에 가고
언니는 가로등이 켜지면 학원에 가고
학원에서 만나 잠실놀이를 해요
언니는 누에처럼 입에서 실을 뽑아내고 아이들은 고치 속에 돌

돌 말려요

저 아이들은 저렇게 해서라도 날개를 가지고 싶은 걸까요
간혹 날개를 편 아이들은 날개에 $\sqrt{}$가 적혀져 있군요
루트루트루트 앵무새처럼 날아가네요

골목은 좁구요 밤에는 왜 변소 냄새가 더 날까요
냄새는 약간 고소하기도 한데
구더기가 팝콘처럼 살이 오르기 때문일 거예요
변소에 가니 옆집 곰보 아저씨가 즐거운 자위 중이에요
방은 하나구요, 가족에게 고백할 일이 못되니 힘들겠어요
아니, 주인아주머니, 그럼 변소라도 여러 개 지어주세요
팝콘 같은 구너기들 사이로 아서씨의 야한 그녀
부풀어오르다가 펑 터져버렸어요
변소는 약간 고소한 냄새를 풍기는데
알고 보니 아저씨의 그녀가 알밤처럼 구워진 거였군요
마려운 사랑은 변소에서 라고 낙서를 했어요

골목은 옷장 속처럼 비좁구요
그래도 편지는 옆집과 우리 집을 헷갈리지 않고 잘 도착하네요
옷장 속에서 할머니처럼 눈을 희번덕이며 편지를 읽어요
편지는 인사 같은 건가 봐요 바뀌지가 않아요

할머니한텐 개눈을 선물하고 싶어요

주정뱅이 우리 엄마한텐 죽은 아빠를 줄래요

죽은 아빠가 돌아오면 엄마는 내게 젓가락을 집어던지지 않고

치약처럼 하얀 동생을 줄 거예요

그 때는 $\sqrt{경제}$ 속에 갇힌 언니도 제금을 시키고 나와 자유연애를 할까요

종종 골목의 입구에서 휘파람을 불던 젊은 아저씨한테

나는 용돈을 타낼 수도 있겠군요

즐거운 골목, 용돈을 모아 개눈을 살 거예요

나프탈렌과 좀벌레가 전쟁을 벌이는 옷장

훅, 나프탈렌 냄새 가득한 폐포 열고 편지봉투를 불면

박음질된 주소가 영영 변하지 않을까 걱정이에요

우체부 아저씨는 오늘도 같은 시간에 와요

편지를 보내는 건 내가 할 수 있는 사랑이구요

— 『현대시』 2004년 11월호

    우리가 어떤 노래의 멜로디를 계속 흥얼거리는 것은 일종의 뇌 질환과 연관되어 있다는 뇌생리학계의 보고가 있다. 음악이 뇌의 특정 부위를 자극한다는 사실은 오래전부터 연구되어왔고, 그래서 음악 치료가 가능하다는 것도 널리 알려진 바이지만, 이 보고는 조금 흥미로운 데가 있다. 어떤 노래의 가사나 멜로디가 우리의 뇌리를 떠나지 않고 입가에 맴도는 이유는 그것이 뇌 소양증

(가려움증) 인자를 지니고 있기 때문이란다. 뇌의 특정 부분이 가렵기 때문에 노래를 계속 되풀이함으로써 가려움을 해소한다는 것이다.

어떤 것을 되풀이한다는 것, 반복한다는 것은 대체로 상처의 치유나 불안의 극복, 더 나아가 죽음 충동(향락)과 관련이 깊다. 프로이트가 한 살 반 된 아이의 실패 꾸러미 놀이를 유심히 관찰한 뒤에 결론 내린 것이 반복이 주는 심리적 방어기제의 작동이었다. 익히 알다시피 'Fort-Da 게임'으로 이름 붙인 이 놀이는, 어린아이가 실패를 침대 밑으로 떨어뜨렸다가 다시 되감는 놀이를 반복함으로써 어머니의 부재가 주는 고통과 불안을 극복해 나간다는 것이다. 실패를 침대 밖으로 던져서 보이지 않으면 '오오-'(Fort: 없다)라고 소리치면서 어머니의 부재를, 다시 끌어올려 눈앞에 나타나면 '아아-'(Da: 있다)라고 말하면서 어머니의 현전을 되풀이한다는 게 프로이트의 주장이다. 자의적 해석의 가능성에도 불구하고 놀이의 반복이 주는 심리적 이익에 대해서는 별다른 토를 달 필요는 없을 것 같다. 무의식적인 멜로디의 흥얼거림 역시 그러했으니….

하정임의 「즐거운 골목」에서 눈여겨볼 대목도 실감 있게 제시된 가난한 삶의 구멍 난 풍경이 아니라 바로 이 반복의 모티프이다. 그러나 무엇이 반복되고 있는가? 형식적으로는 "골목은 좁구요"라는 진술이 세 번 되풀이되고 있을 뿐 별다른 특징은 없다. 역설적인 제목에 걸맞게 해요체의 어투로 수다를 떨듯 가볍게 이야기를 이어나가는데, 그 밑변에 드리워진 그림자는 어둡고 칙칙하다. "할머니는 백내장에 걸렸"고, 아버지를 잃은 어머니는 "주정뱅이"이며, 언니는 학원 강사를 하면서 가족의 생계를 꾸려나간다. 곰보 아저씨는 변소에서 자위를 하고, 나는 "골목의 입구에서 휘파람만 불던 젊은 아저씨한테" "용돈을 타낼" 궁리를 한다.

그러고 보니 반복되는 무엇이 있긴 하다. 우선 핍진하게 제시된 비루한 일상들이 반복되고, "루트" 속에 갇힌 가족의 경제가 반복되고, "나"의 편지 쓰기와 편지 읽기가 반복된다. 우리의 관심을 끄는 것은 맨 마지막 항목이다. "나"는 거의 매일 편지를 쓰고, 거의 매일 편지를 읽는다. 골목처럼 비좁은 옷장 속에서 자신이 스스로에게 쓴 편지를 읽는 것이다. 발신인과 수신인이 동일한 편지 쓰기와 읽기가 거의 매일 반복된다. 흥미로운 대목이 아닐 수 없다.

> 골목은 옷장 속처럼 비좁구요
> 그래도 편지는 옆집과 우리 집을 헷갈리지 않고 잘 도착하네요
> 옷장 속에서 할머니처럼 눈을 희번덕이며 편지를 읽어요
> 편지는 인사 같은 건가 봐요 바뀌지가 않아요
>
> (…중략…)
>
> 나프탈렌과 좀벌레가 전쟁을 벌이는 옷장

훅, 나프탈렌 냄새 가득한 폐포 열고 편지봉투를 불면
박음질된 주소가 영영 변하지 않을까 걱정이에요
우체부 아저씨는 오늘도 같은 시간에 와요
편지를 보내는 건 내가 할 수 있는 사랑이구요

일견 이렇게 생각할 수도 있겠다. 자기 자신에게 편지를 쓰고, 그것을 남의 눈에 띄지 않게 옷장 속에서 읽으며 외로움을 견디는 것이라고. 하지만 그렇게 단정하기에는 석연찮은 점이 있다. 매일 쓰는 편지의 내용이 늘상 하는 인사처럼 "바뀌지가 않"는다는 점이다. 똑같은 내용을 쓰고 읽으며 외로움을 견딜 수는 없는 노릇이다. 여기에는 좀 더 다른 국면이 숨어 있는 것 같다. 같은 내용의 편지를 거의 매일 쓰고 보내고 받아서 읽는 행위는 반복이라도 그 정도가 심하다고 할 수 있다. 소위 자동화된 반복이다. 이는 화자의 행위가 내면 깊숙이 똬리를 틀고 있는 콤플렉스와 강하게 연동되어 있다는 것을 의미하는데 그 정체가 무엇인지 궁금해진다.

그것을 들여다보는 것에 대한 저항이 의외로 만만찮다는 사실을 알고 있다. 시의 이해에 썩 필요한 일도 아니거니와 그다지 큰 의미도 없다는 게 마뜩찮은 표정의 표면적인 이유이다. 나의 생각은 다르다. 주지하다시피 시는 이 세계와 인간을 이해하는 독특한 앎知의 한 방식이다. 한 개인의 콤플렉스를 들여다본다는 것은 그의 내면을 조금 더 잘 알게 된다는 것이고, 그럼으로써 그 사람의 독특한 표상 체계를 더 잘 이해할 수 있다. 그리고 그것은 곧 시의 이해, 인간의 이해, 세계의 이해로 이어진다. 오히려 문제는 한 개인의 콤플렉스는 여간해서 잘 파악되지 않는다는 사실에 있는데, 그렇더라도 그것을 알려는 노력이 폄하될 이유는 조금도 없다.

다시 우리의 이야기로 돌아가서 "나"는 왜 거의 매일 같은 편지를 써서 부치고 "우체부 아저씨"로부터 배달해준 편지를 받아 옷장 속에 숨어서 읽는 일을 되풀이하는 것일까? 아, 의도적인 배치였긴 하지만 "우체부 아저씨"라는 새로운 정보가 추가되었다. 이 점을 조금 주의 깊게 지켜보기로 하자. 그 전에 우선, 옷장 속으로 들어가 "나"에게 배달된 편지부터 뜯어 읽자.

> 할머니한텐 개눈을 선물하고 싶어요
> 주정뱅이 우리 엄마한텐 죽은 아빠를 줄래요
> 죽은 아빠가 돌아오면 엄마는 내게 젓가락을 집어던지지 않고
> 치약처럼 하얀 동생을 줄 거예요
> 그 때는 $\sqrt{경제}$ 속에 갇힌 언니도 제곱을 시키고 나와 자유연애를 할까요
> 종종 골목의 입구에서 휘파람을 불던 젊은 아저씨한테
> 나는 용돈을 타낼 수도 있겠군요
> 즐거운 골목, 용돈을 모아 개눈을 살 거예요

몇 살인지는 모르겠지만 참 맹랑한 아이다. 당혹스럽기도 하다. "골목의 입구에서 휘파람만 불던 젊은 아저씨한테" "용돈을 타낼

수도 있겠"다는 기대가 복잡한 생각을 불러일으키는 까닭이다. 휘파람의 대상이 "주정뱅이 우리 엄마"인지 "언니"인지 "나"인지 알 수 없게 처리되었다. 맥락상 "언니"일 가능성이 높긴 하지만 꼭 그렇다고 볼 수는 없다. "나" 역시 깊숙이 개입되어 있다. "젊은 아저씨"와 "언니" 사이의 메신저 역할이다. 어쨌거나 "용돈"을 타내는 행위로 해서 그것이 '은밀한 거래' 혹은 '불온한 거래'라는 것을 짐작하기는 어렵지 않다.

"나"의 소망은 엄마에게 아빠를 되돌려주고 "박음질된 주소"에서 벗어나는 것, 답답하고 비좁은 골목에서 탈출하는 것이다. 그러나 엄마에게 죽은 아빠를 돌려줄 수 없고, 그러면 "치약처럼 하얀 동생"도 받을 수 없으며, 언니 역시 루트로 둘러싸인 가족의 생계 문제에서 빠져나올 수 없다. 가능한 일은 휘파람을 부는 젊은 아저씨한테 용돈을 타내서 할머니의 "개눈"을 사는 것인데, 그것의 조건은 어떻게든 '불온한 거래'를 계속해야 된다는 것이다. 그런 거래를 하지 않고 편지에 적힌 소망을 다 이룰 수 있는 것은 단 하나뿐이다. "죽은 아빠"를 되살려내는 길이다. 죽은 아버지를 되살려놓기, 이것이 매일 편지를 쓰고 부치고 다시 받고 읽는 행위와 어떤 관련이 있지 않을까?

현재의 가계도는 '할머니 어머니 언니 나'로 모두 여성이다. 부계나 남성 쪽이 완전히 무너져 있다. 대신 등장하는 남성 인물들은 변소에서 자위를 즐기는 "곰보 아저씨"와, 골목에서 휘파람을 부는 "젊은 아저씨", 그리고 같은 시간에 편지를 배달해주는 "우체부 아저씨"가 전부이다. 앞의 두 인물이 무언가 결핍된 존재인 데비해 "우체부 아저씨"는 그런 흔적이 보이지 않는다. 어쩌면 이 맹랑한 아이 "나"는 무의식중에 "우체부 아저씨"를 "죽은 아빠"의 자리에 놓고 있는지도 모른다. "곰보 아저씨"와 "젊은 아저씨"는 아버지 되기에 무언가 부족한 존재이기 때문이다.

이제 조금 윤곽이 잡힌다. 화자인 내가 박음질된 주소에 같은 내용의 편지를 계속해서 쓰고 보내는 것은 아버지 같은 "우체부 아저씨"를 매일 만나고 싶다는 은밀한 욕망이자, 그 욕망을 실현하기 위한 갸륵한 전략이 아니었을까. 이것이 억측이 아님을 우리는 다음과 같은 사실들에서 확인할 수 있다. "오늘도 같은 시간"은 일정한 법칙이나 체계를 갖고 있다는 것이고, 그것은 결국 법, 질서, 도덕, 상징체계 등을 아우르는 '아버지의 이름'Name of the father으로 연결된다. 또 "편지를 보내는 건 내가 할 수 있는 사랑"이라는 구절 역시 그러한 추측에 신뢰를 더한다. 쓰는 것도 아니고 읽는 것도 아닌 "편지를 보내는" 행위를 강조하고 있다는 점도 우리의 눈길을 끌기에 충분하다.

여기까지 이르면 「즐거운 골목」이라는 제목도 결코 가벼운 역설이 아니게 된다. "곰보 아저씨"가 "즐거운 자위"를 하는 것처럼 화자인 "나" 역시도 편지 쓰기와 부치기, 읽기라는 즐거운 자위에 빠져 있는 것이다. 무력한 화자가 할 수 있는 일, 그것만이 아버지의 부재와 가난의 풍경을 견딜 수 있는 심리적 보상을 가져다주기 때문이다. 그래서 2연의 결미 "마려운 사랑은 변소에서"라는 낙서는 결국 스스로에 대한 자기 위안의 진술로 읽힌다.

반복은 주체가 자신의 상처를 무의식적으로 드러내고 치유해 가는 주요한 방식이다. 그런 측면에서 하정임의 「즐거운 골목」을 재미있게 읽었다. 그것은 결코 '즐거운 읽기'는 아니었으되 그렇다고 고통스럽지도 않았다. 문제는 이 쓸쓸한 자기애의 늪을 어떻게 건너느냐는 것이다. 그것은 아무도 알 수 없다. 어쩌면 시인 자신도 모르고 있을 터이다. 그렇다고 조바심을 낼 필요는 없다. 행복하게 말해서 그것이 시인의 시인됨을 증거하는 것일지도 모르므로.

3;
나쁜 남자 VS '나쁜 소년'

뻐끔뻐끔 항문으로 말하는 사람들
-황병승,『여장남자 시코쿠』

2000년대에 활동한 시인 중에서 가장 주목할 만한 이를 꼽으라면 황병승일 것이다. 아마도 많은 이들이 이 견해에 쉽게 동의하리라 생각한다. 그만큼 그의 시가 몰고 온 파장이 컸기 때문이다. 대체 무엇이 있기에 그의 시를 주목하게 되는가?

황병승의 시는 우선 재미있다. 뭔 시 모르시만 재미있다. 뭐가 뭔지 모르게 뒤죽박죽 엉망진창인데도 기묘한 재미가 있다. 그의 시의 문법은 낯선 듯한데 어찌 보면 어디선 본 듯한 익숙함도 있다. 두려운 낯섦이 있는 것이다. 그만큼 콕 집어 말할 수 없는 어려움도 있다. 그래서, 감성은 즐겁고 이성은 곤혹스럽다. 다시 그래서, 좋아할 사람은 무지 좋아하지만, 싫어할 사람은 "뭐 이런 게 다 있어!" 하며 멀리 집어던지기 딱 좋다. 여장남자가 다가와 "저랑 춤추실래요?" 하며 희고 부드러운 손을 내밀었을 때처럼.

하지만 이성을 곤혹스럽게 뒤흔드는 것이야말로 시적 언어가 지닌 가장 본질적인 기능이자 임무 아닌가. 없는 색깔을 만들어 내기, 그리하여 팔레트의 칸막이를 다시 짜기. 말을 조금 바꾸면,

과학적 이성으로 하여금 자기의 한계를 고백케 하고, 그럼으로써 기존의 상징체계를 재편하는 것. 그러니까 여장남자가 다가와 춤추자고 했을 때, 정중히 거절하거나 아무것도 모르고 즐기기만 한다면 미적인 의미 실천은 전혀 이루어지지 않는다. 언표된 '여성' 뒤에 감춰진 '남성'을 알았을 때 의미 있는 사건이 일어나는 것이며, 그때 비로소 상대방은 물론 실내의 풍경 전체가 전혀 다르게 보이기 시작하는 것이다. 새롭고 난감한 상황이 펼쳐진 셈.

1. 여장남자 혹은 남성의 몸에 갇힌 레즈비언

이러한 사정은 시집을 통독한 다음에도 여실하게 드러나지만 하나의 작품 내에서도 마찬가지다. 독자는 기존의 서정시들이 보여주는 이미지의 통일이나 조화, 일관된 흐름보다는 그 반대의 상황들에 훨씬 더 자주 부딪히게 된다. 자극적인 표제작부터 보자.

도마뱀은 쓴다
찢고 또 쓴다

(악수하고 싶은데 그댈 만지고 싶은데 내 손은 숲 속에 있어)

(…중략…)

쓴다 꼬리 잘린 도마뱀은

찢고 또 쓴다

(…중략…)

열두 살, 그때 이미 나는 남성을 찢고 나온 위대한 여성
미래를 점치기 위해 쥐의 습성을 지닌 또래의 사내아이들에게
날마다 보내던 연애편지들

(다시 꼬리가 자라고 그대의 머리칼을 만질 수 있을 때까지 나는 약속하지 않으련다 진실을 말하려고 할수록 나의 거짓은 점점 더 강렬해지고)

- 「여장남자 시코쿠」 부분

   시코쿠는 누굴까. 시적 언술을 그대로 따르면 열두 살에 자신의 "남성을 찢고 나온 위대한 여성" 트랜스젠더다. 그런데 여자가 되고 싶은 시코쿠가 악수를 하고 싶단다. 악수는 일반적으로 남성의 인사법이다. 그렇다면 남성-여성의 관계가 아니라 남성-남성의 관계로 만나고 싶다는 것인가? 알 수 없다. 일반적인 인사법을 벗어나 적극적으로 악수를 청하는 여성들도 많으니까.
   남자에서 여자로 몸을 바꾼 '시코쿠'는 작품 속에서 '도마뱀'으로 다시 한 번 몸을 바꾼다. 몸을 바꿀 뿐만 아니라 몸 자체도 분리된다. 시코쿠의 손은 숲 속에 있다. 도마뱀의 꼬리 역시 잘린 채

이다. '시코쿠-도마뱀'은 은유적 관계지만 '시코쿠-손', '도마뱀-꼬리'는 환유적 관계다. 은유의 축과 환유의 축이 서로 교차되어 하나의 문장에 들어 있는 셈이다. 이는 일견 시를 복잡하게 만들기도 하지만 전체의 그림을 그리기에는 큰 무리가 없다. 여장남자 시코쿠가 "꼬리 잘린 도마뱀"으로 변신한 것은, 열두 살에 이미 거세된 남성성의 상징으로 쉽게 이해되기 때문이다. 이해할 수 없는 것은 그 다음, "다시 꼬리가 자라고" 숲 속에 있는 손을 되찾아 "그대의 머리칼을 만지"는 부분이다. 온전한 여성이 되고 싶다면 거세된 상태로 있어야 하는데 오히려 그 반대이다. 역시 왜 그런지 알 수 없다.

도마뱀이 쓰는 것은 그대에게 보낼 연애편지. 그러나 편지는 계속 찢어진다. "진실을 말하려고 할수록" "거짓은 점점 더 강렬해지"기 때문이다. 이상한 것은 편지를 받아보는 이가 '그대'가 아니고 시코쿠의 손과 도마뱀의 꼬리라는 점이다. 그대에게 쓴 편지가 결국엔 나에게로 되돌아온, 자기 귀환의 형식이다. 그렇다면 애초에 그대는 없었단 말인가? 이 또한 알 수 없다.

아마 문제는 이것일 것이다. 진실을 말하였으나 거짓인 것, 찢었지만 여전히 남아 있는 것, 잘라버렸지만 다시 자라는 것…… 편지, 팰루스, 꼬리, 그리고 남자 이름("어찌하여 그대는 아직도 나의 이름을 의심하는가"). 이것들은 모두 끊임없이 외부를 향해 감춰져 있었으나('여장') 여전히 내부에 남아('남자') 자기를 괴롭히는 남성성의 상징들이다. 외부를 향해 더욱더 강렬하게 거짓을 말해야 하는 이유도 이 때문이다. "시코쿠"라는 이름으로 호명당한 주체는 여성으로 살고 싶지만, 자기 안의 진실이 그것을 놓아주지 않는다. 그래서 이미 거세되었으므로 이성애자도, 그러나 계속 자라나는 도마뱀의 꼬리 같은 '진실' 때문에 동성애자도 될 수 없는 시코쿠는, 비유적으로 말해 양쪽 모두로부터 거절당한, 남성의 몸에 갇힌 레즈비언이거나 여성의 몸에 갇힌 게이 같은 존재라고 볼 수 있다.

2. 거세된 남성의 복원 욕망

자연히, 완전한 여성이 되고 싶다는 시코쿠의 욕망은 완전히 사라지지 않고 계속 남게 되는데, 그의 무의식은 전혀 엉뚱한 곳으로 그를 안내한다.

> 말할 때 코를 만지는 자는 자기 세계에 갇혀 있는 자요 무릎을 긁는 자는 익살꾼이며
> 상대의 얼굴을 꿰뚫는 자는 초월한 자이다, 라고
> 꿈속의 소년이 말했다
>
> 새 이름을 지어주러 왔니
> 코를 만지며 내가 물었다
>
> 대답 대신 소년이 건네는 한 장의 사진.

시코쿠가 기차에 오르고
잘 가 나를 잊지 말아라
시코쿠였던 자가 역에 남아 손을 흔든다

(…중략…)

당신만 죽어 없어진다면 나도 내 자리로 간다!

- 「시코쿠」 부분

  이 작품에는 여자에게 어울리는 새 이름을 받아 완전한 여성으로 태어나고 싶다는 욕망이 직접적으로 투사되어 있다. 몸을 바꾸었으니 이름만 바꾸면 의심받을 것은 아무것도 없다. 하지만 그 욕망보다 더 은밀한 곳에서는 전혀 다른 욕망이 꿈틀거리고 있다. '여장남자 시코쿠'에게 다른 이름을 지어주고 멀리 떠나보낸 뒤, 자신은 본래의 남성, 즉 '신사 시코쿠'로 남고 싶은 것이다. 시코쿠가 "당신만 죽어 없어진다면 나도 내 자리로 간다!"고 하는 것은, 앞에서 살펴본 대로 잘라도 다시 자라나는 도마뱀의 꼬리 같은, 남성 상징에 대한 살해 욕망을 드러낸 것 같지만 실상은 정반대이다. 정작 기차에 태워 보내는 대상은 자기 자신인 여장남자 시코쿠이다. 이는 "아저씨의 세계를 내어주세요"라는 진술과, 시코쿠가 "치마를 갈가리 찢"는 행위를 통해 더욱 분명해진다. 한 번만 뒤집으면 "6은 9도 된다". 꿈속의 소년은 열두 살 당시의 시코쿠 자신이다. 원래의 "제자리로 돌아가려"고 사건이 일어나기 전의 자아를 불러낸 것이다. 남성의 거세가 아니라 거세된 남성의 부활이다. 「그 여자의 장례식」에서처럼 살해되어야 하는 것은 오히려 여성성이다. 실로 놀라운 역전이 아닐 수 없다.

이쯤 오면 앞에서 우리가 알 수 없다는 표정으로 갸우뚱거렸던 문제들도 쉽게 이해된다. '여장남자 시코쿠'가 왜 '도마뱀'이라는 남성 상징으로 드러났는지, 왜 악수하기를 원했는지, 왜 도마뱀의 꼬리가 다시 자라나기를 기다렸는지, 수없이 찢고 다시 쓴 장문의 편지가 왜 자기 '손'과 '꼬리'에게 배달되었는지……. 화자는, 시코쿠라는 이름을 버리고 완전한 여성이 되고 싶다는 욕망과, 열두 살에 거세되었다고 믿은 자기 안의 남성도 결코 포기할 수 없다는 이중의 그물에 사로잡혀 있었던 까닭이다.

3. 치료의 실패와 '부작용의 시간'

이러한 양가적 욕망은 필연적으로 주체의 분열을 가져오는데, 분열된 주체로 인하여 어느 한쪽으로의 통합은 늘 실패로 돌아간다. 「시코쿠」에서 "시코쿠가 기차에서 뛰어내리고(여성성의 살해 실패)/시코쿠였던 자가 도망"치는(남성성 부활 실패) 바람에 "가지도 오지도 않는 당신"을 부르는 상태도 그렇거니와, 「그 여자의 장례식」에서도 "자신의 장례식에 늦는 천치"가 되어 "죽어서도 싸돌아다"닌다. 끝내 여성성을 죽일 수 없었다는 얘기다. 하여 '여장남자'로 계속 떠돈다. 「주치의h」에서 화자는, 도끼로 두 번 담장을 찍고 집을 나와 주치의에게 치료를 받지만 별 진전이 없다.

> (…전략…) 스물아홉
> 이 시점에서부터는 말이다 부작용의 시간인 것이다
>
> 그러나 같이 늙어가는 나의 의사선생님은 여전히 똑같은 질문으로 나를 맞아주신다
> "이보게 황형. 자네가 기르는 오리들 말인데, 물장구치는 수준이 어느 정도라고 생각하나?"
> 낡고 더러운 수첩을 뒤적거리며 말이다.
>
> — 「주치의h」 부분

환자 '황형'과 '주치의h'는 시인이 그 성姓과 이니셜을 굳이 밝히고 있는 데서 알 수 있듯이 동일한 인물이다. 주치의는 환자인 화자 자신인 것이다. 치료가 성공적이지 않다는 것은 "부작용의 시간"에서도 알 수 있지만 주치의가 "여전히 똑같은 질문"을 던진다는 데서도 명백히 드러난다. 치료에 차도가 없듯이 꽥꽥거리는 오리들로 비하된 가족이 화자를 대하는 태도에도 변화가 없다. 이는, 환자인 화자가 여전히 "낡고 더러운 수첩의 기록"에 매여 있다는 뜻이며, 이는 또 '서랍' 속에 보관되어 있는 일기장(수첩) 속의 고통스런 어떤 사건(「서랍」), 즉 정신적 외상에서 아직도 헤어나지

못하고 있다는 의미이다(「고양이 짐보」). 그러나 시적 화자는 진짜 환자는 아니므로, 그에게 남은 것은 부작용의 시간을 즐기는 것이다. 무엇으로? 자가 치료라는 의사놀이를 통해. 들뢰즈의 말대로 예술가는 환자이면서 의사이고 동시에 일탈자이다.

4. 호주머니에서 광장으로

인간은 동일한 개체 안에 남성과 여성 모두를 갖고 있다. 우리는 이 둘을 동시에 보살피면서 적절하게 조화시켜 나간다. 하지만 자아 통합에 실패한 주체는 황병승 시에서 수많은 또 다른 주체들로 몸을 바꾸며 번져나간다. 김혜순은 이를 일러 "고무 찰흙 주체"[17]라고 명명했다. 다양한 시적 주체들에 놀랄 필요는 없다. 뛰어난 시인은 고정된 정체성이 없다는 키츠의 말이 아니더라도 시인은 그 누구라도, 그 무엇이라도 트랜스될 수 있다.

> 나의 진짜는 뒤통순가 봐요
> 당신은 나의 뒤에서 보다 진실해지죠
> 당신을 더 많이 알고 싶은 나는
> 얼굴을 맨바닥에 갈아버리고
> 뒤로 걸을까 봐요

---

[17] 시집 뒤표지 글.

> 나의 또 다른 진짜는 항문이에요
> 그러나 당신은 나의 항문이 도무지 혐오스럽고
> 당신을 더 많이 알고 싶은 나는
> 입술을 뜯어버리고
> 아껴줘요, 하며 뻐끔뻐끔 항문으로 말할까 봐요
>
> — 「커밍아웃」 부분

"커밍아웃"이 무엇인가? 대부분의 주체들은 상징계의 이름으로 호명된다. 하지만 여기서 "뒤통수"라든가 "항문"은 상징계에 등록될 수 없는 항목들이다. 그것은 감춰져야 하는 것이지 "얼굴"이나 "입"처럼 드러낼 수 없기 때문이다. 황병승의 시에 등장하는 다양한 주체들은 모두 상징계의 자장 밖을 떠도는 주체들이므로 그들이 상징계에 등록되기 위해서는 반드시 "커밍아웃" 절차를 거쳐야 한다. 위 시에서처럼 커밍아웃을 함으로써 비로소 상징계의 '트랜스젠더'이거나 '게이'가 될 수 있는 것이다. 그렇지 않으면 어두운 그늘 속에 영원히 숨어 있어야 한다.

그런 까닭에 시인이 동일시하는 이들 주체들에게 나타나는 공통적인 특징이 있다. 그것은 다양한 주체들 거의 모두가 처음부터 미성숙하거나 이미 성인인데도 성인의 퍼스넬리티를 갖고 있지 못하다는 점이다. 다른 사람들과 함께 식사를 하지 않으려고 연기를 벌이다가 정신병원 신세를 지는 리타, 집이 무너져 사람들이 깔려 죽었다는 보도에 "초재미"를 느끼는 아키코, 위악적 제스처를 일삼는 열일곱 살의 쥐새끼 같은 사내아이들, 전과 4범의 범법자, 불미스런 사고로 자신을 프랑스 여자로 착각하는 정신 나간 이모 등등. 그런데 이와 같은 미성숙한 존재들, 즉 어딘가 불완전한 문제적 개인들이야말로 독자의 연민과 공감, 흥미를 유발하기에 적합한 대상들이다.

한편 이들은 모두 미성숙하거나 성장이 멈췄거나 퇴행한 존재들이기 때문에 일정한 가치판단이 불가능하다("담장을 도끼로 두 번 찍었지만/정말이지 그건 좋은 뜻도 나쁜 뜻도 아니었다" 「주치의h」). 시집 전체에서 좋다, 나쁘다는 진술이 빈번하게 드러나는데, 그러한 도덕적 판단은 거의 대부분 내적인 기준에 의해 매겨진 것이 아니라 외부에 의해 주어진 가치들이다. 이는 독자들에게 일종의 가치중립 또는 판단중지의 상태를 요구함으로써 기존의 도덕적 가치를 해체시킨다. 독자들은 그만큼 편안해지고, 편안해진 상태로 미성숙한 시적 주체들의 말과 행동에 쉽게 빨려 들어간다.

그러나 미루어 짐작컨대 황병승의 시가 어린이의 세계만 고집할 것 같지는 않다. 「벤치 스텝핑Bench Stepping」, 「살인마殺人魔_Birthday Rabbit」, 「혼다의 오 세계伍 世界 살인사건」 등 시집 곳곳에서 산견되는 살해 욕망은 얼핏 성인들의 세계에 대한 부정으로 읽히지만, 심층에서는 그들을 죽이고 독립된 존재로 거듭나려는 개체화 욕망의 표징으로도 읽힌다. 시의 화자는 이제 어머니로 상징되는 '호주머니'-'자궁'에서 나와 '광장'으로 걸음을 옮기기 시작했다.

호주머니를 잃어서 오늘 밤은 모두 슬프다

광장으로 이어지는 계단은 모두 서른두 개

나는 나의 아름다운 두 귀를 어디에 두었나

유리병 속에 갇힌 말벌의 리듬으로 입 맞추던 시간들을.

(…중략…)

새엄마가 죽어서 오늘 밤은 모두 슬프다

밤의 늙은 여왕은 부드러움을 잃고

호위하던 별들의 목이 떨어진다

검은 바지의 밤이다

폭언이 광장의 나무들을 흔들고

퉤퉤퉤 분수가 검붉은 피를 뱉어내는데

나는 나의 질긴 자궁을 어디에 두었나

광장의 시체들을 깨우며

새엄마를 낳던 시끄러운 밤이여.

꼭 맞는 호주머니를 잃어서

오늘 밤은 모두 슬프다

- 「검은 바지의 밤」 부분

슬프고 안쓰럽고 아름다운 시다. 거세된 채 성장하지 못했던 소년들의 위악적인 제스처도 없고, 미성숙한 아니마인 '너무 작은 처녀들'의 세계도 아니다. '새엄마'라는 이중부모 환상을 만들어내던 화자가 어머니의 죽음을 통해 확인하는 것은 자기 자신의 죽음이다. 서른두 해, 과거와의 결별. 문득, 그 시간 뒤로 광장에서 벌어질 풍경이 궁금해진다.

투구 안에 흐르는 눈물
– 한명희 『내 몸 위로 용암이 흘러갔다』

1. 맹인의 운전

한명희 시인은 운전을 잘 못한다. 내 기억에는 그렇게 입력되어 있다. 겁이 많아서 끼어들기도 제대로 못하고, 길을 잘못 타서 U턴과 P턴을 거듭한다. 오죽했으면 달리다 말고 내가 직접 운전대를 잡았을까. 그나마 직장이 있는 춘천과 서울을 오가며 운전 실력이 좀 늘었는지는 모르겠으나 내 생각에 크게 달라졌을 것 같지는 않다. 아마 틀림없이 그럴 것이다. 이렇게 단정하는 이유는 시집 『내 몸 위로 용암이 흘러갔다』(세계사) 때문이다. 벌써 첫 작품에서 유력한 증거가 발견된다.

> 똑바로 걸어왔다고 생각했는데
> 어느 날 눈을 떠보니
> 마흔 살 나는 전혀 엉뚱한 곳에 와 있었다
> 엉뚱한 곳에서 이방인의 말을 하고 있었다
>
> — 「이방인」 부분

왜 화자는 "전혀 엉뚱한 곳에" 도달하게 되었을까? 여러 가지 이유가 있을 수 있다. 우선, 똑바로 걷지 않았으면서 "똑바로 걸어왔다고" '착각'했을 가능성. 다음은 똑바로 걸어왔지만 그 사이에 길 자체가 바뀌었을 가능성. 아니면 지도가 잘못되었을 가능성. 마지막으로 처음부터 뚜렷한 지향점 자체가 아예 없었을 가능성. 그래서 도달하고 보니 적어도 이건 아니었다는 것. 그러나 아무래도 가장 큰 이유는 화자 자신에게 있는 듯하다. 화자의 진술을 그대로 믿으면 그는 똑바로 간다고 생각만 했을 뿐 실제로는 눈을 감고 걸었던 것이다. 그러니까 길의 탓도 아니요 지도의 탓도 아니다. 순전히 본인의 보행 미숙이다. 자기 스스로를 제대로 운전해가지 못한 탓이다. 마흔 살까지 맹인의 운전 솜씨로 사기 스스로를 타고 왔던 것이다. 주변을 살피지 않고 오직 맹목의 힘으로 자기를 밀고 온 셈이다.

이렇게 말하고 나니 다소 가혹한 면이 없지 않다. 맹목의 지점에 통찰이 있다 했거늘…… 사실 이 작품의 심정적 사태는 낯선 곳에 잘못 내린 당황스러움이며, 아무도 나를 이해해주지 않는 외로움이다. 그리고 더 안으로는 그동안 잘못 살아왔다는 짙은 낭패감 혹은 참담한 열패감이 깔려 있다. 어찌 알았으랴, 내 생이 이렇게 예기치 못한 곳으로 흘러올 줄을……. 이렇게 될 줄 알았다면 '똑바로' 살지 않아도 되었는데, 라는 씁쓸한 자괴감…….

하여, 사태는 역전된다. 화자는 길을 잘못 걸어온 것도, 지도를 잘못 읽은 것도 아니다. 눈을 감은 것은 더더욱 아니다. 오히려 '똑바로' 걷기 위해 눈을 '똑바로' 뜨고 걸었을 것이다. 그런데 왜 눈을 감았다고 했을까. 그것은 아마 올바르지 못하다고 생각한 것들에 한눈팔지 않았다는 뜻이리라. 주변의 유혹이 강하고 강해서 굳이 눈을 감고 걸었다는 뜻이리라. 귀도 닫고 입도 잠그고 걸었다는 뜻이리라. 때에 따라서는 잽싸게 끼어들기도 하고, 적당히 신호등도 위반할 줄 알아야 하는데 똑바로만 살아왔다는 뜻이리라. 그런데 결과는? 전혀 엉뚱한 곳에 이르고 말았다. 이방인이 되어 혼자 중얼거리고 있다.

  이쯤 오면 독자들은 화자의 열패감이나 자괴감에 깊은 연민을 느끼는 동시에 자연스럽게 다음과 같은 물음을 되묻게 된다. 과연 바르게 산다는 것이 무엇인가? 바른 길이라고 믿었던 것이 실은 바른 길이 아닐 수 있으며, 제대로 보고 걸었다고 여겼던 길이 전혀 엉뚱한 곳에 이를 수 있다는 사실 앞에서 시적 화자와 마찬가지로 당황하게 된다. 지금까지 지탱해왔던 삶의 기준이 바닥부터 흔들리고 만다. 더 나아가, 이게 바른 길이 맞긴 한데 정말 이렇게 살아도 될까, 나만 손해 보는 거 아닐까라는 그릇된 노파심에도 시달리게 된다. 실제로 우리의 현실이 그렇지 않은가. 회사에 성실히 '충성'을 다하면 평생직장이 가능하리라 믿었는데 오륙도, 사오정, 삼팔선이 속출하는 고용시장이 그러하고, 열심히 일하면 누구나 잘 살 수 있다는 자본주의의 행복서사가 말짱 허구라는 것이 그러하며, 법보다 주먹이 세다는 것을 확연하게 보여주는 국제사회의 역학 관계가 그러하다. 인간의 인간스러움, 즉 엄정한 윤리적 문제를 섬세하게 따지기보다 국익이 더 중요하다는 집단적 내셔널리즘은 또 어떤가. 어디 문단의 풍경이라고 예외이겠는가.

2. 표정 읽기의 선수

그렇다면 다음의 물음도 자연스레 나올 법하다. 바르다는 것, 아니 '똑'바르다는 것은 누가 정하는가? 균질적인 가치들이 와르르 무너지고 천 개의 고원이 우뚝우뚝 솟는 탈근대의 시점에, 이같은 물음은 어쩌면 진부한 것인지도 모른다. 다가치의 시대에, 가치관과 가치관이 싸우는 요즘, 절대적 기준이 어디 있느냐고 반문할지도 모른다. 시인 역시 이 사실을 잘 알고 있다.

> 도대체 당신은 자가 몇 갠가
> 전에는 이 자로 나를 재려 하더니
> 오늘은 또 그 자로 나를 재야겠는가
> 당신을 잴 때는 자가 듬성하더니
> 오늘 이 자는 너무도 촘촘하구나
> 당신이 들이대는 자 앞에서
> 나는 줄었다가 커지고 커졌다가 다시 줄어들었다
>
> 당신은 큰 소리로 나를 읽고 지나가는가
>
> — 「걸어다니는 자」 전문

다종다양한 가치들이 넘실대는 와중에서도 자를 들이대는 사람이 따로 있고, 거기에 따라 커졌다 줄어들었다 하는 사람이 따로 있다. 어쩌면 재단 당하는 사람들이 훨씬 더 많을 것이다. 약삭빠른 자동차들도 있지만, 신호등 색깔에 따라 멈췄다 출발했다를 반복하는 착한 자동차들이 훨씬 더 많은 것처럼. 일부 경영학자들은 자본주의의 세계화가 진행되면서 세상의 계층구조가 20 : 80이 아니라 10 : 90으로 재편되고 있으며, 이대로 가다간 결국엔 1 : 99의 세상이 오리라고 예견한다. 그러면 무슨 수를 써서라도 1퍼센트 안에 들어야 할까? 우리가 알기로 그것은 '똑바른' 길이 아니다. 정정당당한 방법으로 들어야 한다. 한데 정정당당하다는 잣대는 누가 만드는가? 1퍼센트의 그들이 만든다. 게임에 참여하는 것은 허용되지만 게임의 룰은 그들이 만든다. 그들의 룰에 맞춰 "큰 소리로" "읽고 지나가는" 것이다. 그래서 '그들만의 리그'가 벌어진다.

막 거기서 나왔다는 사람들은
그 안은 정말 대단하다는 표정과 그 안도
별 볼일 없다는 표정을 함께 짓는다 하여
사람들은 좋다는 건지 나쁘다는 건지 혹은
좋기도 하고 나쁘기도 하다는 건지 헷갈리게 된다
막 거기서 나왔다는 사람들은
그 안에서 오래 있었던 것처럼 아니

원래부터 그 안에서 있었던 것처럼 말한다 너도
꼭 한번 가 봐라 막 거기를 나온 사람들은
꼭 그렇게 말한다 그러나 그 얼굴은
그 안은 아무나 들어갈 수 있는 곳이 아니야
꼭 그런 얼굴이다
막 거기서 나왔다는 사람들은 하나같이
바쁘고 진지하고 엄숙하므로 농담으로라도
거기에 대해 더 묻기도 어렵다

― 「그들만의 리그」 부분

   한명희 시인의 주특기가 여지없이 발휘된 작품이다. 그들의 잣대는 수시로 변한다. 말하자면 그들은 표정 관리의 선수들이다. 어느 정도냐 하면, 상대방에 따라 "정말 대단하다"와 "별 볼일 없다"를 적절히 연출하는 수준을 넘어 이 둘을 동시에 드러낼 줄 아는 매우 노회한 고수의 경지이다. 이는 '그들만의 리그'에 진입하려는 수많은 후보자에 대한 그들의 자기과시이면서 선 긋기이고 또한 깊은 자족감의 표현이기도 하다. 시인은 사람들의 먹이경쟁 그 자체에도 관심을 보이지만("자기도 모르게/여러 사람을 깔아뭉개고 올라간 것이 틀림없다"「높은 자리」) '높은 자리'에 있는 그들이, 그들의 동물적인 먹이경쟁과 자리 보전을 어떻게 문화적으로 포장해내고 있는가에 더 깊은 관심을 보인다. 시인이 비판적 시선을 들이대는 지점도 바로 거기이다. 그들의 표정 뒤에 감춰진 위선과 가식의 얼룩을 빠짐없이 읽어내는 솜씨, 이것이 한명희 시인의 주특기인 것이다. 그들이 표정 관리의 선수라면 시인은 표정 읽기의 선수인 셈이다.

   척, 보면 알 수가 있는 것이다.
   어깨 각도가 벌써 다른 것이다.

― 「초짜」 부분

  시인의 두 번째 시집 『두 번 쓸쓸한 전화』(천년의시작)에 실린 이 작품은 시집 해설자인 이숭원의 지적처럼 "한명희 시법의 진수"를 보여준다. 초짜란 누구인가. 어떤 분야나 동아리, 또는 특정 섹터에 처음 들어온 사람이다. 초짜이므로 이것저것 눈치를 봐야 한다. 그래야만 그 테두리 안에서 무사히 살아남을 수 있고 때로는 '높은 자리'로도 올라갈 수 있다. 시인은 그와 같은 초짜의 불안과 긴장을 '척,' 하고 읽어버린다. 이러한 감각적 통찰은 쉽게 얻어지는 게 아닐 것이다. 타고난 감각도 있겠지만 사람 사이에서 오래도록 시달려 보거나 낮은 자리에 오래 머물러 보지 않고서는 여간해서 갖추기 힘든 묘법이다.

3. "변장술의 천재"
  이 점은 한명희 시의 개성적 요소가 되기에 충분하다. 지금까지 내놓은 세 권의 시집을 통독해보면 자연 서정이 직접적으로 드러난 작품은 찾아보기 힘들다. 자연이 등장하더라도 어디까지나 인간 군상들의 배경이나 매개로 나타날 뿐 여간해서 전경화되지 않는다. 이는 매우 특이한 현상이 아닐 수 없다. 거의 모든 작품들이 사람들 사이의 관계를 묻거나 사람들 속에서 스스로의 실존적 위치를 묻는 데 바쳐지고 있다. 한마디로 인간 관계론에 대한 탐색이라고 할 수 있다. 그렇다고 이와 같은 경사가 의식적인 것, 다시 말해 전략적 시 쓰기의 일종이냐 하면 그렇지도 않다. 그 과정은 대단히 자연스럽고, 그래서 대부분 쉽고 명쾌하게 다가온다. "척, 보면 알 수 있는 것"처럼 그의 시 역시 척, 읽으면 알 수 있다. 무슨 말을 하려는지 그 의미가 단박에 잡힌다. 당연히 울림이 작다는 지적이 있을 수 있다. 하지만 그렇게 치부하고 말기엔 더 깊은 구석이 많다.

마흔을 다섯 달 앞두고
얻어걸린 교수직
(그것도 4년제 국립대학에서!)

아이들은 도화지처럼 착하고
새로 얻은 집은 별장처럼 아늑하지만
웃음은 조금도 늘어나지 않았다

이젠 차안에서 공강 시간을 때울 필요도 없다

긴 방학을 두려워할 필요도 없다
강의는 점점 이력이 붙을 것이다
어쨌든 저금은 꼬박꼬박 늘어날 것이다
그런데 웃음은 조금도 늘어나지 않는다

그럼, 이것도 아니었단 말인가!

- 「그럼, 이것도 아니었단 말인가」 전문

개인적으로 이 시가 아주 뛰어난 작품이라고는 생각지 않는다. 물론 아주 태작도 아니다. 하지만 이전 시들과의 연계 속에서 한 시인의 지향성과 시의 특징적 면모를 보여주기에는 조금도 모자람이 없다고 생각한다. 이 작품은 첫 시집의 「등단 이후」, 두 번째 시집의 「박사 이후」와 동일 계열에 놓인다. 일관되게 제목을 달았다면 '교수 이후'쯤 되었을 것이다. 앞의 두 작품은, 시인이 되어 쏟아지는 청탁 원고 어디 줄까 고민이고 게다가 베스트셀러라도 되면 "연예인, 우습다"고 짐짓 자기 위안의 너스레를 떨어보지만 정작 "돌아갈 차비가 없"는 가난한 처지를, 또 350만 원의 부채를 져가면서도 "넓게 알고 많이 아는 박사"가 되었으니 "누구의 말도 듣고 싶지가 않다"는 박사 되기의 지난한 과정을 각각 보여준다. 쉬운 독법으로는 그렇다. 그러나 조금만 주의를 기울여 읽으면 전혀 다른 맥락이 드러난다. 앞의 시는 으레 생각하듯 시인의 가난한 생활상을 넘어 시를 쓰기 이전으로 다시 돌아갈 수 없다는 뜻으로 의미가 확장된다. 그러니까 시인이라는 운명의 굴레에 이미 사로잡혀 버렸다는 비극적 인식의 토로가 깔려 있는 것이다. 「박사 이후」에서 "누구의 말도 듣고 싶지가 않다"는 진술 역시 마찬가지로, 드러난 문면대로 넓게 알고 많이 알아서가 아니라, 동서양 석학들의 금언을 지침 삼아 박사가 되었지만 "아무 할 말이 없다"는, 그러므로 더 이상 그럴듯한 담론들로 자기를 꼬여내지 말라는, 제도 교육에 대한 불신의 노골화이다. 이상 두 작품에 비하면 위 시는 오히려 간명한 편에 속한다. 하지만 이 또한 마지막 구절에 이상한 힘이 실려 있다. 그 힘은 화자가 걸어온 길 전체를 의심하게 만들면서 앞의 두 시와 연관시켜 읽도록 만든다. 시인이 되고 박사를 거쳐 어렵게 교수가 되었건만, 이 길도 내 길이 아니라는 것이다. 초두에 살펴본 「이방인」의 "전혀 엉뚱한 곳"도 아마 여기가 아닐까 싶다. 그 길의 굵직굵직한 이정표를 굳이 그려보자면 시인 → 박사 → 교수일 텐데 그 길도 똑바른 길, 애초에 가고자 했던 목표점이 아니었던 것. 더 정확히는 교수라는 신분 자체가 아니라 그 신분이 만들어내는 풍속이 아니라는 것이다. 이는 세속적 욕망을 솔직하고 당돌하며 적극적으로 표현한다고 여겼던 시인의 시적 관심이나 지향성이 실상은 세속적 토포스에 있지 않다는 것을 분명히 말해준다.

그러나 여기서 정작 주목해야 할 사실은 시인의 독특한 의미 구축술이다. 인간이 이 세계를 이해하는 주요한 방식 중의 하나가 비유나 상징이다. 시는 이를 가장 적극적으로 활용하는 장르이다. 지시적 언어, 과학적 언어로는 도저히 설명 불가능한 경우 우리는 은유와 상징을 이용한 시적 언어를 통해 이 세계를 새롭게 이해한다. 알다시피 그것은 형태나 기능, 속성이 비슷한 것들을 서로 묶어줌으로써 가능해진다. 그러나 금방 살펴본 것처럼 그의 시는 유사성이나 인접성의 원리를 사용하지 않고도 은유를 발생시킨다. 은유나 상징체계를 외부 대상에서 가져오지 않고 자신의 독백 속에서 그대로 처리한다. 원관념과 보조관념의 간극을 깡그리 지워버린다. "돌아갈 차비가 없다"는 진술에서 '차비'는 말 그대로 집에 돌아갈 차비가 없다는 뜻으로만 읽히기 쉽지, 시를 쓰지 않고 잘살 수 있는(「시가 안될 때」) 경제력으로 읽히기는 여간해서 힘들다. 그래서 일견 쉬워 보이지만 제대로 읽으려면 어렵다. 종종 오독이 생길 수밖에 없다(이 글도 그럴지 모른다!). 이와 같은 시적 전략은 적어도 내가 아는 한 우리 시단에서 찾아보기 힘든 매우 특이한 의미 구축술이다. 현재로선 뭐라고 규정지을 수도 없다. 시인의 표현을 빌려 억지로 갖다 붙이자면 '변장술' 정도?

나는 변장술의 천재다
그런데,
그런데 말이다
사람들은 나를 알아본다
모든 것을 다 들키고 만다

내가 줄줄줄 새고 있다

- 「구멍」 부분

우리는 여기서 그의 시의 독법에 대해 두 가지 힌트를 얻을 수 있다. 하나는 변장한 줄도 모르고 그대로 읽으면 안 된다는 점. 다른 하나는 잘 살펴보면 어딘가엔 반드시 구멍이 있다는 점. "줄줄줄 새고 있"는 구멍. 아무리 변장술의 천재라도 허점이 있다는 것이다. 그 허점을 파고들면 시의 진면목이 보인다는 얘기다.

4. 두려운 양면 거울

그런데 두 번째 힌트를 따라 이 시를 찬찬히 들여다보니 그의 시를 이해하는 또 하나의 힌트가 들어 있다. 지금까지 우리가 논의해온바, 시인의 개성적인 시 쓰기의 바닥에는 사람들의 세상살이에 대한 그 나름의 놀라운 간파력이 작용하고 있었다. 그러나 위 시에서는 상황이 뒤바뀌었다. 화자가 사람들에게 간파당하고 있다. "모든 것을 다 들키고 만다". 어째서일까?

우아한 실내 장식만큼
표정들은 우아했지만
부드러운 조명만큼
오가는 대화는 부드러웠지만

가만히 들여다보면

테이블 사이사이 칼이 있었다

사람들 사이사이 총도 있었다

언뜻언뜻 철퇴가 보이기도 했다

누가 아군인지 분간할 수 없었다

도저히 알 수 없었다

사십 도가 넘는 양주도 무서웠지만

모인 사람들의 지위도 무서웠지만

그보다 더 무서운 건

그 속에 끼어 앉아 희죽희죽 웃고 있는

나였다

― 「꽃방석이 있었다」 부분

 술자리에 모인 사람들의 표정을 읽어내는 것은 여전하다. 다른 점이 있다면 화자도 그 속에 포함되어 있다는 사실이다. 화자인 '나'는 이제 '그들'의 표정만을 살피는 주변인이 아니라, 그들과 함께 꽃방석에 앉아 "희죽희죽 웃"으면서 표정 관리에 여념이 없다. 갑옷을 입고 투구를 쓰고, 창과 채찍, 방패까지 고루 갖추고(「갑옷 전사」) "그들만의 리그"에 끼어 보이지 않는 전쟁을 벌이고 있다. 화자는 그런 자신이 가장 무섭다. 이쪽도 아니고 저쪽도 아닌, 아니 이쪽이면서 저쪽인 양면의 거울을 통해 스스로 짓고 있는 웃음의 허울을 들여다본다. 자신도 어쩔 수 없이 '그들'의 일부가 되었다. 그래서 아무리 변장술을 부려도 다 들키고 만다. 누구에게? 자기 자신에게! "그럼, 이것도 아니었단 말인가!"는 이런 맥락에서 내지르게 된, 어긋난 운명에 대한 회한 섞인 비명이다.

타자를 향한 비판의 시선이 자기 자신에게로 향할 때 스스로에 대한 이해는 한층 깊고 넓어진다. 이 점은 이번 시집에서 가장 두드러진 면모이며, 한명희 시인이 지금까지 걸어온 시적 행보 중 가장 뚜렷한 변화다. 그는 성큼성큼 거인처럼 걸어서 어디로 갔는가?

> 나는 거기서 한참 밀리 길어왔는데, 너는 어제의 나와 이야기를 하는구나, 나는 거기서도 한참 더 멀리 왔는데, 너는 일주일 전의 나를 붙들고, 살이 왜 이렇게 빠졌냐고, 살이 좀 쪄야겠다고, 나는 그동안에도 또 걸어왔는데, 너는 한 달 전의 나를 불러 세우곤, 얼굴이 왜 그러냐고, 무슨 일이 있냐고, 나는 거기도 지나서 여기까지 왔는데, 너는 일 년 전의 나에게 전화를 걸어 잘 지내느냐고, 언제 한번 만나자고, 나는 여기를 지나 저기까지 갔는데, 너는 태어나지도 않은 나를 붙들고 또 뭐라고 뭐라고……
>
> - 「왈가왈부」 전문

한 발 내디디면 일주일이 지나고 한 달이 지나고, 또 한 발 내

디디면 일 년이 훌쩍 지나가버리는 거인의 걸음걸이. 그것도 모자라 전화도 되지 않는 곳으로, 아예 태어나지도 않은, 이승을 떠나버린 놀라운 축지법. 하지만 '너'의 처지에서 보면 시간의 방향은 미래가 아닌 과거로, 태어나기 이전의 시절로, 유명幽明을 뛰어넘어……. "무슨 일이 있냐고" 물어볼 수도 없는, 완전한 사라짐……. 화자로서는 '나'에 대해 더 이상 '왈가왈부'하지 말라는 확실한 선 긋기 혹은 갈라섬……. 이 완벽한 시공간의 어긋남을 뭐라고 설명할 수 있을 것인가?

대답은 의외로 간단할 수 있다. 이것 역시 변장술이 아닐까 의심해보기. 혹은 숨기 장난. 변장술이라면 그들만의 리그에 들었다는 것이요, 숨기 장난이라면 "전혀 엉뚱한 곳"으로 와버린 자기 자신으로부터의 도망질일 터이다. 이때 '나'와 '너'는 동일한 주체의 분열된 모습이다. 작품이 2부에 배치된 것을 보면 전자의 맥락에 놓이는 듯하나, 심층을 들여다보면 후자일 가능성이 높다. 과거의 '나'와 결별하려는 욕망, 인간 군상들의 전쟁터 이전, 다시 처음으로 회귀하고픈 무의식적 욕망으로 읽히는 까닭이다.

사태는 벌써 예견되어 있었다. 변장술을 부려 감추어 보았으나 다 들키고 말 때, "내가 줄줄줄" 샐 때, '꽃방석'에 앉아 자기 스스로를 무서워할 때, 이쪽이면서 저쪽인 양면의 거울을 들여다볼 때……. 이는 시의 행보상 범상치 않은 변화의 조짐이다. 1부 전체가 이를 방증하고도 남는다.

어느 날 갑자기가 아닐 것이다

원래부터 그런 피가 흘렀을 것이다

한쪽 편에 부르카를 쓴 여인이 있었을 것이다

검은 부르카 속 눈마저 감은 여인이 있었을 것이다

다른 한편엔 뱀을 두른 여인이 있었을 것이다

뱀의 혀를 가진 여인이 있었을 것이다

두 여인은 서로를 알아보지 못했을 것이다

서로가 마주치려 하지 않았을 것이다

어느 날 갑자기는 아닐 것이다

원래부터 그런 피가 흘렀을 것이다

그런 피가 온몸을 흐르고 흘러

몸 밖으로 불쑥 튀어나왔을 것이다

그 피를 보고 자기가 제일 먼저 놀랐을 것이다

그 피를 보고 자기가 제일 많이 겁이 났을 것이다

팜므 파탈

자기도 그럴 줄은 몰랐을 것이다

자기가 그럴 줄은 몰랐을 것이다

- 「팜므 파탈」 전문

   다른 사람에게만 있다고 여겼던 것들이 내게도 있다는 사실을 확인했을 때 겪게 되는 심리적 정황을 잘 그려낸 작품이다. 다른 사람들의 '표정'은 곧 나의 표정이었으며, '초짜'의 어깨 각도 또한 나의 것이었다. 척, 보면 알 수 있다는 게 뭔가. 강력한 자기 투사 아닌가. '그들'은 곧 나이고, 나는 곧 그들이었다. 그러니 똑바른 길이 의심되지 않을 수 있겠으며, 곳곳에 박혀 있는 이정표들이 미심쩍지 않을 수 있겠는가. 운전을 못할 수밖에 없다.

알다시피 팜므 파탈은 남성을 유혹해 죽음이나 고통 등 극한의 상황으로 치닫게 만드는 '숙명의 여인'이다. 신화적으로 이는 부정적 여성성의 측면에 해당한다. 대지의 여신 가이아를 예로 들어 설명하자면, 그녀는 땅 위에 만물을 태어나게 하는 동시에, 때가 되면 그것들을 도로 거두어들여 자기 안에다 묻는다. 에로스와 타나토스를 동시에 가지고 있다. 이처럼 자기 안에 파괴적 속성이 운명처럼 놓여 있음을 깨달았다는 것은 우리네 삶에 깃든 뿌리 깊은 양면성을 인정한다는 뜻이다. 이는 또 자기 안에 도사리고 있던 어두운 그림자의 영역을 비로소 돌보기 시작했다는 뜻이기도 하다. 다음의 시는 그 점을 좀 더 선명하게 보여준다.

내 몸 속에 얼마나 깊은
구멍이 있어
아무리 돌멩이를 던져 넣어도
바닥에 닿는 소리
들리지를 않나

- 「내 몸 속 저녁」 부분

자기 안의 어둠, 자기 안의 그늘을 들여다보기 시작했을 때 개인은 성숙한다. 이는 분석심리학에서 우리가 도움 받을 수 있는 가장 쓸모 있는 부분이다. 「팜므 파탈」에서는 자기 안의 어둠에 놀라고 두려워하며 당황스러워하지만, 여기서는 한결 성숙하고 잔잔한 태도를 보여준다. 대체 무슨 일이 있었기에 이렇게 되었을까?

5. 뜨겁고 뜨거운 것이 흘러간 후

표제작에서 실마리를 얻을 수 있을 것 같다.

내 몸 위로 용암이 흘러갔다
뜨겁고 뜨거운 것이 흘러갔다
할퀴고 찢으며 흘러갔다

나는 새카맣고 새카매졌다
나는 평평하고 평평해졌다
용암, 그것이 내 몸 위로 흘러간 후
나는 조용하고 조용해졌다

― 「내 몸 위로 용암이 흘러갔다」 전문

처음 시집 원고를 받았을 때, 덜컥 겁이 났다. 큰일이 벌어졌구나, 싶었다. 잘 알고 지내면서도 그게 뭐냐고 물어보지 못했다. 그냥 그러려니 했다. 그래야 한다고 생각했다. 말하지 않아도 알 것 같은, 어떤 무시무시한 경험이 그를 훑고 지나간 것이다. "뜨겁고 뜨거운 것이 흘러"간 후 '나'는 고통스런 입사식을 치른 주인공처럼 "조용하고 조용해졌다". 어른이 된 것이다. 어쨌거나 이번 시집에서 그녀의 개성이라고 여겼던 솔직함, 당돌함, 대담함, 도발성이 거의 사라진 것도 이 '용암'과 무관치 않을 것이다. 뜨거운 액체가 딱딱한 고체가 되었다. 가히 연금술적인 변화라 할 만하다. 그는 이제 거세된 눈빛으로, 거세된 입술로 담담하게 말한다.

> 그냥 잘했다고만 해다오
> 아무것도 묻지 말고
> 아무것도 듣지 말고
> 그냥 잘했다고
> 흐르는 눈물
> 흐르는 피
> 그냥 괜찮다고
> 다 괜찮다고
>
> - 「상담 - 소영에게」 부분

그래, 운전 못한다는 소리는 하지 말아야겠다. 그는 이제 비로소 자기Self의 운전대를 잡은 듯하다. 그런데 이상하게도 기대가 절반, 불안이 절반 밀려온다. 기대는 새로운 시의 한 지경에 대한 것이고, 불안은 그가 갑자기 어른이 되어버린 듯한 데서 흘러나온 섭섭함 같은 것이다. 늘 그렇듯이 우리가 바라는 것은 완성태가 아니다. 완성태를 향한 격렬한 몸부림이거나, 거기서 할퀴고 찢긴 힘찬 도정의 모습이다. 그럼에도 불구하고 그는 갑옷 전사, 투구 안에 흐르는 눈물을 감춘 채 하루나 일주일, 한 달이나 일 년을 훌쩍훌쩍 지나 멀리 어디로 가버릴 것만 같다. 나 '소영'이는 깊고 어두운 구멍 속에서 여전히 제자리걸음인데······.

그림자와 벌이는 위험한 연애
- 김소연, 『빛들의 피곤이 밤을 끌어당긴다』

1. 관행적 인식을 넘어

우리는 대체로 이분법에 익숙하다. 근대와 반근대, 동양과 서양, 이성과 감성, 정신과 육체, 남성과 여성, 빛과 그림자, 낮과 밤, 하늘과 땅, 질서와 혼돈, 중심과 주변, 보수와 진보, 우파와 좌파, 상부와 하부 등등. 이러한 구분은 이 세계를 구조화해서 이해할 수 있는 유효한 틀을 제공한다. 그것은 음양의 이치처럼 이 세계가 대칭성의 원리 혹은 짝패로 구성되어 있다는 보편적인 인식 때문이기도 하지만, 보다 근본적으로는 그러한 인식 틀이 지닌 관성을 좇는 데서 오는 편리함이 더 크게 작용하고 있다.

첫 시집 『극에 달하다』(문학과지성사) 이후 10년 만에 나온 김소연의 두 번째 시집에 대해서도 이와 같은 관행적 인식은 썩 그럴듯한 분석 툴로 기능할 수 있다. 가령 우리는 시집 첫머리에 실린 「달팽이 뿔 위에서」에서 "짐승의 숨소리", "입 냄새", "눈 맑은 꽃", "까칠까칠한 턱", "꿀 한 숟갈" 등 오감이 모두 동원된 이미지를 마주하면서 시인이 이성의 힘보다는 감각의 힘을 더 신뢰하고 있다는 판단을 쉽게 내릴 수 있다. 또 시집 전체를 통틀어 남성적 가치보다 여성(모성)적 가치를 옹호하고 있다는 점, 빛과 그림자에 대한 이항 대립의 시선이 두드러진다는 것도 금방 읽어낼 수 있다.

그러나 이러한 관행적 구조 인식에 얹힌 읽기 방식은 편리한 만큼 위험하고, 적절한 만큼 낡은 것이기도 하다. 타자에 대한 지식 구성이 본질적으로 지니게 마련인 대상에 대한 지배 전략에도 불구하고 구조분석이 갖는 한계는, 구조의 틀 안으로 포섭되지 않고 빠져나가는 것들을 속수무책 바라볼 수밖에 없으며, 구조 자체의 변화와 흐름을 파악하기 힘들다는 점이다. 특히 인식의 대상이 이성의 영역을 자유롭게 넘나드는 예술 장르라는 점을 감안하면, 이리한 구분법에는 주요한 시적 사실을 놓질 위험이 언제나 뒤따른다.

또한 이성-감각, 남성-여성, 빛-그림자의 이원 대립에서 후자의 가치들을 적극적으로 강조하고 옹호하고 있다는 지적은 그 나름대로 타당하긴 하지만 이제는 너무 뻔해서 일종의 클리셰가 되어버렸다는 느낌을 지울 수가 없다. 시가 감각의 동원 능력에 의해 그 표현적 형식이 달라진다는 것은 누구나 알고 있는 사실이며, 남성 부권적 권위에 억눌린 여성 모성적 가치의 회복이나 옹호 역시 지루하게 반복되고 있는 낡은 담론이다. 마지막 항목은 시인이 시집 말미에 「그림자論」을 싣고 있다는 점에서 이번 시집의 독특한 성격으로 부각될 수 있을 것이지만, 그것을 빛과 그림자의 문제로 환원시켜 이해하는 한 그다지 새로울 것은 없다. 미메시스가 아니라 카타르시스의 측면에서 보자면 양화陽畵에 가려진 음화陰畵의 복원은 시의 본업이 아닌가. 전통적인 서정시의 대부분이 그늘지고 소외된 대상들을 시의 풍경 속으로 끌어들이고 있는 것도 이와 무관하지 않다.

상식이지만 문제는 '무엇을'보다는 '어떻게'에서 찾아야 할 것이다. 인문人文이 인문人紋이어야 하는 까닭이 거기에 있듯이, 바로 이 '어떻게'를 살피는 일이야말로 이번 시집의 개성적 국면을 밝히는 지름길일 터이다.

2. 어둡고 부정적인 자아, 그림자

전체적으로 보아 이 시집의 시선은 외부로 향해 열려 있기보다 시인의 내부를 응시하고 있다. 먼저 시인의 말부터 들어보자.

> 언젠가 어떤 그림자가 나를 내려다보는 꿈을 꾼 적이 있다. 나를 내려다보는 그림자의 시선은 서늘했다. 그에겐 시선이 있었을 리가 만무한데, 나를 바라보는 그 눈길을 나는 보았다. 나를 바라보던 그림자와 마주하게 되었던 꿈 속에서, 나는 그림자를 무슨 어머니처럼 바라보았던 것 같다. 어머니의 눈길로 나를 바라보았던 그림자 때문인진 몰라도, 내가 따라가야 할 조물주 같기도 한, 그의 형체는 참 단정해 보였다. 색도 지니지 않고, 표정도 지니지 않은 채, 자세만으로 나에게 많은 말을 건넸다. 일어나 꿈을 기억한 아침에

나는 그것을 시로 기록했다.

-「그림자論」

이 시집을 예사롭지 않게 본 것은 '그림자'를 대하는 시인의 태도 때문이었다. 빛과 그림자의 관계로 보지 말아야 한다고 구태여 강조한 까닭도 거기에 있었다. 대개 그림자는 사람들이 결코 닮고 싶지 않은, 어둡고 부정적인 자아를 의미한다. 예컨대 미숙하거나 열등하고 부도덕한 무엇이다. 구체적으로 그것은 다음과 같이 나타난다.

> 사랑하고 사랑하는 옷장 속의 사자와 마녀여
> 뛰어나와 포효하라
> 사자는 날뛰고 마녀는 날으라
>
> 사람인 듯 뒤집어쓴 가면을 벗고
> 이제는 나의 일부가 아닌
> 너희들의 험한 얼굴로 울부짖어라

-「옷장 속의 사자와 마녀」 부분

날뛰는 사자와 울부짖는 마녀가 그림자의 본모습이다. 이들이 "옷장 속"에 갇혀 있는 것은 남에게 들키고 싶지 않은 나의 또 다른 모습("나의 일부")이기 때문이다. 그것은 또 강력한 무의식의 에너지가 제대로 분출되지 못한 채 억압되어 있다는 것을 말해준다. 날뛰거나 날고 싶어하지만 사회적 습속이나 법 때문에 애써 외면하고 싶은 것, 혹은 "오래되어도 모르는"(「오래되어도 모르다」) 것, 이것이 보통 사람들이 그림자를 대하는 태도이다. 그런데 시인이 꿈에서 마주친 그림자는 전혀 다르다. 단정한 어머니의 모습인 것이다. 꿈-표상과 시-이미지가 근본에 있어서 동일하다고 볼 때 이와 같은 극명한 대비는, 그러나 의외로 쉽게 이해된다. 공격적이고 파괴적인 부정적 에너지가 창조적이고 긍정적인 에너지로 전환되었다고 보면 되는 것이다. 꿈에 본 그림자가 "조물주 같기도" 하다든가, "많은 말을 건넸다"라든가, "시로 기록했다"는 것이 그 증거이다.

문제는 그 다음이다. 어째서 이런 뒤바뀜이 가능하냐는 것. 분석심리학에 의하면 이는 자아와 그림자로 분열된 자기 원형Self archetype을 통합해야만 가능한데, 통합해가는 과정이 곧 개성화personalization 과정이다. 우리가 잘 알고 있는 '미녀와 야수'는 이러한 자아 통합의 전형적인 사례이다. 야수가 왕자로 변하는 것은 심혼의 부정적 에너지가 긍정적 에너지로 바뀐 것이다. 알다시피 그것은 아름다운 처녀 벨의 진실한 사랑을 통해서였다. 위 작품에서 시적 화자는 사자와 마녀를 "사랑하고 사랑"한다. 자기 안의 그림자를 분명히 인식하고 "사식"을 넣어주며 보살피기까지 한다. 이는 옷장 안에 갇힌 그림자를 해방시켜 긍정적인 에너지로 변화시키는 과정이다. 즉, 개성화 과정인 셈이다. 물론 완성태는 아니다. 개성화 과정을 성공적으로 수행한 개인은 극히 드물다. 성인의 반열에 든 사람, 또는 소위 깨친 사람이 여기에 해당된다. 대부분의 사람들은 그 과정 위에 있을 뿐이다. 위 시에서 "날뛰고" "험한 얼굴로 울부짖"는 것이 해방의 몸짓보다 억압의 몸짓에 더 가깝게 읽히는 것도 그 때문이다. 중요한 것은 시인에겐 그것이 곧 시의 '자산'이라는 점이다. 사자가 날뛰는 듯 활달한 이미지, 마녀가 울부짖는 듯 처절한 육성이야말로 우리가 적극 공감하고 높이 찬미하는 바이다. 그림자의 부정적 에너지가 창조적 에너지로 전환되는 연유가 여기에 있다.

3. "위험해요, 살려주세요!"

그런데 김소연의 이번 시집은 거기서 더 나아가버렸다. 위험하다면 위험하고 다행이라면 다행이다. 위험한 연유는 개성화 욕망이 시 쓰기마저 넘어서려 한다는 데 있고, 다행스런 점은 그럼으로써 더 높은 단계로 자기self를 끌어올리고 있다는 것이다.

나를 데리러 온 것 같다
나는 배울 것을 다 배웠다

(…중략…)

공중에서 두 팔을 예쁘게 위로 뻗어

저 아래 관객들에게 손을 흔들어야지

불 곤봉을 던져서
입으로 불을 뿜어서

얻을 것은 다 얻었다
이제 그물망을 거둘 때가 되었다

─「서커스」 부분

고백하자면 앞서 인용한 「그림자論」의 꿈 부분을 읽다 말고 나는, 그 서너 페이지 앞에서 읽었던 이 시를 서둘러 다시 읽었다. 그러면서 온몸에 소름이 돋을 만큼 섬뜩함을 느꼈다. 의식에서든 무의식에서든 '죽음'이 예비되고 있었기 때문이다. "관객들에게 손을 흔들어" 인사하는 것, 무대를 떠날 때가 되었다는 것은 삶에서의 은퇴로 읽힌다. 이번 시집에서 주요한 시간적 이미지로 자주 등장하는 11월, 저녁, 황혼녘, 밤 등도 같은 맥락으로 읽힌다. 특히 '추억의 계몽술'로 부를 만한 「불귀」 연작은 시인이 무언가를 '정리'하고 있다는 느낌을 강하게 풍긴다. 정리, 이별, 죽음의 이미지는 시집 전반에 걸쳐 편만해 있다. 그리하여 시인은 이제 그림자가 이끄는 곳으로 순순히 따라간다.

어김없이 황혼녘이면

그림자가 나를 끌고 간다

순순히 그가 가자는 곳으로 나는 가보고 있다

- 「빛의 모퉁이에서」 부분

사식을 넣어주며 옷장 속에서 사육하던 "그림자가 나를 끌고 간다". 주객이 바뀌었다. 그림자의 에너지를 전유해 쓰던 주체가 객체로 되어버렸다. "그가 가자는 곳"이 어디인지는 굳이 물을 필요가 없다. 필경 죽음의 장소일 것이다. 이것이 시 작품이기에 망정이지 상담실 책상 위의 텍스트라면 '선생님, 제발 저 좀 구해주세요. 죽을 거 같아요'라는 간절한 SOS로 읽히기에 충분하다(뒷글자 S에는 ship의 뜻도 있지만 souls의 뜻도 있다). 이는 개성화 과정에서 그림지에 과도하게 기댄 덧이다. 그러면 안 된다. 그림사가 자기를 잡아먹는다. 융 심리학의 지도분석을 받는 사람들의 전언에 의하면 분석을 받는 도중 무의식에 지나치게 기대면 미쳐버리든가 possessed 심지어 죽을 수도 있다고 한다. 그림자는 말 그대로 실체가 아니라 그림자여서 주체의 인격과 함께 살고 싶어 할 뿐 자기가 주체가 될 수는 없다. 이성적 통어를 받지 않으므로 어떻게 될지는 스스로도 모른다. 그래서 위험하다.

4. 상징적 죽음과 재탄생의 신화

그럼에도 불구하고 그림자와의 동행이 다행스러운 것은 이 모든 진술이 시적 언술이라는 점에 있다. 김소연은 상담실 안의 환자가 아니고 시인이다. 더 정확하게는 환자이면서 동시에 의사다(들뢰즈). 프로이트가 탄복했듯이 시인은 환자와 같은 트라우마를 지녔으면서도 그것을 예술 작품으로 승화시킬 줄 아는 기이한 능력을 지녔다. 그래서 앞서 언급한 죽음은 어디까지나 상징적 죽음이 된다. 인간은 삶의 고비 때마다 상징적 죽음을 통해 성숙한다. 우리가 성장하면서 잃어버린 본래의 자아에 더 가까워지는 것이다. 그것은 대체로 재생 또는 재탄생의 이미지로 나타난다.

    이제야 죽고 싶어진다고 나는 말한다,
    네가 태어나고 싶어지는
    이 순간에,

-「이 순간」 부분

발이 없는 발목에서 싹이 나고 있습니다
나는 이제 아득한 끝으로 갈지도 모르겠습니다

-「영혼의 새」 부분

나는 발이 시렸네
발가락 사이로 패랭이가 피었네
허벅지를 타고 나팔꽃이 만개했네

-「이 몸에 간질간질 꽃이 피었네」 부분

죽음을 통한 재생이 구체적으로 명시되어 있는 대목들이다. 특히 발목에서 싹이 난다거나 몸에 꽃이 피는 대목은 무가(巫歌)로 전해지는 「창세가」에서 미륵과 석가가 자기 몸에 꽃피우기 경쟁을 하는 부활 신화에 닿아 있다. 또 시집 여기저기서 언뜻언뜻 보이는 "윤회", "환생", "다음 생애", "옹알이", "이다음에 커서 나는" 등도 재탄생의 욕망이 깊게 스며든 부분들이다.

그림자를 통한 죽음과 재탄생의 이미지는 따로 긴 설명이 필요 없이 변형 신화의 전개와 흡사하다. 미녀의 사랑으로 인해 야수가 왕자로 변하는 것 역시 변형 신화의 전형적인 패턴이다. 앞서 언급했듯이 이번 시집의 제목을 비롯해 주요한 시간적 이미지가 11월, 저녁, 황혼녘, 밤 등으로 나타나는 것도 변형 신화와 연관이 깊다. "지고 일어나니 세상이 달라졌다"는 밀쳐짐 변화가 일어나는 시간이 주로 밤이기 때문이다. 노이만에 따르면 남성의 변형 신화가 공격적인 특성을 내포하면서 태양(빛)과 관련되는 반면, 여성의 그것은 달(밤) 신화를 통한 '영혼'의 탄생으로 이해된다. 이는 모권적 실체인 여성 = 몸 = 그릇 = 세계라는 거대한 원Great Round의 산물이다. 김소연의 시에서 딸, 어머니, 달, 그릇("여자가 쓰는 물건들은/왜 하나같이 움푹 패어 있어/무언가 연신 채워 넣도록 생겨먹었는지": 「진달래 시첩」)의 이미지가 두드러진 것도 이와 같은 측면에서 이해할 때 그 의미의 파장이 더 크게 울렁인다. 다음의 시는 이러한 변형 과정을 한결 또렷하게 보여준다.

오른쪽 겨드랑이에서 땀이 얼고 있습니다
밤 서리들처럼 반짝반짝거립니다
나의 새를 보십시오 나는 눈부십니다

- 「영혼의 새」 부분

밤이 되어 그림자마저 사라졌을 때 반짝반짝 눈부신 빛이 생겼다. 새로운 영혼의 탄생이다. 나의 그림자를, 그 어두운 영역을 "사랑하고 사랑하"기까지 "아프곤 아프곤 했"(같은 시)을 것이다. 김소연의 첫 시집이 지난 연대에 대한 우울한 환멸과 주변부의 배회를 보여주었다면, 이번 시집은 자기 심혼의 변화를 정직하게 바라보면서 언젠가 우리가 마주치게 될 삶의 진경 한 대목을 극적으로 보여주고 있다. 자신의 그림자와 벌인 연애에서 생긴 '영혼의 새'는 어디로 날아가고 있는가.

먹어야 산다는 치욕
- 김기택, 『껌』

    4학년 2학기. 졸업이 얼마 남지 않은 겨울이었다. 대학 도서관에서 밤늦게까지 시를 뒤적이다 나왔다. 배가 몹시 고팠다. 담배도 '땡겼다.' 주머니에 있는 것이라곤 달랑 5백 원짜리 동전 하나가 전부. 나는 라면을 먹을까 담배를 살까, 교문을 향해 난 긴 중앙로를 걸이기면시 고민에 빠졌다. 둘 다 5백 원이면 가능했던 시절이었다. 혼자 머리를 떨군 채 걷고 있는데 누군가 내 어깨를 툭 쳤다. 후배 여학생이었다. 고민을 얘기하자 꼬깃꼬깃한 천 원짜리 한 장을 주면서 밥을 먹으라 했다. 그날의 예기치 못한 사태는 거기서부터 이미 예비되고 있었다. 고맙다는 말 외에 내가 할 수 있는 말은 없었다.

    후배한테는 미안하지만 그날 밥을 먹지 못했다. 고춧가루가 눌어붙은 분식집 탁자 위에 더운 김이 솟는 된장찌개를 받는 순간 그만 목이 꽉 메고 말았다. 먹어야 산다는 사실이 그처럼 치욕적일 수 없었다. 만물의 영장이라는 인간도 별수 없이 먹어야 사는구나, 차가운 얼굴에 훅 끼쳐오는 흰 김발이 그렇게 서러울 수가 없었다. 고향에 혼자 계신 어머니의 모습도 겹쳤다. 첫술을 뜬 밥 숟갈을 그대로 내려놓았다. 북받치듯 울음이 차올라 도무지 밥을 넘길 수 없었다. 흐르는 눈물을 감추려고 골목길로 숨어숨어 허기진 자취방으로 돌아갔다. 나는 그것이 나의 한 시절을 떠나보내는 어떤 표지라는 걸 전혀 몰랐다. 당시에는 왠지 눈물만 나왔다. 어쩔 수 없이 내 인생도 세속적으로 흘러가리라는 걸 처음 예감한 날이었다.

김기택의 새 시집 『껌』을 읽으며 그때의 내 예감이 결코 틀리지 않았음을 확인하는 심사는 쓸쓸하고 또 우울했다. 그의 시에 나오는 장면들처럼, 삼겹살을 뒤집으며 고기 굽는 냄새를 피우거나, 산낙지를 먹고 껌을 씹으며 하루하루를 연명해왔다. 본능적이란 측면에서 어찌 보면 유순한 삶이지만, 한편으론 끔찍한 "살육의 기억"들이다.

> 누군가 씹다 버린 껌.
> 이빨자국이 선명하게 남아 있는 껌.
> 이미 찍힌 이빨자국 위에
> 다시 찍히고 찍히고 무수히 찍힌 이빨자국들을
> 하나도 버리거나 지우지 않고
> 작은 몸속에 겹겹이 구겨넣어
> 작고 동그란 덩어리로 뭉쳐놓은 껌.
> (…중략…)

살처럼 부드러운 촉감으로
고기처럼 쫄깃한 질감으로
이빨 밑에서 발버둥치는 팔다리 같은 물렁물렁한 탄력으로
이빨들이 잊고 있던 먼 살육의 기억을 깨워
그 피와 살과 비린내와 함께 놀던 껌.
지구의 일생 동안 이빨에 각인된 살의와 적의를
제 한 몸에 고스란히 받고 있던 껌.
마음껏 뭉개고 갈고 짓누르다
이빨이 먼저 지쳐
마지못해 놓아준 껌.

- 「껌」 부분

    우리 모두 '껌'을 씹고 뱉는다. 그리고 우리 모두 누군가에게 씹히다 버려지는 '껌'이 된다. 세상이 어느새 동물의 왕국이 되어버렸다. 신화학자 조셉 캠벨은 『신화의 힘』에서 "인생은 죽이고 먹음을 통해서야 살아지는 무서운 신비의 덩어리"[18]라고 말했다. 그는 이어, 인생은 원래 그런 게 아닐 거라고 여기는 것은 정말 유치한 생각이라고 덧붙였다. 인간의 모든 제의가 바로 이 죽이고 먹는 일과 관련돼 있다는 것이다. 나는 또 한 번 몸서리쳤다.
    믿고 싶지 않지만 믿어야 하는 일들이 있다. 내 몸속에 살육의

---

[18] 조셉 캠벨·빌 모이어스(이윤기 역), 『신화의 힘』, 고려원, 1996, 138쪽.

흔적이 있음을, 태연한 표정 뒤에 번뜩이는 살의가 있음을……. 시인들은 말을 하는데 사람들은 말하지 않는다. 내 혀끝의 쾌감이 살아 있는 낙지를 토막 냈다고(「산낙지 먹기」), 내 자동차의 경쾌한 속도가 어린 고양이를 죽였다고(「고양이 죽이기」), 비린내 나는 저녁상을 오늘 또 먹었다고(「저녁상에서 비린내가 난다」). 이 일을 멈출 수 있을까?

> 이 운전을 아무래도 멈출 수 없을 것 같다,
> 교통사고로 죽거나
> 불행하게도 죽지는 않아서 엉덩이에 휠체어 바퀴가 달리거나
> 아니면 더욱 불행하게도
> 사람을 바퀴로 으깨 죽이기 전까지는.
>   ―「죽거나 죽이거나 엉덩이에 뿔나거나」 부분

시인은 멈출 수 없다고 말한다. 이 시의 결미대로 "죽거나 죽이거나 엉덩이에 둥근 뿔이 달리기 전까지는" "이 불편한 속도를 포기할 수 없을 것 같다". 속도에 얹힌 살육의 기억이야말로 인간의 근원적인 반성이 가 닿아야 하는 최종 종착지이다. 그것을 거부하자는 것이 아니다. 인간의 욕망이 작동하는 그 밑자리를 섬세하게 들여다보자는 것이다. 그렇지 않고서는 새로운 문화를 기대할 수 없다.

나는 이제 학생들에게 가르친다. 시를 읽으면서, 그러나 세상은

시답지 않다고. 그래서 시가 필요하다고. 문화적 감각을 얘기하며, 그러나 세상은 지극히 야만적이라고. 그래서 문화가 필요하다고. 지금도 도시의 빌딩 그 어디에선가는 어떤 회사를 어떻게 손아귀에 넣을 것인지 목하 고심 중이라고. 그래서 상생이 필요하다고. 협동은 없고 경쟁만 있는 곳, 인내는 없고 욕망만 있는 곳이 우리들의 엄중한 삶터라고. 우리의 아이들이 또 그렇게 자라고 있다고. 일단 그렇게 인정하고 다시 시작해보자고.

나쁜 남자 VS '나쁜 소년'
- 허연, 『나쁜 소년이 서 있다』

먹어야 산다는 것은 치욕이다. 인간도 여느 동물과 다름없이 먹어야 산다는 엄중한 이치, '만물의 영장'에서 한낱 '벌레'로의 전락, 쉽게 말해 먹이를 구해야 한다는 것, 돈을 벌어야 한다는 것, 치욕은 거기서 생긴다. 그 치욕을 담담히 받아들일 수 있다면 어른이지만 그렇지 못하면 아이이다. 13년 만에 나온 허연의 두 번째 시집 『나쁜 소년이 서 있다』(민음사)는 그 사이를 오가며 비척거린다. 어른도 아니고 아이도 아닌 중간의 몸짓이 '나쁜 소년'의 시적 포즈인 셈이다. 먼저 어른에 근접한 경우.

"형 좀 추한 거 아시죠."
얼굴 도장 찍으러 간 게 잘못이었다. 나의 자세에는 간밤에 들은 단어가 남아 있었고 고양이의 자세에는 오래전 사바나의 기억이 남아 있었다. 녀석이 한쪽 발을 살며시 들었다. 제발 그냥 지나가라고. 나는 골목을 포기했고 몸을 돌렸다. 등 뒤에선 나직이 쓰레기봉투 찢는 소리가 들렸다. 고양이와 나는 평범했다.

− 「간밤에 추하다는 말을 들었다」 부분

'얼굴 도장'이란 세속의 예의이자 어른의 술책이다. 속내는 그렇지 않은데 얼굴만 보여줌으로써 난 당신과 같은 편이라는 인식을 심어주는 문화적 포장이다. 눈도장만 찍고 남은 시간을 전유한다는 측면에서 경제적 행위이기도 하다. 순진한 아이는 결코 할 수 없는 짓이다. 내키지 않으면 아예 안 가겠다고 떼를 쓴다. 그랬으면 좋으련만 어른 흉내를 내느라 가서 "추한" 꼴을 보이고 말았다. 치욕이다. 누구나 다 알지만 드러내놓고 말할 수는 없는, 스스로를 기만하는 데서 비롯된 씁쓸한 치욕……

다음날 골목에서 마주친 고양이는 어떤가. 굶주린 고양이는 야생의 생리를 버리고 쓰레기봉투를 찢어 배를 채운다. 역시 치욕이다. 그러나 벗어날 수 없다. 슬픔과 비애가 따르는 것은 그 때문이다. "둘 다 절실해서 슬펐다"(같은 시). 슬픔은 자신이 어찌해볼 수 없는 거대한 힘 앞에서 생기는 좌절의 감정. 조직에서 잘리지 않으려면 얼굴 도장이라도 찍어두어야 하고, 굶어 죽지 않기 위해서는 쓰레기봉투라도 찢어야 한다.

나날의 치욕을 견디며 살아가는 어른의 비애를 그렸지만, 그것이 시적 울림으로 공명하는 까닭은 밑변에 어린아이의 바탕이 깔려 있기 때문이다. 어떤 아이인가.

나도 믿기지 않지만 한두 편의 시를 적으며 배고픔을 잊은 적이 있었다. 그때는 그랬다. 나보다 계급이 높은 여자를 훔치듯 시는 부서져 반짝였고, 무슨 넥타이 부대나 도둑들보다는 처지가 낫다고 믿었다. 그래서 나는 외로웠다.

(…중략…)

나는 나를 만들었다. 나를 만드는 건 사과를 베어 무는 것보다 쉬웠다. 그러나 나는 푸른색의 기억으로 살 것이다. 늙어서도 젊을 수 있는 것. 푸른 유리 조각으로 사는 것.

무슨 벌처럼, 한 소년이 서 있다.
나쁜 소년이 서 있다.

- 「나쁜 소년이 서 있다」 부분

얼굴 도장을 찍으러 간 것이 "나를 만드는" 행위, 즉 어른의 행태라면 "푸른색의 기억으로 사"는 것은 어린아이의 마음 바탕을 유지하는 일일 것이다. 그런데 그 아이는 '나쁜 소년'이다. 그냥 소년도 아니고 나쁜 소년. 허연의 시가 긴장을 발하는 것은 단연 이 지점이다. 나쁜 소년이란, 아이 적에 어른의 세계를 이미 보아버린, 그래서 늘 체제에 반항하는 불한당의 세계이다. 위악의 제스처로 타락한 세상을 넘어서려는 "불온한 검은 피"(첫 시집 제목)의 세계이다. 어릴 적엔 신부가 되고 싶었고, 좀 더 커서는 화가가 되고 싶었던, 그러나 어쩔 수 없이 비루한 현실에 발목을 잡혀버린, 한 인간의 심연 깊숙이 박혀 평생을 찔러대는 "푸른 유리 조각"의 세계이다.

그것을 "법"이라 함은, 애초에 어른의 세계를 인정치 않겠다는 뜻이다. 그런 사람에게 현실은 결코 제 몸을 열어주지 않는다. 단단히 결빙되어 있다. 그에게 세상은 화해할 수 없는 대상, 그래서 늘 슬프고 우울하며 겉돌 수밖에 없다. '슬픈 빙하시대' 연작은 그런 맥락에서 아프게 읽힌다. 적당히 타협하며 비비고 들어가야 하는데 그러자니 누군가 추하다고 나무란다. 나쁜 소년의 목소리다. 심연에 박힌 "푸른 유리 조각"의 빛이다.

이젠 누구도 세상의 '법'을 믿지 않는다. 법 스스로 법을 어기는 외설적 아버지의 시대인 것이다(지젝). 지난 대선이 말해주듯 더 많은 향락을 즐길 수 있다면 윤리 따위는 문제가 되지 않는, 초자아의 향락을 즐기는 시대이다. 강한 것이 아름다운 시대, 곧 '나쁜 남자'가 인기라는 요즘, 허연의 시집이 의미 있게 다가오는 것은 그런 현실에 휩쓸려 살아가는 자신을 냉엄하게 직시하고 자책하는 내적 윤리의 힘에 있다. 너도나도 집단적으로 타락한 이 시대에 푸른 유리 조각을 보석처럼 여기며 일상의 치욕을 넘어서는 시적 인식에 있다. 결국 나쁜 소년이란 이 시대 외설적 아버지의 대타항 혹은 "무섭게 반짝이"는 우리 안의 거울인 셈이다.

얼마나 오래도록 마음을 타고 놀았으면
-장정자,『뒤비지 뒤비지』

인간에게는 누구나 속 시원히 해결되지 못한 '검은 마음'이 있다. 그것은 본디 자연의 자리에 놓이는 것이라 우리로서는 도무지 알 수 없고 볼 수도 없다. 어떤 이에게는 신의 영역에 맞닿은 지점이 될 수도 있고 또 어떤 이에게는 실재계 혹은 오브제 아(a)로 명명될 수도 있으며, 또 어떤 이에게는 유전자의 오묘한 작용으로 이해될 수도 있는 그것은, 그러나 결코 우리들 입으로는 말해질 수 없는 무엇이다. 다행인 것은 그것이 꿈을 통해, 시를 통해, 또 다른 예술적 상징을 통해 자신의 모습을 조금씩 드러낸다는 사실이다.

장정자의 첫 시집『뒤비지 뒤비지』(천년의시작)는 다양한 겉표정에도 불구하고 이와 같은 검은 마음의 세계를 매우 조심스럽고 비밀스레 열어 보이고 있어 흥미를 끈다. 사실 재미있고 이상한 제목의 이 시집은 얼핏 보면 생태시로 부르기에 딱 좋을 만큼 숱한 목숨의 살림살이를 제 품에 끌어안고 어르며 함께 노는 모습이지만, 그 속을 들여다보면 뭐라고 이름 붙이기 곤란한 갈증과 충동이 깊숙이 내장되어 있음을 알 수 있다.

> 마음이 어디로 흘러가는지 모른다 했더니
> 선뜩하니, 어느 날 가만히 따라가 보았어요
> 밤새 한쪽 귀가 잘린 달이 하얗게 실신한 동그라미만 그려놓듯
> 마음도 어느 한 중심을 향해
> 끊임없이 끊임없이 동그라미만 그리고 있는 것입니다
> 고여 있었습니다
> 허공이 온통 크고 작은 동그라미로 얽혀
> 새벽에는 눈도 코도 입도 귀도 뭉그러진 한 피투성이가
> 제 동그라미를 들이박고
> 내 몸이 자꾸 한쪽으로 쏠려진 이유일 것이라고
> 그렇게 동네 운동장 저녁에다 데려다가
> 곱게 씻겨 새잎 돋는 나뭇잎들 사이에
> 새 물꼬 풀어주며, 가거라 했습니다만
>
> ―「만행」 전문

"어디로 흘러가는지 모르"는 마음이 곧 앞에서 말한 우리들의 '검은 마음'이다. 속절이 없어 "끊임없이 동그라미만 그리고 있는" 마음. 그런데 이 마음이 하는 짓을 보라. 외부 대상을 향해 움직이는 것이 아니라 '중심'을 향한 구심운동을 하고 있다. 명상을 해

본 사람은 알겠지만 수없는 동그라미를 그리며 중심을 향하는 나선형 정신 이동은 내 마음의 시작점, 그 근원을 찾아가는 행위이다. 시에서처럼 눈 코 귀 입을 다 뭉개고, 그러니까 모든 감각을 다 쳐내고 극진한 마음 하나로 내가 어디서 왔는가를 묻는 구도 행위이자 자기 성찰인 것이다. 모든 구도가 고통을 동반하듯("피투성이") 자신의 기원을 찾아가는 일만큼 지난한 것도 없다. 내 온 곳에 대한 끊임없는 질문.

답이 주어질 리 없다. 불가에 만법귀일萬法歸一이되 일귀하처一歸何處라 했다. 만법이 하나로 돌아가는데, 그 하나는 어디로 돌아가는가? 마음은 마음에 연하여 끝이 없는 법. 이 시의 결미가 역접으로 끝난 까닭이 여기에 있을 것이다. 다른 곳으로 가라고 해도 늘 내게로 되돌아오는 검은 마음. 영원한 불가능성에의 꿈. 결국 이 때문에 우리는 밤새워 술을 마시고 사방천지를 헤매고 돌아다니지 않는가. "몸을 벗어날 수 없다는"「거처」, "먹히기 위해/일생 歿弦琴을 타는"「황금무당거미」, "네 마음 찾아" 일생을 끄지른 「사랑」, 만 년이 걸려야 도달할 수 있는 「약속」, "캄캄한 골짝 숨어들었다 문득 마을까지 내려와" 우는 「지리산」 등은 모두 그 가뭇없는 꿈의 막막한 흔적들이다. 그렇다고 시인이 거기서 주저앉는 것은 아니다.

　　서서히 육탈하고 있었다

마름 매자기 노랑어리연꽃 생이가래 자라풀들

깊은 반야경 한 권이 다 풀리고 있었다

가끔 물오리 떼가 끼르륵끼르륵 늪을 친다

저쪽 물줄기에서 이쪽 물줄기로 끊임없이 흘러오는

일억 몇 천만 년의 설법들을

몸소 벗어 보이신 것이다

한쪽 신발을 남겨 놓으시듯

여기서부터 야단법석이 차려질 일이다

- 「가을 우포늪」 전문

  장정자 시인의 만만찮은 내공이 단단히 실린 작품이다. 언어와 실재의 문제를 이토록 가깝고도 뜨겁게 맞붙여 놓은 작품이 일찍이 있었던가! '검은 마음'을 놓고 고수와 하수가 갈리는 지점도 여기일 것이다. 애써 파내거나 덮으려 하지 않고 삼라만상에 마음을 실어 그대로 놓아두기. 언뜻 보면 말이란 그 다음의 문제일 뿐이라고 역설하고 있는 것 같다. 결구 "여기서부터 야단법석이 차려질 일이다"란 구절이 그 사정을 그대로 대변하고 있는 듯하기 때문이다. 이는 무슨 뜻인가? 시인의 진술에 따르면 야단법석, 그러니까 부처의 법문이 열리는 자리는 우포늪에 서식하는 온갖 생명들, 바로 여기에서부터 시작해야 한다는 것이다. 이것은, 이렇게 구체적으로 살아 있는 목숨들, 다시 말해 자연의 실재에서 비로소 말이 시작되어야 한다는 것을 의미한다. 요약하면 말(설법)보다 실재(생명)를 앞세우기이다.

하지만 앞에서 시인은 이미 우포늪의 숱한 생명들은 기실 반야경의 활자들이 육화된 것이라고 진술한 바 있다. "마름 매자기 노랑어리연꽃" 등은 반야경의 설법들이 "몸소 벗어 보이신" 것들이다. 말하자면 언어의 실재화이다. 그런데도 시인은 이를 "육탈"이라고 하는 모순어법을 사용한다. 바로 여기에 이 시의 묘미가 있다. "육탈"이란 몸을 벗는 행위, 곧 자신의 카르마에서 해방되는 것을 뜻한다. 억만 겁의 인연, 오랜 윤회의 고리로부터 벗어나는 것이다. 그렇다면 "여기서부터 야단법석이 차려질 일"은 그 반대로 실재의 언어화일 것이다. 몸에서 벗어나 말씀(설법)을 남기는 행위이다. 그러나 시인은 이를 뒤집어 말함으로써 말이 곧 사물이며 사물이 곧 말이라는, 사물로서의 시적 언어를 그대로 보여준다. 이것이 무슨 말인가. 범속하게는 경이나 법에 사물을 가두거나 마음이 미혹되어서는 안 된다는 뜻이지만, 실은 말과 사물, 몸과 마음 이 둘이 아니라는 불이不二 혹은 이접離接의 이치를 역설하고 있는 셈이다.

흔히 시 쓰기를 두고 언어를 통해 언어에 갇힌 존재를 해방시키는 아이로니컬한 작업이라고 한다. 개인적으로 여기에 동의하지 않지만, 장정자 시인은 그런 구분조차 넘어서 버렸다. 얼마나 오래도록 검은 마음을 타고 놀았으면 이 경지에 이르게 된 것일까. 시인은 그 비밀 하나를 다음과 같이 슬쩍 일러준다. "탱자나무 울타리는 개구멍받이를 가지고 있었다."(「내가 신출귀몰했던 이유」) 내 안의 깊은 곳 그 허방 어디쯤에도 개구멍받이가 하나쯤 있었으면 좋겠다.

욕망의 연금술
- 최명선, 『기억, 그 따뜻하고 쓰린』

"옛날 공부하던 사람은 자기를 위해 했으나, 지금 공부하는 사람은 남을 위해 한다."『논어』헌문편憲問篇에 나오는 구절이다. 장기근의 역주에 의하면 이는 다음과 같이 풀이된다. "옛날의 공부하던 사람은 자기 수양(즉 자신의 학문과 덕행을 높이기 위해서)을 위해서 했으나, 오늘의 공부하는 사람은 남에게 보이고 팔리기 위해 (즉 등용되기 위해서) 한다." 여기서 알 수 있듯이 예나 지금이나 곡학아세曲學阿世하는 무리는 있다. 그러나 요즘 세태를 보면 그 정도가 더욱 심해진 듯하다. 교육과학기술부 이전의 명칭인 '교육인적자원부'라는 말도 그렇지만 모든 공부를 경제적 이해득실의 잣대로 가늠하려 든다. 게다가 누가 논문을 얼마나 많이 썼느냐를 둘러싼 숫자 놀음이나 학점 따기, 점수 경쟁을 들여다보면 그 바닥의 척박함에 달리 손쓸 길이 없어 보인다.

안타깝게도 공부 중의 공부, 모든 공부를 통틀어 으뜸이라는 시 쓰기마저 그렇게 변해간다. 자기 수양과는 상관없이 세상이 주목하는 쪽으로 흘러간다. 스스로도 알지 못하는 파편적인 이미지를 숨가쁘게 나열하느라 여념이 없다. 그래야 새롭고 참신한 시를 썼다고 생각하는 모양이다. 답답하고 슬픈 일이다. 세월이 변하고 세상이 달라졌으니 응당 그래야 하지 않겠느냐고 반문할 법도 하다. 그러나 세상에는 변해야 할 것이 있고 변하지 말아야 할 것이 있다. 시를 담는 그릇이나 내용물은 변할지언정 그 태도만큼은 그래서는 안 된다. 미적 현대성 운운하며 전체적인 시의 기율이 미메시스보다 카타르시스로 기울었다고 하지만 승화를 동반한 카타르시스와, 단순한 언어 유희나 배설에 가까운 자기 표현을 구분하지 못한대서야 말이 되겠는가.

> 자본의 코드가
> 삶의 질을 바꿔 놓는다 하여도
> 본질만은 변하지 않지
>
> ─「이면지 앞에서」부분

이런 생각을 하게 된 것은 위 시를 비롯해서 최명선의 첫 시집 원고를 통독하고 나서였다. 거기에는 얄팍한 제스처로 세인의 주목을 받으려는 개인적 욕심이 티끌만큼도 없었다. 오히려 크고 작은 내적 욕망들을 기어코 안으로 안으로 다스리려는 어떤 극진함이 배어 있었다. 시 쓰기가 자신의 마음공부, 곧 자기 수양이라는 태도가 역력했던 것이다. 그의 시편들에는 타자에 대한 애틋한 사랑과 더불어 자기 스스로의 삶에 대한 회한과 연민도 짙게 스며 있었지만, 자기 안에서 내밀하게 치솟는 주체의 욕망에 대한 정직한 응시와 갈등이 더욱 진하게 부각되어 있었다. 그 표정은 때론 유쾌했고, 때론 위험했으며, 때론 안쓰러웠다.

> 잘라낸 관능
> 그 메마른 오관마다
> 붉은 꽃물 돌게 하는
> 돌게 하고야 마는,
> 먼 길 돌아온 한 사내의
> 은밀한 애무여
>
> 잔인한 봄밤의 뜨거운 방사여
>
> ― 「프란체스카를 위하여 1 ― 봄비, 그 잔인한」 전문

    우선은 유쾌하다. 특히 "뜨거운 방사"가 갖는 중의적 의미는 부제의 "봄비"와 겹쳐지면서 독자의 야릇한 상상력에 돌연 활기를 불어넣는다. 그래서 위험하기도 하다. 한밤에 온 대지를 촉촉이 적시며 내리는 봄비를 매우 에로틱한 풍경으로 포착해낸 이 작품은, 사실 그것만으로도 충분한 의미가 있다고 말할 수 있다. 이 시는, 성적 상상력을 통해 생명수로 내리는 봄비를 하늘과 땅의 에로티시즘으로 치환시킴으로써 자연 생명의 힘에 대한 경탄이나 만물이 깨어나는 우주적 순환의 한순간을 묘파해냈다고 볼 수

있기 때문이다. 나름대로 수작이라 하겠다.

  하지만 이 작품에는 그렇게만 보고 넘어가기에는 뭔가 석연찮은 구석이 분명히 있다. 앞서 말한 식으로 이해하기엔 "잘라낸 관능"과 "잔인한 봄밤"이 개운치 못하고, 시의 제목이 주는 무거운 분위기도 쉽게 떨쳐내기 힘들다. 좀 더 기민한 독자라면 거기서 더 나아가지 않을까. 아마도 그럴 것이다. 딱 꼬집어 말할 수는 없지만, 여기에는 어떤 욕망의 억눌림, 혹은 비극적 사랑의 후렴구가 숨어 있는 듯하다. 우선 "잘라낸 관능"은, 얼핏 보기엔 겨울에 가지치기를 한 나무를 연상시키지만, 제목의 '프란체스카'와 연결되면 자의든 타의든 관능을 제지당하거나 억압당한 모습으로 읽힌다. "잔인한 봄밤" 역시 마찬가지다. 외국 시인의 전언을 빌어 "잔인한 4월"로 쉽게 이해되는 듯하지만 부제인 '봄비, 그 산인힌'과 맥을 이어놓고 보면 그 뜻이 전혀 달라진다. "그"라는 지시대명사가 말해주듯 대지와 뜨거운 방사를 치르는 봄비 자체가 잔인한 것이다. 그런 식으로 짚어 읽으면 결국 '프란체스카'는 "잔인한 봄밤의 뜨거운 방사"에서 소외된 어떤 대상을 가리키는 것 아닐까. 필자의 과문에다 별도의 설명이 없어 정확히는 알 수 없으나, 그는 수도원에서 구도 중인 수녀일 수도 있고, 시동생을 사랑한 비극의 여주인공일 수도 있다. 그렇게 보지 않으면 '프란체스카를 위하여'라는 제목에 가 닿을 뾰족한 방법이 없다. 다른 시에 기대면 그 주체는 "베란다 창틀에 갇혀" "제 설움 곱게 삭여"(「사과분재 앞에서」)야 하는 존재이기도 하고, "입구를 봉쇄당한 음성音聲역"(「어쩌겠어요.)이기도 하다. 그의 시에 안쓰러움이 묻어나는 것은 바로 이러한 까닭에서이다.

시적 언어가 지닌 모호성을 살리기 위해서라도 제목의 그가 누구인지 굳이 규정할 필요는 없다. 다만 우리는 이 시가, 생명 에너지의 뜨거운 관능에 대한 예찬과 더불어, 어쩔 수 없이 관능을 억압해야 하는 한 존재에 대한 애틋한 연민을 동시에 껴안고 있다고 보면 된다. 그러니까, 한밤중의 "뜨거운 방사" 이면에는 스스로 달아오른 관능을 내리는 봄비에 저 홀로 식혀야 하는 시적 주체의 슬픈 아이러니가 들어 있는 셈이다. 독자가 이 시에서 승화나 카타르시스를 경험하는 것도 바로 이 때문이다.

뛰어난 예술 작품에는 대극의 힘이 맞물려 있다. 그것이 작품에 긴장과 활력을 부여한다. 눈물 속에는 별빛이 돋고, 희열 뒤에는 반드시 죄가 따르는 법 아닌가. 그 점에서 최명선의 시는 두 힘의 균형을 아슬아슬 잘 유지하고 있다. 균형이 깨졌다 싶으면 이내 한가운데로 돌아가 두 힘 사이에서 씨름을 벌인다.

泥水와 離水 사이,
날개도 없이 비상을 꿈꾸다
利水라는 환승역을 놓쳤습니다
먼지 이는 소로에서 문득 뒤돌아보니
그 역이 내 삶을 바꿔놓을 수 있었던
유일한 환승역은 아니었을까

여기 저기 막힌 물꼬 시원하게 터 주었을
어쩌면 거기가 내가 놓친
마지막 利水의 비상구는 아니었을까
갈증 같은 환승역, 다시 이수에서 문득

- 「다시 이수역에서」 전문

 환승역을 놓쳤다는 것은 이미 균형점을 넘어섰다는 것을 의미한다. 그곳을 지나면 오직 한 방향으로의 이동만이 남는다. 하지만 시적 화자의 마음은 여전히 "泥水와 離水 사이"의 환승역인 "利水"로 다시 돌아와 두리번거린다. 환승역에서처럼 삶을 갈아탈 수 있다면……. 그때 내 마음의 주소를 바꾸었더라면……. 어쩌면 그것이 마지막 기회였는지도 모르는데……. 누구나 한 번쯤 그런 상념에 시달렸을 것이다. 나 역시도 그랬다. 지금까지 타고 온 궁상맞고 지리멸렬한 생의 노선을 버리고, 뭔가 짜릿하고 격렬한 생의 비등점으로 갈아타고 싶었다. 가족을, 학교를, 사랑을, 직장을, 국적을, 지구를, 아니 차라리 사람 아닌 다른 몸을 입었더라면……, 싶었다. 그래서 화자에게 환승역은 채워질 수 없는 "갈증 같은" 것이다. 그것은 목마름이자 허기이고 부재이자 결별이며 틈이고 균열 같은 것이다. 그것은 또, 말하는 순간 사라지는 침묵처럼 비어 있어야만 균형을 유지하는 것, 채워지는 순간 봉합돼 버리는 무엇이다.
 그리고 보니 이 시집에는 그러한 결절점들이 자주 눈에 띈다.

물음표를 앞세우고 떠나는 날들은
관절 속에 안타까운 울음소릴 박아 놓고

- 「낡은 목선의 비애」 부분

이미 떠나갈 것은 다 떠나가 버린
충만한 공허여,

- 「마른 꽃」 부분

빛이 되지 못한
꽃이 되지 못한
못한, 못한, 절망과 허기로 무성한
잡념의 나무

- 「가지치기, 그 환한」 부분

꽤 고심해서 얻었을 표현인 "관절 속에" 박힌 "안타까운 울음소릴" 들어보라. 그것은 곧 시인의 처연한 속울음이 아니겠는가. 더 이상 멀리 나갈 수 없어 삐걱거리는 용골로 정박한 낡은 목선이나, 생의 진액이 다 빠져나가 버린 마른 꽃, 잡스런 상념을 가지치기 해버린 나무 등은 시인이 시적 자아와 동일시하는 대상들이다. 그것들은 모두 무언가 결핍된 존재들이다.

왜 시인은 유독 이런 대상들에 집착하는 것일까? 앞서 말한 갈증, 허기, 부재, 결별, 틈, 균열 등을 지닌 대상이야말로 시인의 마음을 가장 붐비게 만들기 때문이 아닐까. 갈증은 물을 부르고, 허기는 먹을거리를 찾는다. 부재는 허깨비를 세워두며 결별은 새로운 만남을 기대한다. 틈과 균열도 무엇인가로 메워지고 봉합되기를 기다린다. 이 모두가 욕망을 일으키는 유인들이다. 이들은 결핍 내지 결여의 자질들로서 욕망의 삼투압이 일어나는 숱한 결절점인 셈이다. 다음의 시는 그와 같은 성격을 좀 더 뚜렷하게 보여준다.

   가끔, 주체할 수 없는 욕망의 경사로에서 아무도 몰래 어제를 밀어 버리고 싶다는 생각 들어 본 적 없니? 허옇게 말라가는 꿈의 척추를 날마다 힘겹게 일으켜 세우느니 차라리 어제를 버리고 내일만 내리고 어디론가 도망가고 싶다는 생각 들어 본 적 없니? 절정의 새날 합환식 끝나고 행복이 싹틀 무렵, 양심 한 올 살아나 활을 겨누면 그냥 이렇게만 말하는 거야 나는 모르는 일이라고, 나도 모르는 사이에 일어난 급발진 사고였을 뿐 정말 나는 아무것도 모르는 일이라고, 눈물 먼저 흘리지 않도록 각별히 조심하고

                                                    - 「완전 범죄를 꿈꾸며」 전문

별다른 설명이 필요 없는 작품이다. 우리 모두가 그랬던 것처럼 이 시의 화자도 지금 "욕망의 경사로에서" 갈등하고 있다. 어떻게든 확, 저지르고 싶지만 그러지 못하고 망설이는 모습은 위험하고 아슬아슬해 보인다. '낡은 목선'처럼 낡아갈 수만은 없을 것이다.

'마른 꽃'으로 걸려 있을 수만도 없지 않겠는가. 「다시 이수역에서」에서처럼 생을 갈아타고 싶은데 그게 마음대로 되질 않는다. 왜 그럴까? 앞에서 우리는 희열 뒤에 죄가 온다고 했는데 그것은 바로 이 대목을 두고 한 말 같다. 돌로 눌러 죽여버리고 싶지만 그럴 수 없는 "양심" 때문이다. 양가감정처럼 쾌락원칙과 현실원칙은 늘 짝패로 붙어 다닌다. "아무도 몰래 어제를 밀어 버리고 싶다는" 쾌락원칙은, "양심 한 올 살아나 활을 겨누"는 현실원칙 앞에 우리를 불러 세운다. "눈물 먼저 흘리"게 되는 까닭도 마찬가지다. "나도 모르는 일이라고" 시치미를 떼어보지만 참회의 눈물이 먼저 솟는 건 어쩔 수 없다.

여기서 보듯이 우리의 삶은 늘 무엇인가를 욕망하는 쾌락원칙과 이를 억제하는 현실원칙의 길항으로 그 무늬를 짜나간다. 그렇게 줄타기를 하면서 자신의 생활을, 자신의 정신을 경영해간다. 시인들도 똑같다. 시인들은 대체로 욕망을 실현하는 모습엔 별 관심이 없다. 오히려 그 반대의 모습에 연민을 느끼고 동정을 보낸다. 결코 실현될 수 없는 욕망, 그 불가능성에 매력을 느끼는 것이다. 최명선의 시들이 그런 그림자에 민감하게 반응하는 것도 그 때문이다. 가령,

> 때로는 보이는 곳보다
> 보이지 않는 곳이
> 더 환하게 빛이 될 수 있거든

- 「이면지 앞에서」 부분

에서처럼 시인은 "보이지 않는 곳"에 각별히 주목한다. 더 나아가 오히려 그곳이 "더 환하게 빛이 될 수 있"다고 강조한다. 우리에게 주어진 삶의 한 바닥을 다 써버렸다 해도, 깨끗한 이면지의 한쪽이 남아 있음을 시인은 놓치지 않는다. 이는 다시 말해, 우리 앞에 아무리 엄중한 현실원칙이 놓여 있다 해도, 그것을 한 번 뒤집으면 쾌락원칙이 될 수도 있다는 뜻이다. 어떻게? 보이지 않는 삶의 이면을 들여다봄으로써. 우리는 이미 봄비의 뜨거운 방사를 통해서 구체적인 장면을 목도한 바 있다.

이렇게 시인은 자신의 욕망을 정직하게 응시하면서 두 힘과 씨름하는 동안, 그 욕망을 다스릴 줄 아는 지혜를 터득한 듯하다. 그것은 마치 일정한 도의 경지에 이른 듯 범상치 않은 내공을 보여준다.

안경다리 부러져
맨눈 절름거리며 안경점 가는 길
보이는 것 모두 말랑말랑
이쁘기도 하다

모서리 닳아 부드럽고
더 낡아 여유로운

둥근 것들의 따스함이여
흐릿한 것들의 정겨움이여

몇 발자국 뒤에서 보면
수묵 같이 고요하고 담담한 세상사
너무 세세히 읽으려 말고
한쪽 눈 슬쩍 감고 봐도 좋을 일이다

부처 반 눈 뜨고 깨달음 얻듯
가끔은 안경 벗고 봐도 넉넉할 일이다

- 「풍경을 읽다」 전문

 상식이지만 우리가 안경을 쓰는 까닭은 바깥세상을 더 잘 보기 위함이다. 그런데 이 시의 주인공은 안경을 벗고 나서야 세상의 오묘한 이치를 깨닫는다. 보이는 모든 것들이 "말랑말랑/이쁘"게 보인다. 각진 모서리는 부드러워 보이고 흐릿한 것들은 정겨워 보인다. 모든 사물들의 경계가 흐릿해지면서 세상이 둥글게 보이는 것이다. 노자는 이런 시간을 일러 도道의 시간이라고 했다. 구체적으로 그것은 낮과 밤, 빛과 어둠이 교차하는 아침과 저녁을 일컫지만 애써 시간의 개념에 얽매일 필요는 없다. 위 시에서 보듯 "부처가 반 눈 뜨고 깨달음 얻듯"이라는 구절에서와 같이, 불가에서도 분별심을 버려야 진아眞我에 도달할 수 있다고 했다. 그것이 진정한 깨달음이다. "깨어 있으라"는 말의 본뜻도 우리가 흔히 알고 있는 것과는 다소 차이가 있다. 마치 안경을 쓰고 사물을 정확하게 바라보듯, 명징한 인식의 상태로 있으라는 뜻이 아니다. 그 말의 본뜻은 만물의 경계를 다 지우고, 나와 세상이 하나의 크나큰 인연의 고리로 연결되어 있다는 것을 늘 각성하고 살라는 뜻이다.

뛰어난 시인들은 그와 같은 이치를 시적 언어를 통해 보여준다. 그들은 세상 만물과의 자리바꿈이 그 누구보다 자유자재하다. 작품 「풍경을 읽다」는 그러한 경지가 아니고는 얻기 힘든 묘법이다. 그것은 "하얗게, 하얗게 마음을 비우"(「이면지 앞에서」)지 않으면 결코 가능하지 않다. 더 잘 보겠다는 욕심, 그 분별의 욕망을 버릴 때 세계는 전부 내 것이 된다.

시인이 마음(욕망)을 비우는 과정은 쉼표(,)에 대한 묵상을 통해서인 듯하다.

> 마침표 속에서 흘러내린 먹물 한 획, 그것은 모천회귀를 위한 삶의 긴 노정이자 내가 지워야 할 이승의 마지막 업이다
>
> ―「 , 에 대한 묵상」 전문

짧은 시인데도 불구하고 발상이 참신하고 의미의 진폭 또한 만만찮다. 우선 쉼표의 형태는 자신이 태어난 모천을 향해 수만 킬로미터를 헤엄쳐 가는 한 마리 연어를 연상시킨다. 문제는 쉼표의

꼬리, 즉 연어의 꼬리다. 쉼표는 꼬리가 있어야 쉼표로 기능할 수 있다. 꼬리가 없다면 마침표가 되어버린다. 연어 또한 꼬리가 있어야 동력을 얻고 모천으로 회귀할 수 있다. 여기에 우리가 지금까지 논의해온 욕망의 문제를 겹쳐놓으면 "흘러내린 먹물 한 획"인 꼬리는 곧 욕망의 추진체가 된다. 그런데 이 시의 화자는 그것을 "지워야 할 이승의" "업"으로 여긴다. 익히 알다시피 연어는 모천으로 회귀하여 알을 낳고 죽는다. 자기가 태어난 곳에서 자기의 삶을 완성시키는 것이다. 그렇다면 화자(시인)에게 모천은 무엇일까? 쉼표가 과정의 표지라면 마침표는 완성의 표지라는 점에서 죽음이나 무덤의 의미로 이해될 수 있다. 그러나 단순히 그것만은 아닌 듯하다. 불가에서 '업'을 닦는다는 것은 참자아(眞我)로 돌아가기 위함이다. 우리가 태어나기 이전, 자아의식을 갖지 않은 상태로 돌아가는 것이다. 시의 화자가 궁극적으로 지향해 가는 모천도 아마 그 자리일 것이다. 그런 면에서 "흘러내린 먹물" 역시 어쭙잖은 지식, 다시 말해 지금까지 살아오면서 갖게 된 이런저런 분별심으로 독해되어야 온당할지도 모른다. 이러한 독법이 결코 과잉 해석이 아님을 우리는 다음 시에서 거듭 확인할 수 있다.

> 마음 닿는 자리마다 스스로 빛 되는,
> 비워서 가득한 무욕의 생이여
> 동안거 중인 뼈대 흰 새들이여
> 앉아서 창천을 나는 겨울나무여

- 「겨울소묘」 부분

　그와 같은 모천에 이르면 시인의 말처럼 "앉아서 창천을" 날 수 있다. 죽음도 초월할 수 있다. 삼라만상 속에서 죽지 않고 영원히 산다. 그것이 우리의 놀라운 정신세계다. 중세의 연금술사들이 얻고자 했던 것도 결국엔 금이 아니라 '현자의 돌'이었다. 지혜였던 것이다. 그런 측면에서 보면 "무욕의 생"을 살려는 최명선 시인은 무척이나 큰 욕심쟁이인지도 모른다. 하지만 그런 욕심이라면 얼마든지 부려도 좋다. 너도나도 자기 욕심 채우느라 세상이 얼마나 팍팍해졌는가. 우리는 옛날 사람들보다 훨씬 많은 걸 가졌으면서도 더 가지려고 안간힘이다. 그러느라 마음공부는 항상 뒷전이다. 세계화라는 미명 아래 전지구적으로 자본주의화가 급속히 진행되면서 그 사정이 한층 심해졌다. 너도나도 돈 되는 쪽만 기웃거린다. 그 점에서 시는 정반대이다. 시는 결코 돈이 되지 않는다. 오히려 그 반자본적 성격으로 인해 우리 사회의 건강성을 지켜오고, 또 역설적으로 바로 그런 점 때문에 여전히 유효하고 중요한 문화적 유전자로 그 명맥을 유지하고 있다. 그래, 진정한 시인은 은자隱者다. 또 한 편의 아름다운 시를 인용하면서 시인이 새로운 정신적 도약을 감행할 것을 기대해본다.

　서녘 별
　가뭇없이 사라진 저녁

눈 닫고 귀 닫고
마음에 들다

물빛 어린 바람
풀잎 위에 감기고
산허리 두어 뼘 밖
안개비 도는 소리

은자 고요히 내를 건너다

- 「안개비에 부치다」 전문

내 쪽으로 죽음을 끌어당기는 이유
– 김초혜, 『고요에 기대어』

젊음이 나아가는 길이라면 늙음은 돌아가는 길일 것이다. 그래서 세상사는 종종 이 둘이 엇갈리는 길항의 풍경으로 우리에게 다가온다. 오랜만에 나온 김초혜의 새 시집 『고요에 기대어』(문학동네)는 젊음의 앞길보다 노년의 귀로를 절제된 언어로 담백하게 그려낸다. 이는 근래 우리 시단에서 보기 드문 미덕이다. 젊은 언어의 현란한 춤사위가 피로의 기색을 역력히 드러내고 있는 마당이라 그 점이 더욱 값지게 다가온다.

> 한 번에 무너지는
> 자운영 꽃밭보다는
> 매일 무너지는
> 자운영 꽃밭을
>
> — 「인생」 전문

단 네 줄에 '인생'을 담았다. 행갈이를 하지 않으면 한 줄이다.

그마저도 완성된 문장이 아니다. 인생을 이렇게 한 줄로 요약할 수 있는 내공은 젊은 사람에게서는 기대하기 힘들다. 오랜 시간에 걸쳐 수없이 무너졌다 일어섰다를 반복해온 사람만이 가질 수 있는 전체의 감각이다. 꽃이 피는 것보다 꽃이 지는 모습에 마음을 빼앗기는 것, 그것도 단순히 '지는' 게 아니라 "무너지는" 것이라고 진술하는 것은 그 인생 역시 저물어가고 있다는 증좌일 것이다.

그러나 이 시의 핵심은 조금 더 깊은 곳에 있는 듯하다. 이 시가 단지 늙음이나 죽음에 대한 경사에 머물러 있지 않다는 뜻이다. 한 번에 무너지는 것이 아니라 매일 무너진다는 것. 여기에는 어떤 순환의 질서가 있다. 생명 에너지의 유구한 리듬, 끊이지 않는 생의 돌림노래가 흐르고 있다. 매일매일의 무너짐은 반복의 질서가 분명하지만, 반복은 늘 동일하지 않다. 시간의 반복에는 공간의 변화가, 공간의 반복엔 시간의 변화가 수반되기 마련이다. 그러니까 들뢰즈의 용어를 빌면 차이를 가진 반복이 되겠는데, 무너짐을 죽음으로 이해할 때 차이를 가진 죽음은 낱낱의 삶을 전제하지 않고서는 불가능하다. 노래는 늘 꽃밭으로 돌아오지만 시작되는 지점은 날마다 다른 셈이다. 그리하여 매일 죽는다는 것은, 매일 되살아난다는 이치의 헤아림을 이끌어낸다. 이 점은 특히 "꽃밭"이라는 시어 때문에 더욱 강조된다. 꽃밭은 낱낱의 꽃이 모인 집단성을 의미하기도 하지만, 그보다는 꽃이 피고 지는 '터전'으로서 매일매일의 무너짐을 해해연년의 무너짐으로 확장시키는 의미가 더 강하다. 그럼으로써 생명 에너지가 가진 리듬의 진폭을 한층 더 크게 만들 뿐 아니라 개별 생명의 호흡을 우주 전체의 리듬으로 끌어올린다. 꽃이 피었다 지고, 겨울이 가고 봄이 오는 것처럼 삶이 죽음을 불러오고 죽음이 삶을 되불러오는 것이다. 이러한 이치의 강조는, 결국 삶과 죽음의 경계를 허무는 작업에 다름 아니다.

> 떨어져 누운 꽃은
> 나무의 꽃을 보고
> 나무의 꽃은
> 떨어져 누운 꽃을 본다
> 그대는 내가 되어라
> 나는 그대가 되리
>
> — 「동백꽃 그리움」 전문

생멸의 이치란 어디에나 있는 법. 문제는 그것을 마주하는 방식일 터이다. 지금 "동백꽃"은 생사의 모습으로 확연히 갈라져 있다. 삶과 죽음이 마주 보는 이승과 저승 사이의 거리만큼 아득한 것이 있을까. 죽음은 "들숨과 날숨 사이"(「들숨과 날숨 사이」)의 찰나에 불과할지라도 단 한 번 벌어진 틈은 크고 깊다. "하늘과 땅 사이가 너무 넓"(「초혼」)은 것이다. 소월이 망자의 혼을 불러 그 아득한 거리를 메우고자 했다면, 김초혜는 망자와의 몸바꿈을 통해 그리움의 거리를 없애고자 한다. "나무의 꽃"도 언젠가는 "떨어져 누운 꽃"이 될 터. 그리고 세상 만물이 유전하듯이, 떨어진 꽃 역시 언젠가는 나무에 매달릴 것이다. 삶과 죽음이 한 몸이 되어 동침하고 서로 몸을 바꾸는 순간 그 경계는 사라져버린다. 무엇이 산 것이고 무엇이 죽은 것인지 모호하게 된다. 시인 또한 「무소유」에서 "이승과 저승의/구별을 잊는다"고 직접적으로 노래하고 있다.

  이번 시집의 가장 두드러진 특징으로 여겨지는 삶과 죽음의 경계 허물기는, 가깝게는 육친의 죽음(「눈물」과 「삶의 끝」의 "오라버니")이나 지인의 죽음(「새」의 "정운영")에서 말미암은 것일 테지만, 더 근원적으로는 몸 입은 인간이라면 누구든 비껴갈 수 없는 자신의 죽음을 대면하는 방식이기도 하다. 특히 「병상일기」 연작에는 어느 순간 "불문에 부쳐"질 죽음, 그 죽음의 바닥에까지 내려간 시인의 체험이 짙게 녹아 있는데, 그는 생사의 경계를 무너뜨림으로써 그것을 넘어서려 한다. 그렇게 되면 죽어도 죽은 것이 아니요, 살아도 산 것이 아니게 된다. 어디 삶과 죽음뿐이겠는가. 과거와 현재, 하늘과 땅, 가까운 것과 먼 것, 젊음과 늙음, 물과 땅, 짧고 긴 것, 좋고 나쁜 것, 어둠과 밝음이 그의 시에서는 모두 한 몸으로 녹아든다. 그것이 "흩어졌다가 다시/하나가 되는/자연의 순리"(「이별」)인 까닭이다. 이는 쉽게 이를 수 없는 경지이다. 아니, 누구나 이를 수 있지만 아무나 닿을 수는 없다. 살아서 죽음의 구멍을 들여다보았거나 오랜 시간 자기 마음의 도둑과 싸워온 사람만이 도달할 수 있는 한 지경이다. 이쯤 되면 「변명」에서처럼 인과율마저 사라진다. "바람이 매화 가지를/꺾"은 게 아니라, "매화 가지가 꺾이고/

바람이" 분다. 이는 귀신도 못 보는 마음의 개폐 작용이다.

　기실 시적 언술이 지닌 힘은 바로 여기에 있다. 기존의 언어 상징, 관념체계가 만들어놓은 고정된 칸막이들을 흩트려 이 세계를 갱신시키는 것. 김초혜의 시가 궁극적으로 지향하는 바도 우리가 익숙한 관습에 의해 갈라놓은 숱한 경계들을, 그 분별심을 지워, 하나의 더 큰 세계로 통합하는 데 있는 듯하다. 불교적 사유에 의하면 그것이 참자아(眞我)에 이르는 길이기 때문이다. 꽉 찬 허공, 뜨거운 고요는 그 길을 거쳐야만 닿을 수 있다. 그러니 아직은 고요에 기댈 수밖에.

어느 날 그는 어머니 묘지에 앉아 있을 거다
- 황지우 『어느 날 나는 흐린 酒店에 앉아 있을 거다』

일명 '시의 시대'라 불리던 80년대를 떠메고 갔던 황지우의 시적 행보에는 '80년 5월 광주'라는 역사적 사건이 깊숙이 개입해 있었다. 때문에 그는 "정치적인 것이 시적이다"라고까지 말한 바 있다. 그러나 87년 대선 결과에 대한 좌절로 그는 광주로 내려가 불교적 세계에 빠져들었다. 「華嚴光州」가 실린 네 번째 시집 『게 눈 속의 연꽃』은 그러한 사정을 잘 보여주고 있다. 이후 그는 진흙 조각에 매달려 다섯 번째 시집인 『저물면서 빛나는 바다』를 상재했으며, 98년 12월에는 『어느 날 나는 흐린 酒店에 앉아 있을 거다』(문학과지성사)를 출간했다. 그런데 이 시집에는 『저물면서 빛나는 바다』에 실린 12편의 작품 중 3편이 빠지고 9편이 재수록되었다. 이 글은 정신분석학을 적용하여 그의 시집 『어느 날 나는 흐린 酒店에 앉아 있을 거다』에 대한 비평적 접근을 위해 씌어진다.

90년대의 황지우는 앓고 있다. 병명은, 그의 진술에 따르자면 "정신적인 꾀병"이다. 왜 꾀병을 부리는가? 역시 그의 해명에 따르면 "지옥 같은 혼돈에 대응하기" 위해서이다. 그렇다면 다시 질문해보자. 왜 지옥 같은 혼돈인가? 80년대 우리를 사로잡았던 "이데올로기가 사라졌기"(「몹쓸 憧憬」) 때문에? "이 삶을 통째로 배신할 수 있는 기회가 없어져버렸기"(「우울한 거울2」) 때문에? 다시 말해 "소비에트가 무너지고" 혁명이 한때의 꿈으로 폐기처분되었기 때문에?

> 소비에트가 무너지던 날 난, 난
> 光州空港에서 일간스포츠를 고르고 있었지.
> 내가 이 삶을 통째로 배신할 수 있는 기회가
> 없어져버렸다고 할까? 처음엔 내가 마흔 살이
> 되었다는 것을 도저히 받아들일 수가 없드라고.
> "개좆 같은 세기"가 되어버린 거 있지.
> 물론 나더러 평양 가서 살라 하면 못 살지이.
> 그런데 왜 내가 그들보다 더 아프지?
>
> ─ 「우울한 거울2」 부분

적어도 시적 진술만으로 볼 때 그의 "지옥 같은 혼돈"은 정신적 지향 혹은 이념적 좌표를 상실한 데서 오는 심리적 공황 상태에서 비롯된 것으로 보인다. 그 상태를 극복하기 위해 시인은 정신적 꾀병을 부리는 것인데, 그리고 그것은 "어떤 착란적인 것"(시집 뒤표지 글)으로 나타나는데(가령 냉장고 안에서 구두를 본다든가, 책에서 나비가 날아오른다든가 등) 그런 것들에 크게 주목할 이유는 없다고 생각된다. 왜냐하면 그 착란이란 어디까지나 "꾀병"의 산물이기 때문이다. 대신 우리는 시인이 꾀병을 부리면서까지 견뎌내고 있는 이곳의 삶이 그에게 어떻게 비쳐지고 있는가를 검토해볼 필요가 있다.

이건 삶이 아냐
이렇게 사는 게 아니었어
속으로 울부짖는 나는
비닐 봉지 속의 금붕어를 생각하고 있었다

- 「비닐 봉지 속의 금붕어」 부분

저 화엄탕에 발가벗고 들어가
생을 바꿔가지고 나오고 싶다

- 「나의 연못, 나의 요양원」 부분

나, 이번 生은 베렸어
다음 세상에선 이렇게 살지 않겠어
이 다음 세상에선 우리 만나지 말자

(…중략…)

> 아내가 말했었다 "당신은 이 세상에 안 어울리는 사람이야
> 당신, 이 지독한 뜻을 알기나 해?"
>
> — 「거울에 비친 괘종시계」 부분

한마디로 황지우에게 이승의 삶은 "베린" 삶이다. 구체적으로 그것은 "비닐 봉지 속의 금붕어"처럼 갇힌 삶이며, "낮에 나온 별자리"처럼 잘못 든 길이다. 그래서 가능하다면 "생을 바꿔가지고 나오고 싶"은 재생 욕망에 시달리기도 한다. 그 이유는 내가 "이 세상에 안 어울리"기 때문이며 동시에 "세상이 나를 안 받아주기"(「等雨量線1」) 때문이다.

이승의 삶을 망친 자, 이 세상에 어울리지 않는(또는 못한) 자는 세상 자체를 바꾸든가 아니면 자신을 세상에 맞추든가 해야 한다. 80년대 말의 황지우의 좌절은 바로 전자의 문제에 대한 좌절이었다. 좌절된 낭만주의자의 열정은 일단 자신의 내면세계로 되돌아와 새로운 대상을 찾기에 골몰하는데(프로이트), 『게눈 속의 연꽃』에서 보여주었던 화엄의 세계로 대표되는 불교에 대한 경사는 바로 그러한 여정을 보여주고 있다고 하겠다. 그러나 불교적 세계 역시 시인이 오래 머무를 수 있는 거처가 못 되었던 듯하다. 이 시집에서 가장 뚜렷하게 드러나고 있는 '바깥'에 대한 사유가 그와 같은 사실을 입증하고 있다. 사실 '바깥'에 대한 사유는 황지우의 시에서 새삼스런 것이 아니다. 김현이 황지우의 첫 시집에 대해 "세계 밖으로의 비상을 희원하는" 낭만주의라고 했듯이, 황지우는

첫 시집에서부터 체제 밖을 꿈꾸는 시적 태도를 보였던 것이다.

    잘못 들어온 말벌 한 마리가
    유리 스크린을 요란하게 맴돈다
    환영에 鐵날개를 때리며

    어? 여기가 바깥인데 왜 안 나가지냐?

-「유혹」 부분

    어찌하겠는가, 깨달았을 때는
    모든 것이 이미 늦었을 때
    알지만 나갈 수 없는, 無窮의 바깥;
    저무는 하루, 문 안에서 검은 소가 운다.

-「바깥에 대한 반가사유」 부분

"잘못 들어온 말벌 한 마리"는 바로 시인 자신이 동일시한 대상이다. 앞에서 말했듯이 시인은 "낮에 나온 별자리"처럼 이 세상에 잘못 들어온 것이다. 그래서 끊임없이 이 세상의 밖으로 나가려고 한다. 그러나 그 바깥이란 "나갈 수 없는" 곳이다. 말벌이 바라보는 바깥은 유리창으로 막혀 있어 나갈 수 없는 "환영"에 불과하다. 바깥이 결국엔 하나의 "무지개"에 불과하다는 것을 시인 스스로도 알고 있다는 것이다. 이처럼 시인은 늘 '안'에 사로잡혀 있는 존재인데 "문 안에서 우는 검은 소"도 그렇거니와 안과 밖의 긴장을 잘 유지하고 있는 다음 시편에서도 거듭 확인해볼 수 있다.

> 제비들, 돌아가려고 흐린 날에도
> 나가서 편대 연습하고 돌아오는데
> 방죽에 억새 덤불이 뒤집히면서
> 일제히, 풀잎 뒷면의 은빛을 드러낸다
> 저기 멀리 오키나와 섬에서 바람이 불고 있을 거다
> 초록빛 방죽 물의 거죽, 心亂하다
> 그리고 축 처진 하늘을 이고서 몸부림치는 풀밭;
> 방금의 生을 잊어먹은 듯
> 흑염소가 거기서 목놓아 울고 있다
> 저를 묶은 밧줄을 더 세게 끌어당기면서
>
> ― 「흑염소가 풀밭에서 운다」 전문

황지우 시의 특징 중 하나는 은유 구조의 독특함이다. 그의 시의 대부분이 묘사보다는 설명에 의존하고 있는데, 여느 시인들과 달리 ';'의 빈번한 사용도 그런 측면에서 이해 가능하다. 또 시어 사용에서도 사물 언어에 의존하기보다 화자의 내면을 직설적으로 드러내는 수사적 언어를 더 많이 사용하는 특징을 보이고 있다. 위 작품은 황지우의 시에서는 드물게 묘사적 진술에 의존해 시적 형상화에 성공한 경우이다.

풀밭에서 울고 있는 염소는 앞에서 살펴본 「유혹」의 말벌, 「바깥에 대한 반가사유」의 문 안에서 울고 있는 검은 소와 동일한 자리에 놓인다. 특히 여기서 염소는 돌아갈 곳이 있는 제비들과 비교되는데, 흐린 하늘에서 한바탕 몰아칠지도 모를 비바람 앞에 그대로 노출되어 더욱 비극적으로 다가온다. 이 작품에서 '바깥'은 은빛으로 반짝이는 "풀잎 뒷면"으로 환치되어 나타나는데 그것은 곧 제비들이 돌아갈 곳이자 염소가 "저를 묶은 밧줄을 더 세게 끌어당기면서" 가고 싶은 곳을 환기시키고 있다. 그것은 바로 위 행의 "억새 덤불이 뒤집"한다는 진술에서 쉽게 유추할 수 있다.

문제는 시적 화자가 동일시하고 있는 금붕어나 말벌, 검은 소, 염소가 모두 갇혀 있다는 사실이다. 갇혀 있으므로 끊임없이 바깥을 동경할 수밖에 없겠는데, 왜 시인은 자신이 갇혀 있다고 생각하는 것일까.

 의자같이 생긴, 젖통이 무지무지하게 큰 舊石器時代의
 이 多産性 여인상은 사실은 비닐로 된 가짜 가죽을 뒤집어쓰고 있는데
 "오우 소파, 나의 어머니!" 나는 속으로 이렇게
 영어식으로 말하면서, 그리고 양놈들이 하듯 어깨를 으쓱해 보이면서
 소파에 앉았던 거디었다.
 (…중략…)

이 사나이가 멍하니 소파에 앉아, 마치 동물원 짐승이 그렇게 하듯이,

하품을 너무 길게 하고, 눈물이 난 눈을 두 번 깜빡, 깜빡하고 있을 때

무대 왼편(주방)에서 그의 아내가 등장했으며, 그녀가 소파에 걸터앉아

그의 턱을 쓰다듬어주면서 면도 좀 하라고 하자,

그가 아내를 껴안으면서 "엄마!"라고 불렀을 뿐이다

하마터면 피아니스트가 될 뻔했던 아내가 출장 레슨을 나가기 전에

그에게 와서 나를 어루만져줄 때가 나는 좋다.

나는, 아내가, 소파에 앉아 있는 그의 머리카락을 커트해줄 때,

낮잠 자고 있는 그에게 가만히 다가와 나의 발톱을 잘라줄 때,

혹은 그를 자기 무릎에 눕혀놓고 내 귀지를 파줄 때, 좋다

아침마다 그에게 녹즙을 갖다주고, 입가에 묻은 초록색을 닦아주자

나는 그녀를 보면서 방그레 웃었다.

나는, 아내가 그를 일으켜주고 목욕시켜주고 나에게 밥도 떠먹여주고

똥도 받아주고, 했으면 좋겠다.

나는 그의 남은 생을, 그녀에게 몽땅 떠맡기고 싶다.

코로 숨만 쉴 뿐, 꼼짝도 않고 똥그란 눈으로 뭔가 간절히 바라고 있으면

그녀가 다 알아서 해주는 식물 인간이고 싶다.

- 「살찐 소파에 대한 日記」 부분

출장 레슨을 다니는 아내에 의해 양육되고 있는 화자는 아내를 어머니로 대체하고 있다. 이는 바로 라캉이 말한 어머니-아들의 행복한 이자(모자)적 관계에 대한 욕망을 그대로 보여준다. 어머니의 자리에 아내가, 아동의 자리에 나/그가 있다(이상하게도 황지우의 시에는 아버지가 거의 등장하지 않는다). "젖통이 무지무지하게 큰" 여인상은, 배고플 때 찾으면 언제나 쾌락을 제공해주는 어머니의 풍부한 모유에 대한 갈망, 즉 아동기의 욕망이 그대로 투영되었다고 보아야 할 것이다. 그렇다면 이는 시인 황지우의 의식이 전 오이디푸스 콤플렉스 단계인 어머니-아들의 이자관계(상상단계)에 고착되어 있음을 말해주는 대목이라고 할 수 있다.

집에 돌아와 빈방에 혼자 누웠다
나는 내가 비로소 큰 짐을 부려놓은 듯
홀가분했고 이제 우주의 내 배꼽이
뚝 떨어진 듯했다; 한차례 경련이
지나가고 나는 어머니께 말했다
당신은 제가 가장 사랑한 여자였어요

나는 곧 잠이 들었다

-「햄릿의 진짜 문제」부분

"어머니를 묻고" 돌아와 화자는 "우주의 내 배꼽이 뚝 떨어진 듯했다"라고 진술하고 있다. 이 말은 화자와 어머니의 관계가 그만큼 밀착돼 있었음을 뜻한다. "가장 사랑한 여자" 역시 이를 직접적으로 뒷받침한다. 그러니까 시인은 「뼈아픈 후회」에서 "나는 아무도 사랑하지 않았다"고 말할 수 있었던 것이다. 물론 어머니를 제외하고 말이다. 그의 사랑은 어머니에게 고착되어 있었기 때문이다. 융은 이를 마더 콤플렉스라 불렀거니와 오이디푸스 콤플렉스를 극복하지 못하고 어머니에 고착된 아동은 성장해서도 외부 세계에 잘 적응하지 못하고 유년 시절로 되돌아가려는 정신적 퇴행 현상을 보인다고 한다. 시인이 「살찐 소파에 대한 日記」에서 퇴행적 징후를 보이는 것은 바로 이러한 사실에서 연유된 것으로 추정되며, 현세적 삶에 적응하지 못하고 끊임없이 바깥(피안)을 넘보는 시인 의식도 같은 맥락에서 이해 가능하다. 특히 소파는 애초에 "어머니"로 불렸는데 이것이 다시 "살찐 소파"로 되면서 시적 화자(모든 주체는 분열되어 있다는 정신분석학의 관점에서는 시적 화자는 곧 시인 자신의 분열된 주체이다) 어머니와 자신을 동일시하는 욕망을 그대로 드러내고 있다는 데서 이러한 유추는 더 힘을 얻는다.

그러므로 앞에서 논의한 대로 늘 갇혀 있다는 시인의 유폐 의식 역시 바로 이 어머니와의 문제에서 비롯되었음을 알 수 있다.

그러니까 방죽에 매여 있는 염소의 '밧줄'은 시인이 의식 속에서 끊지 못했던 어머니와의 탯줄을 암시한다고 하겠다. 이 같은 문제를 시인이 드러냈던 '바깥'에 대한 사유와 중첩시키면 어떻게 될까?

「유혹」에서 말벌은 "유리"에 막혀 "바깥"에 나갈 수 없다. 안과 바깥의 접점이 "유리"인데 이는 시집 전체에 걸쳐 자주 나타나는 '막' 또는 '거죽' 이미지와 관계된다.

> 원목 옷걸이에 축 처진 내 가다마이, 일요일 오후의
> 공기 속에 그것은 있다
> 나를 담았던 거죽,
>
> —「점점 진흙에 가까워지는 존재」 부분

> 영정 속에 들어 있는, 웃고 있는 생은
> 물고기를 담은 비닐 봉지처럼
> 언제 터질지 모를 막 안에서 웃었을 뿐이다
>
> —「춤 한 벌」 부분

> 겨울밤 아파트 출입구에 걸린 추운 謹弔燈
> 생이 담긴 막을 흔들고 있다
>
> 초음파 촬영에 잡힌 태아는

마구 막을 걷어차고 있고

- 「膜」 부분

아내가 말했었다 "당신은 이 세상에 안 어울리는 사람이야
당신, 이 지독한 뜻을 알기나 해?"
괘종시계가 두 번을 쳤을 때
울리는 실내: 그는 이 삶이 담긴 연약한 膜을 또 느꼈다
2미터만 걸어가면 가스 밸브가 있고
3미터만 걸어가도 15층 베란다가 있다

- 「거울에 비친 괘종시계」 부분

굳이 긴 설명을 하지 않아도 막이 갖는 의미가 안과 바깥의 경계를 이루면서 삶과 죽음의 경계를 의미한다는 사실을 미루어 짐작할 수 있다. 그리고 그것은 또 자궁 이미지와도 연관된다. 그렇다면 시인이 그토록 나가고 싶어 하던 바깥이란 바로 죽음의 세계란 말인가? 그와 같은 생각이 옳다고 하더라도 꼭 그렇게만 단정할 수는 없다. 안이 삶이라면 바깥은 죽음일 터이지만, 안이 견딜 수 없는 공간이라면 바깥은 또 다른 생이 있는 신생의 공간이 될 것이므로. 그리고 그 신생은 어떤 초월적 지평에 맞닿아 있을 것이므로. 하지만 그럼에도 불구하고 이번 시집에서 죽음에 대한 그림자는 짙다. 아마도 시인 어머니의 병듦과 타계가 시인에게 죽음에 대한 여러 생각들을 가져다주었을 것이다. 그래서 시인은 어

머니를 조금이라도 더 붙잡아두고 싶었는지도 모른다.

    내장사 가는 벚꽃길; 어쩌다 한순간

    나타나는, 딴 세상 보이는 날은

    우리, 여기서 쬐끔만 더 머물다 가자

                      – 「여기서 더 머물다 가고 싶다」 부분

그리하여 다시 우리는 이 시집의 제목을 "어느 날 그는 어머니 묘지에 앉아 있을 거다"로 아프게 되읽는다.

4;
밥과 어머니 또는 보살핌의 윤리

영원한 어린이의 눈, 마이너리티의 슬픔
- 김상미의 시

오해하지 말았으면 좋겠습니다. 제목으로 뽑은 '영원한 어린이'는 흔히 짐작하는 것처럼 좋은 의미로 쓰이는 것이 아닙니다. 아시다시피 정신분석학에선 오히려 그 반대의 뜻으로도 자주 쓰이고 있지요. 오이디푸스 콤플렉스를 원만히 극복하지 못하고 어린이 상태에 그대로 머물러 있는 것을 말하기 때문입니다. 피터팬 증후군이라고도 하지요.

그러나 대부분의 많은 사람들은, 시인은 영원한 어린이라고 생각합니다. 그저 철없고 천진난만하며 마음이 순수한 어린아이 같은 존재라고. 당신도 나도 오랫동안 그렇게 믿어왔습니다. 하지만 이제는 속속들이 다 알고 있습니다. 실제의 시인들은 세간의 사람들과 조금도 다르지 않게 통속적이고 정치적이며 욕심쟁이이고 내숭의 천재들이라는 것을. 한 문예지의 편집장을 맡고 있는 한 '철없는' 시인이 제게 그러더군요. 시인들이 그렇게 공명심이 클 줄 몰랐다고. 전 그 말이 참 아프게 들렸습니다.

압니다. 이런 발언이 쓸데없고 불편하다는 것. 기껏해야 변설에 그치고 만다는 것. 막말로 누워서 침 뱉기이며 제 살 깎아먹기라는 것. 하지만 시인이 세인과 다를 바 없다는 것은 어김없는 사실이기 때문에, 무시로 그 사실을 확인하는 데서 비롯되는 불편하고 답답한 마음의 안개는 어떻게 할 도리가 없습니다. 당신은 언젠가 그 심사를 다음과 같이 솔직하고 적나라하게 토로한 적이 있지요.

> 시를 우습게 보는 시인도 싫고, 시가 생의 전부라고 말하는 시인도 싫고, 취미(장난)삼아 시를 쓴다는 시인도 싫고, 남의 시에 대해 핏대 올리는 시인도 싫고, 발표지면에 따라 시 계급을 매기며 으쓱해하는 시인도 싫다.
>
> 남의 시를 훔쳐와 제것처럼 쓰는 시인도 싫고, 조금씩 마주보고 싶지 않은 시인이 생기는 것도 싫고, 文化林의 나뭇가지 위에서 원숭이처럼 재주 피우는 시인도 싫고, 밥먹듯 약속을 어기는 시인도 싫고, 말끝마다 한숨이 걸려 있는 시인도 싫다.
>
> 성질은 못돼 먹어도 시만 잘 쓰면 된다는 시인도 싫고, 시는 못 쓰는데 마음씨는 기차게 좋은 시인도 싫고, 학연, 지연을 후광처럼 업고 다니며 나풀대는 시인도 싫고, 앉았다 하면 거짓말만 해대는 시인도 싫고, 독버섯을 그냥 버섯이라고 우기는 시인도 싫고,
>
> — 「시인 앨범 4」 부분

공감하는 바가 적지 않습니다. 통쾌하다고 하는 사람도 있더군요. 세상엔 가지가지의 사람들이 있지만, 우리에게는 시인이라면 그러지 말았으면 하는 어떤 기대가 있는 듯합니다. 그런데 저를 포함하여 대개는 그냥 그런가 보다 하고 넘어갑니다. 한데 왜 유독 당신은 그런 일에 민감할까요? 결벽증이 있던가요? 포용력이 없어서? 지금까지 제가 보아온 당신은 전혀 그렇지 않습니다. 혹, 상처받을까 두려워 마음의 문을 꼭꼭 닫고 사는 사람인지는 모르지만요.

> 나는 정말 그들(시인: 인용자)을 사랑한다. 너무나 사랑하여 그들 중 아무와도 연애를 하지 않는다. 예전에는 그들과 더러 감정이 얽힌 적이 있었다. 그러나 나는 그들이 추억의 배설물로도 시를 쓴다는 걸 알고는 그들과 절대 연애감정에 휘말리진 말아야지, 맹세했다.
>
> ―「시인 앨범, 1999」 부분

하지만 저는 이 귀여운 맹세가 시인의 됨됨이를 놓고 호오를 가리는 당신의 태도를 설명하기에는 뭔가 부족하고 허전할 뿐 아니라 앞뒤가 좀 맞지 않다고 생각합니다. 당신이 말하고 있는 것처럼 보편적 사랑과 은밀한 연애는 농도와 색깔에서 큰 차이가 나니까요. 아마도 다른 이유가 있는 것 같습니다.

우리들 마음 깊은 곳에는 시인에 대한 어떤 통념이 있습니다.

낭만주의의 천재론이나 예언가, 입법가 따위는 제쳐두더라도 앞서 말한 것처럼 적어도 시인이라면 이런저런 일은 하지 말아야 한다는 어떤 묵계 같은 것이 있지요. 하지만 정말 시인 같지 않은 사람들 앞에서 무시로 그런 계들이 깨져 나갈 때면 속수무책, 마음 둘 곳이 없어지고 맙니다. 내가 왜 이 자리에 있어야 하는지, 왜 시를 쓰는지, 당장 그것부터 한없는 의심 속에서 아득해지지요. 아무것도 가진 것 없는 우리가, 세상이 뭐라 해도 시 하나 믿고 살아가는데, 오직 시인이라는 자존심 하나로 버텨나가고 있는데, 알량한 그들이 내 존재의 근거를 송두리째 뒤흔들어 대니까…… 당신 역시 그 아득한 낙차감과 난감함 속에서 "싫다" "싫다"를 외치면서 오랫동안 스스로를 단련시켜 왔겠지요. 당신의 시에 시 쓰기와 시인에 대한 것들이 빈번하게 등장하는 것은, 그만큼 당신이 그것들에게 스스로를 크게 의탁하고 있다는 증거 아닐는지요. 당신은 시 밖에서도 종종 직설을 내쏟곤 하는데, 그것 역시 살얼음판 같은 시인들의 존재 지반을 지키기 위한 쓰디쓴 약으로 이해해야 하는 것 아닌지요.

> 나는 너무나 인간적이고 양심적이다
> 늑대들의 소굴에 가면 그들의 먹이가 되고
> 여우들의 소굴에 가면 그들에게 속아 만신창이가 된다
> 악어들은 사방에서 나를 향해 달려들고
> 새들은 구름 너머에서 나를 비웃는다

(…중략…)

아무리 그들을 피해 다녀도
아무리 그들과 찰떡 궁합이 되려 해도
인간적인 너무나 양심적인 나는 그들에겐 언제나 치명적인 자유인
과민한 그 숙명 어찌하지 못한다

- 「숙명」 부분

  여기서 보는 것처럼 당신의 시들에는 그런 흔적이 역력하더군요. 철저하게 힘의 논리가 지배하는 동물의 왕국에서 일개 인간으로 살아간다는 게 얼마나 지난한 일인지("만신창이가 된다"), 그리고 또 얼마나 바보 같은 일인지("나를 비웃는다") 당신은 잘 알고 있으면서도 그것이 숙명이라 어쩔 수 없다는군요. 음흉한 늑대나 간교한 여우 따위의 동물 유전자가 아니라 양심적인 '인간'의 유전자를 갖고 태어났기 때문에, 그것도 "치명적인 자유인"의 핏줄을 이어받았기 때문에 말입니다.

  생물학적인 종차란 진화의 산물이지만 인간세가 이토록 정글로 변해가는 것은 무슨 연유인지요? "아이의 점수가 높아질수록 화면 또한 피투성이가" 되듯 만인 대 만인의 투쟁이 전면화되고, '엄마' 또한 사랑의 경쟁에서 지지 않기 위해 "땀을 뻘뻘 흘리"(이상 「엄마의 사랑」)는 이 무한경쟁 시스템은 도대체 얼마나 지나야 제 바닥을 드러내며 허물어질까요? 사람 냄새가 아니라 여기저기 자

신의 영역을 표시해둔 동물들의 분뇨만 가득 찬 곳에서 쫓기고 쫓겨 막다른 골목에 다다랐다는 이 절박함, "폭풍 전야와도 같은" 이 불안한 초조, "평온"의 역설! 더 나아갈 곳이 없는 여기서 "멋진 파국"은 어떻게 오나요? 폭풍과 더불어 "처절하게, 신나게, 힘차게, 소름끼치게" 그렇게 "산산조각"(이상 「멋진 파국」)이 날 수밖에 없는 것인가요?

위기에 닥쳤을 때 성숙한 사람은 타협을 하지만, 미성숙한 사람은 자살을 꿈꾼다지요. 그런 면에서 보면 당신은 여전히 어린아이인 채로 남아 있는 모양입니다. 골드만이 그랬지요. 타락한 세상에서는 타락한 방법으로 자신의 영혼을 구할 수밖에 없다고. 그래서 모두들 서둘러 옷을 갈아입는데 당신은 여전히 "새파란 하늘에다 飛廉(바람을 일으킨다는 상상의 새: 인용자)을 날리"는 "진짜 시인이 되자"(「飛廉」)고 하는군요. 구름 너머에서 새들이 비웃건 말건 양심적인 인간, "치명적인 자유인"(「숙명」)으로 살아가자고. 그게 시인의 본 자리, 인간됨의 숙명이라 외치는군요. 과연 얼마나 될지, 그 길 끝에 몇이나 남을지 나는 알지 못합니다. 다만 이것 하나는 알지요. 지금처럼 고집스럽게 마이너리티의 길을 걷는 한 당신은 늘 한 "웅덩이"의 눈물을 준비해두어야 한다는 것을.

믿었던 나무에서 비가 샌다

얽히고설킨 가지들이 너무 추하다

수많은 말과 이미지들이 그 속에서 몸부림치며 죽어간다

   한때는 내 것이었고 가슴 두근거리는 환희였던 흰 구름들이

   검은 웅덩이가 되어

   매일같이 내가 흘릴 눈물을 비추고 있다

   　　　　　　　　　　　　　　　　　　　　- 「도그빌」 전문

　슬프게 아름다운 이 시를 마지막으로, 인사를 해야겠군요. 가끔 나는 당신에게서 오래되고 단단한 마음의 그물을 보곤 했습니다. 어머니라든가 남쪽이라든가 모자라든가 뭐 그런 것을요. 거기서 빠져나오지 않는 한 당신은 늘 어린아이인 채로 남아 있을 테지요. 하지만 삶과 죽음이 한 몸이듯 성과 속도 한 몸임을, 아이 속에는 천사와 악마가 동시에 있다는 것을 자주자주 생각했으면 좋겠습니다. 영원한 어린이는 창조력의 원천으로서 어른들의 타락한 세계를 되비추는 맑은 거울이기도 하지만, 수많은 욕망들이 출렁대는 거친 바다에서는 쉽게 "산산조각"이 날 수도 있습니다. 깊은 우울 속에 침몰할 수도 있고요. 개인적으로 나는, 당신이 아프게 아프게 어른이 되기를 바랍니다. 그때는 당신이 시를 버려도 아무 말 하지 않겠습니다. 헛된 욕심인 줄 알지만, 당신 같은 "진

짜 시인"이 살기엔 세상이 너무 험해졌습니다. 부디 안녕하십시오.

정처 없는 이 발길
- 정병근의 시

    철물점에 가면 드릴이 있다. 나무나 벽에 구멍을 뚫을 때 사용하는 것이다. 이따금 나는 차갑고 단단한 은빛 드릴이 윙, 소리와 함께 내 머릿속을 뚫고 들어오는 것을 상상한다. 이런 상상이 주는 이익은 하나다. 드릴 날에 파인 홈을 타고 선홍색 핏물이 분수처럼 솟구치면서 쓸데없이 복잡한 머릿속이 텅 빌 것이라는 모종의 기대 말이다. 물론 그 기대가 채워질 리 없다. 드릴을 심장에다 꽂아본다. 그래도 역시 개운치 않다. 톱과 망치와 해머가 동원되는 것은 순식간이다. 그렇게 피투성이가 되어 철물점을 나와도 이 세계는 멀쩡하다. 햇볕은 맑고 바람은 청량하다.

    비슷한 상상 경험이 시에서도 일어난다. 가령, 정병근의 다음 시가 그러하다.

> 허공을 뚫는 초록 드릴,
> 돌돌 말린 저 나선 끝에
> 자폭의 블랙홀이 있다

너에게 이르는 특이점이 있다

　　　　　　　　　　　　　　　 － 「덩굴의 路線」 부분[19]

　　덩굴손도 하나의 드릴이다. 덩굴에게 "허공"은 말 그대로의 허공이 아니다. 아무것도 없는 허虛가 아니고 공空이 아니란 얘기다. 온 힘을 다해 뚫어야 할 단단한 대상이다. 공즉시색이다. 그런데 시인에게 그 단단한 색色을 뚫는 드릴의 끝은 "자폭의 블랙홀" 혹은 "너에게 이르는 특이점"이다. 이는 좀 난데없고 엉뚱한 발상이다. 상식적으로 덩굴손의 끝은 여린 잎이거나 꽃이어야 할 터인데 블랙홀이라니, 더군다나 특이점이라니……. 이는 호킹 같은 천체물리학자들이 말하는 우주의 상상 모델이다. 그에 따르면 블랙홀의 특이점은, 블랙홀이 빨아들인 물질을 폭발과 동시에 밖으로 재방출할 수 있는 미지의 영역이다. 이러한 인식에 기대면 덩굴손에는 12차원의 어마어마한 우주가 들어 있는 셈이다.

　　하지만 이런 발상이 꼭 천체물리학으로만 이해될 필요는 없다. 철학에서의 특이점 또한 이와 유사한 성격을 갖는다. 특이점은 무수한 반복 속에서 차이가 일어나는 지점이다. 들뢰즈의 견해다. 니체 식으로 말하자면 영원회귀의 끝과 시작이 일어나는 곳이다. 영원히 회귀하되(반복) 동일한 지점으로 되돌아오지 않는다(차이)는 것이다. 그런 점에서 "돌돌 말린 저 나선"은 바로 이 영원회귀의

---

[19] 정병근, 『번개를 치다』, 문학과지성사, 2005.

이치와 절묘하게 닮아 있다. 나선과 나선의 간극이야말로 차이이며 특이점이다. 이렇게 차이가 일어나는 특이점에는 그 차이를 발생시키는 변화 내지 도약의 힘이 내장되어 있다. 그러니까 덩굴이 뻗어가다가 문득 잎이 되고 꽃이 되는 것은 바로 이 특이점이 내장하고 있던 차이를 실현한 셈이다. 그러니까 덩굴이 잎이나 꽃으로 핀다는 뜻에서 "자폭"이며, 덩굴 안에 잎이나 꽃이 미리 내장되어 있다는 잠재성의 측면에서는 캄캄한 "블랙홀"이 될 수도 있다. 후자의 독법도 나름 생산적이라고 믿는다.

그런데 어떻게 하여 시인은 가늘고 여린 덩굴 끝에 이토록 묵직한 관념직 인식을 매달아놓을 수 있었을까. 아마도 그것은 "끝장을 봐야 한다"(같은 시)며 시적 대상을 깊숙이 파고두 의식의 드릴을 통해 가능했을 것이다.

> 고통은 칼날이 지나간 다음에 찾아오는 법
> 회는 칼날의 맛이 아니던가
> 깨끗하게 베인 과일의 단면은 칼날의 기술이다
> 피 한 방울 흘리지 않고 풍경의 살을 떠내는
> 저 유리의 기술,
>
> ─「유리의 技術」 부분

유리가 지닌 날카로움과 투명함의 속성을 이토록 새롭고 놀랍게 드러내 보인 경우를 결코 마주친 적이 없다. 여기에는 이치

("법")를 살피는 추론적 인식의 힘과, "피 한 방울 흘리지 않고" 대상을 꿰뚫는 직관적 인식의 힘이 두루 느껴진다. 이 모두가 시인이 의식의 드릴을 가동시키는 내적 에너지의 발산에서 비롯되었을 것이다. 이는 또 시인이 시적 대상을 포착하고 표상해내는 나름의 방법론이 어디에 근간을 두고 있는지를 말해준다. 그것은 대상의 감각적 자질을 넘어 인식의 영역에까지 걸쳐 있다. 오히려 후자 쪽이 더 강하다고 말할 수 있다. 더 정확히는, 정병근의 시작 방법은 감각보다는 관념적 인식에 더 큰 비중을 두고 있다는 뜻이다. 알다시피 인식이란 대상의 외양은 물론 속성과 본질, 그 기원까지도 거슬러 종래에는 주객을 합치시키려는 인간적 욕망이다. 따라서 시적 인식 역시 근본적으로 동일성의 원리를 취하게 된다.

그러나 정병근의 세 번째 시집인 『태양의 족보』에는 이와 같은 시작 태도에 어떤 변화의 조짐이 뚜렷하다. 대상과 대상을 자유롭게 넘어가는가 하면, 대상을 포획하지 않고 있는 그대로 내버려두는 호기를 부리기도 한다. 이제 시적 주체는 하나의 대상에 의식을 집중시키고 "끝장을 봐야"겠다며 고집을 부리지 않는다.

그의 거처는 도처이되 행방은 묘연하다
그는 전대미문이고 파란만장이며
우르르 몰려가는 아침이었다가
왈칵 쏟아지는 밤이기도 한데

가늠키 어려운 안부와 형언키 어려운 풍문 속에
얼핏얼핏 보이기도 하고 안 보이기도 하는 그는
여차하면 과거가 되어버리기 십상이어서
그가 거기에 있든 여기에 없든 죽었든 살았든
그는, 끝까지 그여야 하겠지만
굳이 그가 아니어도 상관은 없다

- 「그」 부분

'그'의 몸바뀜을 보라. "전대미문", "파란만장", "몰려가는 아침", "쏟아지는 밤", "가늠키 어려운 안부"나 "풍문", "과거" 등으로 수시 달라진다. 따라서 '그'는 의식의 드릴로 뚫을 수 있는 고정된 대상이 아니다. 대상이 고정되어 있지 않고 유동적이므로 자연히 인식의 대상이 될 수 없다. 뿐만 아니라 '그'는 "보이기도 하고 안 보이기도 하"므로 응시의 대상도 될 수 없다. 응시의 대상이 아니라는 말은 주체가 대상의 시선으로 인해 분열되지 않는다는 것을 의미한다. 따라서 '그'는 주체가 결코 동일화할 수 없는 대상, 영원한 타자로 떠도는 대상이다.

그래서 무엇이 달라졌는가. 우선, 대상이 자유로워졌다. 주체의 의식 바깥에서 자유롭게 떠돌 수 있다. 주체는 고작해야 "풍문"으로만 대상의 안부를 전해 들을 수 있을 뿐이다. 그렇다고 대상에 대한 미련이 전혀 없는 것은 아니다. "그는, 끝까지 그여야 하겠지만"에는, 동일화에 대한 옅은 욕망의 흔적이 여전히 남아 있다. 여러 곳을 떠돌며 변신을 하더라도 '그'의 아이덴티티는 그대로 유지되어야 한다는 일말의 기대를 비친 것이다. 그러나 시인은 바로 다음 행에서 이러한 기대를 깨끗이 포기한다. "굳이 그가 아니어도 상관은 없다"라며 '그'를 완전히 놓아버린다. 방목한다.

대상을 소유하지 않고 놓아주는 것은 기실 대상의 문제가 아니라 주체의 문제이다. 주체의 변화 없이 대상의 방목은 불가능하다. 우리는 그 변화의 일단을 다음 시편에서 목격한다.

> 나는, 그가 자살했을 것으로 추측되어진다
> 도저한 남루로 거리를 싸돌아다니며
> 끊임없이 종말을 외쳐대는 그를
> 나는, 그가 필경은 정신이상자라고 수군대진다
>
> — 「나는, 그가」 부분

이 시는 「그」의 전편으로 "추측되어진다". 피동 혹은 이중피동의 문장들은 사실은 "나"가 "그"로 말해지는 풍문들이다. "나"는 곧 "그"인 것이다. 그런데 이번 신작시 「그」에서는 이 "나"가 아예 빠져버렸다. 아마도 "나"는 "자살"에 성공했거나 완벽한 "정신이상자"가 되어 탈아 내지 망아 상태에 들었는지도 모른다. 어쨌거나 주체가 자신의 주인됨을 버린 것만은 확실하다. 그러나 주체가 이 세계의 주인됨을 버린다고 해서 반드시 죽거나 돌아버리는 것은 아니다. 주체가 주인됨을 버릴 때 오히려 이 세계의 모든 존재가 긍정된다.

주체도 대상도 자유로워진다. 이때 비로소 "그의 거처는 도처"가 될 수 있으며, '그-나'마저도 내려놓을 수 있다. 자재(自在)의 한 지경!

금방 자재의 한 지경이라고 말했거니와, 도대체 그에게 무슨 일이 있었기에 감히 이 경지를 넘볼 수 있단 말인가? "그"의 행적으로 보아 진득하게 앉아 용맹정진, 마음공부에 매달렸을 것 같지는 않다. 어쩌면 번개를 치다가 번개에 맞았는지도 모른다. 하여, 운 좋게 한소식 들은 것일지도……. 저간의 사정이야 어찌됐건, 독자인 우리로서는 시를 통해 유추할 수밖에 없다.

> 머리를 쥐어박아도 엉겨 붙는
> 너를 더 세차게 뿌리쳤다
> 나는 너를 버렸다
> 너는 나에게 속은 것이다
> 그 눈물 그치면 세상에 너와 나 사이
> 강 하나 흐르려니
> 건널 수 없어서 그 강
> 더 깊고 넓어지려니
>
> ―「눈물」 부분

앞서 말한 '그-나'를 놓아버리는 일, 즉 자아에 대한 상징적 살해가 행해지는 대목이다. 금강의 깨우침이 그러듯, 개시허망(皆是

虛妄)인 만상을, 그 만상을 보는 '나'를 죽여야 참자아에 도달할 수 있다. 지금의 "나"는 가짜다("너는 나에게 속은 것이다"). 가짜인 내가 주인 행세를 한다. 내 마음의 주인공이 가짜라는 사실의 자각이야말로, 주체가 주인됨을 버리는 근원적인 이유이다.

그리하여 시적 주체들은 떠돈다. 이번 신작시의 가장 두드러진 특징은 노마드적 유목이다. 앞서 살폈던 행방이 묘연한 "그"의 떠돎이 그렇고, 「불타는 지붕」 역시 정주성定住性에 대한 부정 정신이 도저하다. 지붕이란 한 곳에 머무는 정주성의 상징이다. 그 지붕이 불타는 모습을 보며 "화려", "장엄", "화엄" 등으로 수식하는 것은 한 곳에 머물지 않겠다는 유목성에 대한 적극적인 옹호이다. 「모르는 마을을 지나며」는 벌써 제목에서부터 유랑의 바람기가 풀풀거린다. "철없고 어여쁜 처녀"는 유랑하는 주체의 환상이지만, 근본적으로는 여성성이 지닌 정처定處에 대한 욕망일 가능성이 더 높다. 그 정처를 그는 "백 년 동안" 비껴간다. 나를 놓아버렸기 때문이다. 어쩌면 그녀는 「눈물」에서 내가 죽인 '너-나'일 수도 있다. 강 때문에 영원히 만날 수 없는.

정병근의 두 번째 시집 『번개를 치다』에는 식물성의 이미지가 빈번하게 등장한다. 식물이란 한 곳에 뿌리내린 존재들이다. 시인은, 손으로 잡으면 손가락 사이로 빠져나가는 다질적인 삶의 양태들을 식물의 이미지를 통해 꼭 붙잡고 싶었는지도 모른다. 그러나 이후의 시들에서는 그와 다른 징후들이 뚜렷이 감지된다. 이 글은 그러한 징후를 좀 더 섬세하게 읽어내는 데 주력하고자 했다.

그의 시가 어떻게 변해 갈지는 아무도 알 수 없다. 아마 그 자신도 모를 것이다. 그는 원래 정처가 없다.

저 푸른 초원 위에, 섬뜩한 숭고
- 김선태의 시

여행이 모종의 상처를 전제하고 있지 않을 때 그것은 여행이 아니기 쉽다. 자잘한 일상에서든 굵직한 사건에서든 상처 입은 자는 어디론가 떠나야 한다. 어제와 다를 것 없는 일상의 리듬, 경쟁으로 점철된 비루한 세속의 전쟁터, 그리고 거기에 제 몸을 스스로 비끄러매어 익힌 오랜 습관을 떠나지 않고서는 자신을 바로 보지 못하는 것이다. 상처 입은 동물이 어두운 동굴 안에서 스스로 제 몸의 상처를 핥으며 섭생을 하듯, 혹은 말기암 판정을 받은 자가 사직서를 쓰고 푸른 바다를 보러 가듯, 여행은 익숙한 생활의 돌림노래, 그 낡고 녹슨 동선을 이탈하여 스스로의 몸으로 자신의 상처를 보살피는 일이다.

그러므로 상처 없는 여행이란 기실 여행이 아닌 것. 그것은 아마도 자본의 속도와 이동에 얹힌 손쉬운 관광의 품새가 아니겠는가. 북적이는 공항에서, 나른한 KTX에서, 대형 디지털 화면에 비치는 전국의 맛집에서 우리는 그런 장면들을 수없이 마주친다. 거기에는 자본제적 교환의 쾌락의 있을 뿐, 자신의 상처를 들여다보려는 반성적 주체의 안간힘이나 안쓰러움은 조금도 없다. 꼭 그렇게 살아야 하느냐고 묻지 마시라. 상처 입은 사람은 어쩔 수 없이 그 질문의 밖에 서 있다. 자신의 여유를 과시하고 소비하는 관광이 아니라 길 위에 내던져진 여행자가 되어 있는 것이다. 그것은 자기도 모르게, 저절로, 그렇게 된다. 가령 김선태의 시에서 그 구체적인 모습이 명료하게 드러난다.

> 초원 한가운데 있는 게르에 막 도착했을 때
> 나는 나의 눈을 의심하였다
> 오래 전 돌아가신 외할머니께서 기다렸다는 듯
> 어서 오라 팔을 벌리며 웃고 계셨기 때문이다
> 어쩌면 이렇게 똑 닮으셨을까
> 잠시 나는 옛날로 시간여행을 온 듯한 착각에 빠졌다
> 노파는 내 손을 이끌고 안으로 들어가더니
> 숭늉처럼 구수한 우유 한 잔을 건네는 것이었다
>
> — 「몽골시편·4 - 몽골반점」 부분

여행자에게 풍경은 낯선 것이다. 한데 이방의 노파가 "돌아가신 외할머니"처럼 익숙하게 다가오는 이유는 무엇일까. 원형 상징에서 '외할머니'란 '어머니'의 대신代身이다. 나를 먹이고 재우고 보살피는 마더링mothering의 주체 말이다. 그러니까 "옛날로 시간여행을 온 듯한 착각"은 어머니의 품속으로 되돌아갔다는 퇴행의 징후가

분명할 것이다. 이러한 징후는, 여기에 인용하지 않은 이 시의 결미에 더욱 뚜렷이 나타난다. "내 엉덩이 어디쯤 몽골반점이 다시 돋는 듯"하다는 진술이 그것이다. 유아기의 어린아이로 되돌아갔다는 뜻이다.

  무의식적 퇴행이 일어나는 이유는 간단하다. 스스로에 대한 보살핌이 필요하다는 것, 즉 자신의 상처를 치유 받고 싶다는 본능적인 욕구가 자기도 모르게 발현되었기 때문이다. 그래서 늙수그레한 몽골의 노파가 건네는 "구수한 우유 한 잔"은 단순한 음료가 아니라 자신의 상처를 낫게 해줄 치료약의 의미를 띤다. 약식동원藥食同源인 셈이다. 그리고 그 장소가 대자연의 초원이라는 사실은 치유의 상징적 함의가 매우 근원적이라는 것을 말해준다. 김선태는 다른 시에서 이렇게 노래한다.

> 몽골초원에는 어머니가 누워 있다
> 초원의 살림살이를 떠맡은 생명의 어머니다
> 그 넉넉한 품속에서 모든 생명의 자식들은
> 풀을 뜯고 뛰어놀며 꽃을 피운다.
>
> — 「몽골시편·1 - 초원에서」 부분

  지치고 외롭고 아플 때, 어머니의 품속처럼 따뜻하고 안온한 공간이 또 어디에 있을 것인가.

  대지의 어머니로서 대자연을 대타항으로 설정했을 때 가장 손

쉽게 비판되는 것은 이쪽의 문명 세계이다. 수평의 대지를 식민화하여 수직의 건물을 세워두고 게걸스레 입을 벌린 도시 문명, 그리고 그 안에서 나날의 경쟁과 피로에 물든 우리들 스스로가 비판의 대상이 된다.

하지만 김선태의 시는 그런 뻔한 전략을 취하지 않는다. 여행자의 눈에 비친 이국의 풍경을 정확히 응시하고 그려냄으로써 이쪽의 상처를 보이지 않는 배음으로 배치시키는, 매우 독특한 시적 묘법을 보여준다.

> 몽골사람들의 양을 잡는 방식은 특이하다
> 물이 귀해 세수도 잘 할 수 없는 이들은
> 물 한 방울 쓰지 않는다 요란스럽지도 않다
> 칼로 배꼽을 조금만 흠집 낸 뒤
> 손을 집어넣어 혈관 하나를 끊어놓으면 그만이다
> 밖으로 피 한 방울 흘리지 않는다
> (피는 배 안에 그대로 고인다)
> 신기하게도 양은 죽음을 순순히 받아들이며
> 별 통증도 못 느낀 양 황홀히 눈을 감는다
> 그 다음, 입에서부터 차례로 가죽을 벗기고
> 배를 갈라 피와 내장을 꺼내 그릇에 담는다
> 아무것도 내버리지 않는다
> 배설물은 초원에 뿌리고

가죽은 말려두었다가 옷을 만들거나 팔며
피와 내장은 따로 요리를 만들어 먹는다
마지막으로, 고기를 잘라 우유통에 담고
돌을 뜨겁게 달구어 넣어 밀봉한 다음
한 두 시간 후 잘 익은 고기를 꺼내 먹는다
양은 자신을 길러준 사람들 뱃속에 묻힌다.

─「몽골시편·2 ─ 게르 체험」전문

   풍경의 틀 전체를 보기 위해 일부러 전문을 인용했다. 이 작품은 몽골 사람들의 양 도축과 뒤처리 과정을 있는 그대로 설명한다. 담담한 어조로 이국 사람들의 생활사의 한 단면을 찬찬히 보여줄 뿐 주관적 정서를 결코 개입시키지 않는다. 굳이 집어내자면 첫 행의 "특이하다" 정도. 작품 어디에도 이쪽 세계에 대한 직접적인 비판은 드러나지 않는다. 애초에 그럴 생각이 전혀 없었는지도 모른다. 그렇다면 왜 이런 시를 썼을까? 이쪽의 물질적 풍요와 흥청망청한 자원 낭비를 대비시켜 드러내기 위해? 또는 기계의 힘이나 도움 없이 자연친화적인 몽골의 전통적인 지혜를 알려주기 위해? 어쩌면 그렇게 맞추어 읽어야 할지 모르지만 그래도 독자에겐 뭔가 개운치 않은 그림자가 남아 어른거린다. 완전히 판독되지 않은 어떤 여분이 이 작품의 바닥에 어물어물 고여 있는 것 같기 때문이다.

가라타니 고진에 따르면 외부의 풍경은 "근본적인 도착倒錯"[20] 속에서 발견된다. 그의 말을 좀 더 옮겨보자. "풍경이란 단순히 바깥에 존재하는 것은 아니다. 풍경이 출현하기 위해서는 지각 양태가 변하지 않으면 안 되며, 그것을 위해서는 어떤 구체적인 역전이 필요한 것이다."[21] 이를 쉽게 설명하면 "평범하고 무의미하게 보이는 사람들이 의미 있는 것으로 보이게 되었다"[22]는 것이며, 어렵게 표현하면 "자기, 코기토 의식, 내부라는 것은 모두 내성적인 전도 안에서 성립했다는 것"[23]을 의미한다. 결국 '풍경'이란 자기의식의 투영이라는 것이다. 그러니까 '내면'의 자의식이 없다면 근대적 의미의 풍경도 발견되지 않았다는 것이 가라타니의 주장이다.

이 말을 그대로 좇으면 우리는 위 시에서 놀라운 도착 내지 역전을 목도하게 된다. 그것은 도축당하는 양이 바로 그 풍경을 발견한 여행자 자신의 내면이라는 사실이다. 혈관 하나가 끊어진 채 죽어가면서도 거기에 반항하지 않고 자신의 죽음을 순순히 받아들이는 양은, 상처 받은 이쪽 세계에서 순응하며 살아가는 우리들 모두의 정신적 풍경과 다를 것이 없다. 풍경의 외연을 넓혀 몽골인 전체로 옮겨도 사정은 마찬가지다. 우리는 누군가를 그렇게 잡아먹고 또 잡아먹히며 살아간다. 그것이 이쪽 세계의 비정한 논

---

[20] 가라타니 고진(박유하 역), 『일본근대문학의 기원』, 민음사, 1997, 35쪽.
[21] 위의 책, 35쪽.
[22] 위의 책, 46쪽.
[23] 위의 책, 51쪽.

리이자 어김없는 삶의 질서라고 말없이 배우고 몸으로 익힌다. 뒤처지면 죽는다는 맹목, 무엇 때문에 경쟁하는지도 모르고 무조건 달린다. 「몽골시편·3 - 어린 양 길들이기」를 보라. "무리에서 이탈한 어린 양"은 "어른 양을 잡을 때 옆에다 매어놓"음으로써 체제에 순응시킨다. 그런 "길들이기의 효과는 죽을 때까지 간다".

그러므로 그 풍경의 기원을 묻는 일은 "섬뜩하"고 참혹하다. 우리 모두 같은 기원의 기억과 흔적을 갖고 있는 까닭이다. 정도의 차이가 있겠지만 우리도 그렇게 교육받으면서 잘 길들여진 채, 체제의 컨베이어 벨트를 타고 다 함께 돌고 있지 않은가. 어떻게든 그 체제에서 밀려나지 않기 위해 언거번거하게 매달리고 안간힘 쓰고 살아가지 않는가. 그리고 그 사이사이 상처를 주고 또 받지 않는가. 그럴 때 상처 받은 여행자가 보여주는 외부의 풍경은 우리가 짐짓 외면하고 싶은 이쪽 세계의 끔찍한 거울이 아닐 것인가.

하지만 아무래도 그 풍경이 비추고 있는 또 하나의 거울을 외면할 순 없겠다. 앞에서 말했듯이 그것은 한층 더 근원적이고 원초적이어서 쉽게 설명하기 힘든 것이다. 자연, 더 정확히는 우리 안의 자연이다. 칸트나 리오타르의 말처럼 '불쾌의 쾌'이며 '재현 불가능한 것의 재현'인 자연의 숭고, 우리 안의 숭고이다. 가라타니 역시 "'풍경의 발견'이 '미'가 아니라 '숭고'의 발견이었다"[24]고 덧

---

[24] 위의 책, 57쪽.

붙인 바 있다. 그것이 숭고인 까닭에 그것은 결코 설명되거나 번역될 수 없다. 우리는 다만 시적 언어로 그 기미를 포착할 수 있을 뿐이다. 가령 "짜릿짜릿"한 "삼라만상"(「교감」), 혹은 "불협화음"을 껴안은 "보이지 않는 둥근 힘"(「관계」)과 같이. 서로 스며들어 완성되어 "수묵산수"(「수묵산수」)와 같이. 그리고 드넓은 초원에 누운 "생명의 어머니"(「몽골시편·1 - 초원에서」)와 같이.

중요한 것은 이 모두가 외부에 동떨어져 있는, 그저 자연일 뿐인 풍경이 아니라는 점이다. 내 안에서 움직이고 꿈틀거리며 교감하고 반응하는 우리 안의 자연이라는 것이다. 아무리 손을 뻗어도 잡히지 않는 나비처럼, 그것은 이미 있으면서 아직 도래하지 않은 자연의 검은 마음이자 거대한 리듬이다. 그것만이 얕게 긁히거나 깊게 베인 상처를 어루만지고 감싸줄 수 있다. 그래서 김선태의 시에 깔린 배음은 상처의 신음소리이면서 치유의 자장가이기도 하다. 그것은 한마디로 살육과 훈육과 우주의 질서가 동시에 공존하는 섬뜩한 숭고이다.

밥과 어머니 또는 보살핌의 윤리
- 상희구의 시

상희구의 시를 읽으면서 에리히 노이만이 쓴 『대모*The Great Mother*』를 떠올렸다. 여성성이 지닌 원형 상징을 분석한 이 책에서 흥미롭게 본 대목은, 여성을 하나의 '거대한 그릇'으로 보면서 이 세계와 동일시하는 부분이었다. 대지 위에서 만물이 태어나고 자라고 죽는 것처럼, 우리는 어머니의 몸에서 태어나고 어머니가 해주는 밥을 먹고 자라며 결국엔 어머니의 땅(고향)으로 돌아간다. 어머니라는 거대한 그릇 속에서 생멸을 거듭하는 것이다. 노자의 '현빈玄牝'도 동시에 떠올랐다. 흔히 '현묘한 암컷' 또는 '어두운 골짜기'라 불리는 현빈은 신이 죽지 않고 영원히 사는 곳으로, 노자는 현빈의 문門을 천지의 근원이라 했다. 이는 모성성이 갖는 '거대한 그릇' 상징과 유사하다. 그러면서 나는 상희구의 시가 이와 같은 근원적인 모성성의 세계를 지향하고 있는 것 아닐까, 하고 어렴풋하게 짐작하였다.

주스나 콜라처럼

마시는 것이 아니다

젖은 먹는 것이다

이 오래고도 유정한 食糧

언젠가 "아프리카 참상"이란 보도사진전에서

정강이뼈가 유독이 앙상했던 퀭한 눈의 덩치 큰 한 사내아이가, 살갗이랄까 껍질이랄까—아무튼 모든 살점이 육탈해버려서—머리 위로 올라붙은 그야말로 피골상접한 엄마의 젖을 빨고 있었다.

아기는 엄마의 바닥을 빨고 있었고, 엄마는 자기 육신의 맨 마지막을 아기에게 내어 물리고 있었다.

참혹한 것 넘어서는

이 崇嚴함

원래 종교가 생기기 훨씬 이전부터

젖은 우리의 하나님이었다.

- 「젖」 전문

많은 것을 생각하게 하는 작품이다. 더 이상 먹일 게 없어 "덩치 큰" 아이에게 "피골상접한" 어미의 젖을 물려야 하는 아프리카의 궁핍한 현실도 그렇지만, 그렇게 해서라도 아이를 먹여 살리겠다는 뜨거운 모정이 코끝을 시큰하게 만든다. 지난 시절, 가난을 공유했던 우리 모두의 어머니 심정이 저러했을 것이다. 당신 배는 곯아도 우리들 배는 어떻게든 채워주려 했다. 뱃속에 있을 때는 탯줄을 통해 먹이를 주었고, 태어나서는 젖을 물렸으며, 그 후로는 따뜻한 밥을 지어 입에 넣어주었다. 그래서 어머니의 관심은 늘 자식들의 밥(젖) 문제에 있었다. "밥 먹었나?", "한 숟가락만 더 먹어라", "밥 먹고 가라", "밥을 먹어야 힘을 쓴다. 끼니 거르지 말아라" 등등. 심지어 치매에 걸려서 다른 정신은 다 놓아도 밥을 해야 한다는 생각만은 끝내 놓지 않는 경우도 더러 있는 것을 보면 자식을 먹여 살려야 한다는 어떤 의무가 슬픈 강박으로 다가오기도 한다. 그렇게 평생 밥만 하며 자식들의 뱃속을 걱정하다가 삶의 저편으로 사라지는 것이 우리의 어머니들이다. "마침내 곤고했던 한 생애,/자신의 위대한 소임을 다하고는/반구형의 봉긋한 무덤 하나 남기다." 시 「숟가락」은 그런 뜻으로 읽어야 그 맛이 더 깊어진다. 그 "위대한 소임"이란 다름 아닌 생명을 유지시키는 일, 어머니 입장에서는 자식을 먹여 살리는 일 아니겠는가. 어머니에게 자식들의 밥 문제가 얼마나 중요한 것인지는 다음 시에서도 잘 드러난다.

어느 늦은 봄날이었던가
신새벽, 몰래 일어나신 엄마가 바닥을
드러내기 시작한 쌀통을 긁자 쌀통이
버어억-버어억 울었다.

"아이고 이 새끼들 다 우짜꼬"
"아이고 이 새끼들 다 우짜꼬"

– 「자꾸만 장구가 되어가던 쌀통」 부분

"쌀통"이 바닥을 드러내며 비어감은 어머니에겐 곧 자식들의 뱃속이 비어가는 의미로 다가왔을 터이다. 더구나 "봄날"의 춘궁기, 아릿아릿한 보릿고개의 시절이라면 그 막막한 대책 없음에 "이 새끼들 다 우짜꼬"라는 탄식이 절로 나올 수밖에 없었겠다. 그러니까 "버어억-버어억 울"어댄 것은 비단 쌀통만이 아니었을 것이다. 쌀통 바닥 긁히는 소리는 화자에겐 어머니의 울음으로 들렸겠지만, 어머니에겐 "새끼들"이 배고파 우는 소리로 들리지 않았을까. 아버지와 달리 어머니는, 아이와 한 몸이었다는 것, 뱃속에서부터 같은 음식을 나누어 먹었다는 것, 온몸이 으스러지는 고통과 더불어 제 몸으로 낳고 젖을 물렸다는 것 등의 이유로, 자식들의 밥에 대한 관심은 거의 무의식적이고 무조건적이며 강박적이기까지 하다.

다시 우리들의 "오래고도 유정한 식량" 「젖」으로 돌아가서, 그런데 왜 우리는 그 무조건적인 어미의 사랑 앞에서 "숭엄함"을 느낄까? 자식에 대한 어머니의 사랑을 새삼스럽게 깨닫게 되어서? 자식에 대한 맹목적이고 헌신적인 희생 때문에? 아니면 거기에 제대로 보답하지 못했다는 때늦은 자책감에?

아닐 것이다. 우리가 이미 알고 있는 사실에 대해 감동하는 사람은 없다. 우리의 눈물샘을 자극하고 우리의 심장을 일순간 멈추게 하는 원천은 아마도 다른 데 있을 것이다. 이와 관련해『판단력비판』의 저자는 이렇게 말한다.

> 숭고의 감정은 크기의 미감적美感的 평가에 있어서 구상력構想力이 이성에 의한 평가에 부적합한 데에서 일어나는 불쾌의 감정임과 동시에, 또한 이성이념에 도달하려는 노력이 우리들에게 대하여 법칙인 한에 있어서 최대의 감성적 노력도 [이 이념에] 부적합하다는 바로 이러한 판단이 이성이념들과 일치하는 데에서 일어나는 감정이다.[25]

얼핏 보아 아리송하기만 한 이 구절을 쉽게 설명하면 다음과 같다. 우리의 구상력(상상력)은 외부 대상을 향해 끝없이 나아가려 하는 반면, 이성은 적정선에서 그것에 개념을 부여함으로써 총괄하려 한다. 그런데 어떤 대상이 너무 크거나 높으면 아무리 뛰어난 구상력도 대상의 끝까지 도달하지 못한다. 대상 끝까지 도달하지 못하기 때문에 불쾌의 감정이 유발되는 것이다. 이때 이성은 '무한성'이라는 개념을 동원하여 그 대상에 대한 감성적 척도가 불가능하다는 판단을 내리는데 바로 이때 유발되는 것이 숭고의 감정이다. 그러니까 우리가 어머니의 사랑에 대해 느끼는 숭고함은, 그 크기를 가늠하는 게 우리의 깜냥으로는 도저히 불가능하다는 데서 오는 일종의 미적 감정인 셈이다. 숭고의 감정을 '불

---

[25] I. 칸트(이석윤 역), 『판단력비판』, 중판: 박영사, 2005, 124쪽.

쾌의 쾌'라고 하는 것은 대상에 도달 불가능하다는 불쾌가, 불가능할 정도로 크고 위대하다는 '판단' 그 자체로 인해 미적 쾌감을 유발하기 때문이다.

그러나 숭고의 감정은 비단 이 때문에만 일어나는 것은 아니다. 하나의 사실이 더 있다. 우리는 어떤 위대한 힘 앞에서 거기에 맞서고자 하는 우리 내부의 힘을 불러일으키는데, 숭고는 바로 그와 같은 우리 내부의 힘이 유발하는 감정이다. 위대한 것 앞에서 감정이 고양되는 것은 이러한 이치 때문이다. 전자가 수학적 숭고라면 후자는 역학적 숭고이다. 따라서 "자기 육신의 맨 마지막"까지도 기꺼이 내어주는 자식에 대한 어머니의 맹목적인 사랑과 헌신이 우리에게 "숭엄함"을 불러일으키는 것은 그 크기를 가늠할 수 없다는 일종의 좌절과, 우리의 마음속에도 그에 대응될 만한 사랑과 자기희생의 감정을 갖고자 하는 욕망이 동시에 작용하기 때문이라고 정리할 수 있다.

한편 이와 같은 "숭엄함"은 지금까지 우리가 무엇인가를 더 가지려고, 더 높이 되려고, 더 오래 살려고 아등바등 살아온 것을 아주 하찮고 작은 것으로 만들어버린다. 그래서 우리는 자연스럽게 자기반성적 시간을 갖게 된다. 우리는 어머니의 자궁에서 하나의 생명체로 만들어진 순간부터 어미 몸속의 양분을 빨아들인다. 젖을 빤다. 밥을 먹는다. 남의 것을 빼앗아 자기 것으로 만든다. 거기에는 필연적으로 타자의 죽음이 뒤따른다. 「젖」에서 "엄마의 바닥을 빨고 있"는 "덩치 큰 한 사내아이"처럼. 다음의 시는 바로 이 점을 날카롭게 적시하고 있다.

    무료하던 참에 우연히 혓바닥으로 아래윗니를 문질러 보고는 깜짝 놀랐다. 먹이가 잘 바수어지도록 흡사 절구와 절굿-공이처럼 기막히게 서로가 잘 맞물려 있는 뭉툭 솟은 윗 어금니와 뭉툭 패인 아래 어금니, 육류를 찢어발기기에 편리하게 잘 발달된 날카로운 양쪽 송곳니, 상대편의 적을 물어뜯기에 안성맞춤인 커다란 앞니, 나에게 이런 獸性이 숨어 있었던가, 인간은 만물의 영장이다!

                                    - 「무료하던 참에 우연히」 전문

    삶은 수많은 죽음 위에서 지속된다. 우리는 우리가 살기 위하여 쌀을 죽이고 밀을 죽이고 완두콩을 죽이고 덜 자란 풋고추를 죽이고 양배추를 죽인다. 잔물결 같은 멸치떼를 죽이고 등 푸른 고등어를 죽이고 닭을 죽이고 돼지를 죽이고 왕방울처럼 크고 맑은 소의 눈동자를 죽인다. 그 수많은 죽음을 딛고 우리의 삶이 유지되는 것이다. 그뿐인가. 돈 없고 힘없는 사람들을 죽이고 가까이 있는 멀쩡한 동료를 죽인다. 작품 결미의 "인간은 만물의 영장"이라는 진술은 먹이사슬의 맨 꼭대기에 있는 인간의 잔인함("獸性")에 대한 역설적인 표현이다. 만물의 영장인 인간도 결국엔 먹어야 산다는 치욕, 즉 "살아남은 자의 슬픔"이 이 시의 바닥에 깔려 있는 셈이다.

    그럼에도 불구하고 우리가 운 좋게 얻은 생명 자체를 포기할 수는 없다. 아이로니컬하게도 우리의 존재 그 자체가 우리들 삶의 의미를 만드는 까닭이다. 삶과 죽음이 한 몸인 것도 그 때문이다. 다만 우리는 이렇게 물을 수 있다. 내 삶을 내어주면서 남의 삶을 보살필 수 있느냐, 라는 것. 상희구 시인은 그것을 어머니에서 찾고 있다. 하여 「울진 장날」 장터에서 마주친 수많은 "할메들"의 얼굴은 자기 삶을 다 내어준 모든 어머니들의 얼굴이 되고, 결국엔 "울 엄마"의 얼굴로 수렴된다.

　알다시피 모성성은 가족 관계의 전체 모델 속에서 만들어진 것이다. '젖'과 '밥'이 상당 부분 시장의 교환가치로 대체된 지금, 임신 기능 외에 양육과 훈육은 아버지도 얼마든지 담당할 수 있다. 모성이 신화가 되었는데도 시인의 마음에 그런 어머니, 할머니의 모습이 또렷한 것은, 무한경쟁이라는 신자유주의의 살벌한 경제 논리가 횡행하기 때문이 아닐까. 그러니 서로 관계 맺고 나누고 협동하고 보살피는 일이 비단 어머니에게만 요청되는 무엇이 아닐 것이다.

기다림의 힘, 견딤의 아름다움
- 윤은경의 시

유독 옛것에 집착하는 사람이 있다. 그는 옛날 책과 일기장, 묵은 편지들을 절대 버리지 못하며, 오래된 가구나 그릇을 사들여 집 안 곳곳에 늘어놓는다. 심지어 쓰고 있던 최신식 전화기를 버리고 중고 벼룩시장에서 낡은 수동식 전화기를 구입하기도 한다. 늘 '새것'을 좇는 얼리어답터와는 정반대인 것이다. 우리는 흔히 이런 사람들을 과거지향적이라고 여긴다. 이들은 대체로 변화를 두려워하는 성향을 보인다. 그만큼 보수적이고 안정을 추구하는 경향이 강하다.

윤은경의 시에서도 이러한 경향이 뚜렷하게 느껴진다. 마곡사의 돌탑(「마곡麻谷」), 폐원이 된 포도밭(「적막」), 봉창과 툇마루와 댓돌(「제사」), 시장 좌판의 중로(「끈」), "춘분절 소인 찍힌 편지"(「황사」)가 구체적인 대상들이다. 특히 시인의 첫 시집인 『벙어리구름』(시선사, 2005)에도 그런 흔적은 매우 두드러진다. 허술한 집, 빛바랜 요사, 잡초 헝클어진 무덤, 보원사 옛터, 목마른 고목, 고구려 사내들, 세한도, 미륵사지, 몸 마르는 버러지 등등 그가 시적 대상으로 포착하고 있는 주요 이미지들은 오래된 것들을 비롯해 이미 사라졌거나 곧 사라질 풍경들이다.

인간 정신의 지향성이 그의 심적 과정을 통과한 표상을 통해 드러난다고 볼 때,[26] 윤은경 시인의 내적 지향성 역시 오랜 과거의 대상이나 전통을 향해 뻗어 있다고 쉽게 추정할 수 있다. 그의 시는 과도한 실험이나 무리한 모험을 하지 않는다. 시의 목소리는 낮고 조용하며 톤은 부드럽다. 그런데 바로 그 점 때문에 그의 시는 옛것에 대한 막연한 그리움이나 향수를 환기시키는 정도에서 기력을 소진하고 말 위험도 내포하고 있다. 때에 따라 그것은 정신적 퇴행이나 페티시fetish로도 비칠 수 있을 것이다.

하지만, 그럼에도 불구하고 우리는 그의 시를 읽으면서 이상하게 깊은 안도감과 슬픔, 까닭 모를 그리움에 사로잡히게 된다. 독자도 시인과 같이 과거지향적이어서 그럴까. 꼭 그렇지만은 않은 것 같다. 옛것에 대한 강한 집착 이면에는 현대 물질문명에 대한 뿌리 깊은 의심과 반발이 내재돼 있다. 그것은 '새것'이 '옛것'에 대해 본질적으로 지니게 마련인 파괴적인 속성을 무의식적으로 읽어내는 데서 비롯된다. 그 때문에 새것에 의해 뒤로 밀려나고 사라져가는 것들은 짙은 연민과 애착을 강하게 불러일으킨다.

    툭툭 불거진 관절 마디마다 절벽이다

---

[26] D. M. 암스트롱(하종호 역), 『마음과 몸』, 철학과현실사, 2002, 25쪽.

신경통처럼 시큰거리는 암흑 쥐어짜면 주르르 핏물 흘러내리겠다

문풍지처럼
너덜거리는 문서 한 잎 달랑 붙이고 선 포도원

끝없다
지주목 발치, 야위어 일몰 더듬는

-「적막」전문

"문풍지"라는 고전적인 시어 선택이 보여주듯 시인의 비유 체계는 확실히 과거의 것과 깊이 연루되어 있다. 그렇다고 해서 이 작품이 과거에 대한 집착이나 막연한 향수로 떨어지는 것은 결코 아니다. 그것은 닳아 "너덜거리"다가 곧 떨어져나갈 문풍지가 캄캄한 포도원의 운명과 결부되어 있는 까닭이다. "문서 한 잎"이 말해주듯 포도원은 남의 손에 이미 넘어갔거나 개발에 의해 곧 사라질 운명에 처해 있는 것이다. 이는 다음 연의 야윈 "지주목"과 "일몰"의 이미지와 겹치면서 그 비극성이 더해진다. "주르르 핏물 흘러내리겠다"고 한 진술도 그래서 가능했을 것이다.

그런데 정작 이 시가 겨냥하는 바는 여기에 있지 않다. 만일 그렇다면 이 작품은 사라져가는 것에 대한 안타까움 정도로 이해되고 말았을 것이다. '적막'이라는 제목이 말해주듯 우리가 주목

하는 바는, 곧 넘어가거나 사라질 운명을 묵묵히 견디고 있는 사물의 현재성이다. "문풍지"처럼 과거의 시간을 소급하는 것은 범속한 동일성의 욕망일 것이나, 그러한 동일성이 시간의 흐름 속에서 지속적으로 유지될 수 없다는 사실의 자각("문서")이 시적 긴장을 유발하고 있는 것이다. '폭풍 전야'라든가 '태풍의 눈'을 떠올리면 곧 다가올 비극적 미래를 견디고 있는 '적막'의 밀도가 어느 정도인지는 능히 짐작하고도 남는다.

그러고 보니 윤은경의 시들은 일견 옛것에 대한 경사가 두드러진 듯하지만 분명 그 이상의 것이 있다. 그것은 그러한 시적 대상들이 견디고 있는 시간의 현재성이다. 다음의 작품은 그러한 성격을 한결 선명하게 보여준다.

바람결에 쓸리는 것은 삼꽃이다
돌을 매만져 필생의 꽃 한 송이 피우는 동안 기약 없는 그리움을 삼밭에 묻고 하염없이 서 있던 사람, 석공의 아내는 삼대를 베어 몇 천 필 베를 짜올렸으리라 자꾸만 마르는 거친 손마디를 삼씨 같은 나날에 문지르다 바람 부는 날이면 옷고름 더 단단히 여몄으리라 수천 타래 무릎이 닳도록 말아둔 마음을 베틀에 올리고 풍탁처럼 오래 흔들렸으리라

삼대처럼 마른 아내를 거둔 날
희고 고운 아마포 입히고 나서야, 천지를 잇는 마지막 꽃잎은 완

성되었으라니

   태화산 능선을 타고 온 바람이 귀 떨어진 꽃잎을 오래 휘돈다

   코끝 스치는 알싸한 아마향이 탑 그림자마저 먹어 치우는 마곡사

-「마곡麻谷」 부분

이 작품에서 전면화된 것은 마곡사의 석탑을 쌓는 석공과 그의 아내 이야기이다. 석공이 탑을 쌓는 동안 아내는 "기약 없는 그리움을 삼밭에 묻고" "몇 천 필 베를 짜올렸"지만 석탑이 완성되기 전에 죽고 말았다는 것이다. 이야기의 내용에만 치중하면 절 이름에서 촉발된 상상력의 산물쯤으로 쉽게 치부될 수 있을 것이다. 이야기 자체에서도 우리가 새겨둘 만한 새로움은 없어 보인다. 그러나 '과거'의 이야기에서 빠져나와 '현재'를 더듬다 보면 새로운 사실이 발견된다. 다시 말해 "귀 떨어진 꽃잎"으로 표상된 석탑의 이미지와, "수천 타래 무릎이 닳도록 말아둔 마음을 베틀에 올리고 풍탁처럼 오래 흔들"린 아내의 이미지를 겹쳐 읽는 순간, 우리는 놀라운 시적 환치를 깨닫게 되는 것이다. "귀 떨어진"이 말해주듯 시간의 풍화를 견디고 있는 현재의 석탑은 곧 "풍탁처럼 흔들"리며 남편을 기다린 아내의 이미지가 아닌가. 석탑과 아내의 동일시! 이 점은 2연의 "바람결에 쓸리는 삼꽃"과, 맨 마지막 연의 "코끝 스치는 알싸한 아마향"이 각각 과거와 현재의 이미지로 포개진

다는 데서 보다 분명해진다. 그렇다면 석공이 쌓은 것은 결국 그를 기다리며 삼대처럼 말라갔던 아내의 몸, 아내의 마음, 아내의 영혼 아니었겠는가. 아내를 거두고서야 마지막 꽃잎이 완성되었다는 3연의 진술이 예사롭지 않게 다가오는 것도 바로 그 때문일 터이다. 아내는 그에게 꽃이고 탑이며 불법佛法이었던 것.

현재의 실존과 과거의 서사를 결합시키는 이 놀라운 병치의 이면에 드리워진 공통된 정서는 기다림이다. 남편이 돌아오기를 기다리는 아내, 탑이 완성되기를 기다리는 석공, 그리고 마음의 꽃(불가에선 불법을 종종 꽃[연꽃, 만다라]에 비유한다)이 피기를 기다리는 구도자의 모습이다.

어쩌면 시인이 시를 쓰는 것도 이와 같은 기다림의 과정인지도 모른다. 산문(山門)에 든 사람들이 선정에 들어 한소식 기다리듯 섬광 같은 이미지가 우리의 영혼을 사로잡아 주기를, 우리 스스로를 구원해 주기를, 우리 모두는 기다리는 것 아닐까. 그 기다림의 시간을 견디는 것 아닐까. 모든 시인들이 그렇지 않을지라도 적어도 윤은경 시인이 보여주는 시작 태도만큼은 그렇게 보인다. 「황사」에서 "당신"에 대한 그리움이 "이천만 톤 목마름의 무게"라는 것은 석공의 아내가 옷고름을 여미며 남편을 기다리는 오랜 시간과 등가에 놓이고, 「끈」에서 시장 좌판의 중로가 "이승과 저승을 잇"는 긴긴 줄(주름살)에 매달려 이승의 현재를 견디는 것은 비바람에 마모되어 가는 석탑의 현존을 그대로 비춘다. 또 「제사」에서 "머리 푼 사람의 그림자가 지나"가는 것은 조상에 대한 그리움이 불러낸 환시에 다름 아니다. 이는 모두 오랜 기다림과 견딤의 시간 속에서 풀려나온 사물의 내력, 인간사의 내력으로 이해된다. 우리는 이를 기다림의 아름다움, 아니 그보다 더 적극적인 의미를 지닌 기다림의 힘, 견딤의 아름다움이라고 이름 붙이면 어떨까.

응시와 죄의식
- 이창희의 시

프로이트는 시인들에게 늘 고마워했다. 역저 『꿈의 해석』을 내놓은 뒤 무의식의 발견자라는 세인들의 경탄에도 그는, 인간의 무의식을 최초로 발견한 것은 자신이 아니라 위대한 시인들이었다고 겸손하게 말했다. 실제로 프로이트는 문학작품 편력이 대단해서 자신의 이론을 입증하는 곳곳에서 숱한 문학작품을 동원하고 있다. 그만큼 시인들은 보통 사람들이 눈치채지 못하는 것들을 기민하게 포착하여 우리들에게 보여줌으로써 이 세상의 감춰진 음역들을 번역해 들려준다. 물론 그 작업은 의식적이기도 하고 무의식적이기도 하다.

이창희의 몇몇 시들 역시 예외가 아니다. 그런데, 그의 시에서 흥미로운 것은 시인 자신이 '무슨 짓'을 저질렀는지 잘 모르고 있다는 점이다. 사실 비평가에겐 그게 더 끌리게 마련이다. 한번 쓱 읽어서 누구나 알 수 있는 시라면 굳이 이런저런 토를 달아서 덕지덕지 화장을 입힐 필요가 없다. 시인 자신도 잘 모르고 있는 것들을 짚어내는 것, 다시 말해 징후 독법이 매력적인 것은 그러한 징후의 내력을 대부분의 사람들이 조금씩 지니고 있고, 또 자기도 모르는 사이에 그것을 어떤 형태로든 드러내고 있는 까닭이다. 「양말에게」가 첫 번째 징후이다.

오늘 아침에도 너를 향해 고개를 숙이고
무릎을 꺾고
허리를 낮추는 것은
언제나 낮은 그 자리에
네가 있기 때문이다.

- 「양말에게」 부분

아침 출근길에, 혼잡한 지하철 속에서, 평이한 독법으로 이 시를 읽으면 대체적인 정서적 반응은 양말에 대한 미안함과 고마움일 것이다. 거기에다 의미를 부여하자면 낮은 것들, 비천한 것들에 대한 재발견과 더불어 '낮은 데로 임하소서' 정도가 아닐까. 하지만 퇴근 후, 모두가 잠든 뒤 혼자서 찬찬히 들여다보면 출근길의 맥락과는 분명히 다른 징후가 드러나기 시작한다. 겉으로는 우리가 양말을 신는 동작상이지만 거기서 꿈틀거리는 징후는 사정이 좀 다르다.

텍스트의 무의식은 대체로 지속적인 반복이나 지나친 강조, 돌연한 침묵 등에서 새어나온다. 여기서는 지나친 강조가 보인다. "고개를 숙이고/무릎을 꺾고/허리는 낮추는 것"이 바로 그것이다.

같은 의미인데도 1연에서는 "무릎을 꿇는 것"으로 간명하게 처리된 반면, 인용된 4연에서는 세 번 변주되면서 강조되었다. '자신을 낮춘다'는 동일한 의미를 이렇게 반복해서 강조한 까닭이 무엇일까? 드러난 문면 그대로라면 "낮은 그 자리" 때문이지만 보다 근본적으로는 "내 욕망"(3연) 탓이다. '낮은 자리'의 양말과 '높은 자리'의 욕망이 주체의 내면에서 서로 다투는 까닭이다. 그 다툼의 밑변에 놓인 것이 죄의식인데, 강조된 부분은 그 죄의식에 대한 용서 혹은 속죄의 징후로 읽힌다.

그러나 사실 여기까지는 시인의 의식 속에서 장치된 것들이다. 문제는 그 다음이다 그러니까 두 번째 징후가 될 터이다.

> 사무실 김 대리도 모르고
> 아내도 감지 못한 것을
> 그는 알고 있다
> 그리하여 물을 내린다
>
> 내가 물러나면
> 그 흔적 지우려고
> 더 많은 물을 내린다
>
>   - 「그는 알고 있다」 부분

이창희의 시 중에서 가장 마음을 끌었던 작품이다. 그 이유는 소변기의 자동세척장치에 대한 시적 대응이 놀랍기 때문이다. '양말'과 마찬가지로 소변기 역시 우리가 기피하거나 천시하는 대상이다. 거기에 부착된 센서는 "사무실 김 대리"는 물론 살을 맞대고 사는 "아내"도 모르고 있는 사실을 "알고 있다". 이는 우리에게 복잡한 상상을 불러일으킨다. 김 대리도 모르고 아내도 모르는 사실이 대체 무엇일까, 라는 단순한 호기심에서부터 시작해서 푸코의 원형감옥론panopticism으로까지 번져간다. 하지만 그것이 무엇이든 중요한 것은 제목대로 "그는 알고 있다"는 사실이다. 양말이 하루 종일 쏘다닌 나의 족적을 모두 알고 있듯 그 역시 나를 "알고 있"는 것이다. 타자他者의 눈을 의식하기, 정신분석학에서 이는 대타자Other의 시선이다. 알다시피 대타자란, 구체적으로 법, 질서, 도덕, 언어체계, 상징체계 등으로, 보통 '아버지의 이름'으로 불리는 것들이다. 그런데 그런 대타자에게 "나"는 왜 "더 많은 물을 내"려 흔적조차 지워버려야 할 부정한 존재로 비칠까? 역시 모종의 죄의식 아닐까?

여기에는 한층 복잡한 사정이 숨어 있는 것 같다. 짧게 요약하면 이렇다. 주체인 내가 대상을 응시하는 순간, 그 대상 역시 나를 지켜보는데, 그때 나는 대상을 볼 수 없다. 그러니까 내가 소변기의 센서를 본 순간 센서 역시 나를 지켜보지만 센서의 시선은 주체인 내가 볼 수 없는 곳에 있다는 것이다. 왜냐하면 나는, 나의 시선과 대상의 시선으로 분열되어 있기 때문이다. 이를 쉽게 설명하면, 거울이라는 대상에 햇빛이라는 시선이 반사되는 형국이다.

그러니까 위 시에서 '나'를 보는 것은 결국 '그'가 아니고 '나' 스스로인 셈이다. 그렇지 않은가, 가까운 동료도 아내도 모르는 것을 나 스스로는 알고 있지 않은가.

그래서 우리가 마지막으로 문제 삼을 것은 양심이다. 죄의식의 발현은 양심에서 비롯된다. 결미의 "더 많은 물을 내린다"는 것도 자신의 양심(센서)에 비친 죄를 씻어 내린다는 속죄의식의 표상이다. 이창희 시인의 다른 작품, 가령 「눈에 발목 잡힌」에서 "아이들과 산새", 「기적이다」에서 "누추한 목숨" 등도 비슷한 맥락으로 읽히는 표징들이다. 그것은 딱히 무슨 죄를 지어서가 아니다. 인간의 양가감정에서 비롯된 원죄 같은 것으로, 순정한 사람일수록 그 정도는 클 수밖에 없다. 시의 메시지가 단정한 것도 그 때문일 것이다. 하지만 시적 비전에서 보면 양심의 그물에 갇혀 있는 한 시의 상상력은 제한될 수밖에 없다. 좀 더 활달한 상상력을 기대하는 것은 독자의 '양심'에 비추어 과도한 주문일까?

참고문헌

가다머, 한스-게오르크(이길우 외 역), 『진리와 방법』, 문학동네, 2000.
가드너, 하워드(문용린 역), 『다중지능 - 인간 지능의 새로운 이해』, 김영사, 2001.
가라타니 고진(박유하 역), 『일본근대문학의 기원』, 민음사, 1997.
권혁웅, 「미래형 시로의 여행을 위한 히치하이킹 안내서 1」, 『현대시학』, 2006년 2월호.
권혁웅, 「미래형 시로의 여행을 위한 히치하이킹 안내서 2」, 『문학들』, 2006년 봄호.
김지하, 『생명과 자치』, 솔, 1996.
라쉬, 크리스토퍼(최경도 역), 『나르시시즘의 문화』, 문학과지성사, 1989.
샤툭, 로저(조한욱 역), 『금지된 지식』, 금호문화, 1997.
암스트롱, D. M.(하종호 역), 『마음과 몸』, 철학과현실사, 2002.
유성호, 「한국 현대시의 타자들」, 『시작』, 2004년 봄호.
유성호, 『한국 시의 과잉과 결핍』, 역락, 2005.
이숭원, 「환상 혹은 관념, 그 너머의 진실」, 『시작』, 2006년 겨울호.
정병근, 『번개를 치다』, 문학과지성사, 2005.
조하, 도나·이안 마셜(조혜정 역), 『SQ: 영성지능』, 룩스, 2001.
칸트, 임마누엘(이석윤 역), 『판단력비판』, 중판: 박영사, 2005.
캠벨, 조셉·빌 모이어스(이윤기 역), 『신화의 힘』, 고려원, 1996.
프로이트, 지그문트(윤희기 역), 「나르시시즘에 관한 서론」, 『무의식에 관하여』, 열린책들, 1997.
프로이트, 지그문트(이윤기 역), 「토템과 타부」, 『종교의 기원』, 열린책들, 1997.
Neumann, Erich(trans. R. F. C. Hull), *The Great Mother*, N. J.: Princeton Univ. Press, 1972.
Žižek, S., *Did Somebody Say Totalitarianism? Five Interventions in th (Mis)Use of a Notion*, N. Y.: Verso, 2001.